日本の地名

付・日本地名小辞典

鏡味完二

講談社学術文庫

はじめに

　わが国内は、じつに豊富にして好ましい地名をもって満たされ、言いかえると、地名の宝庫の観がある。

　日本の自然と文化が複雑多岐で、かぎりない美しさと意味をもつように、地名もまた多種多様で、尽きるを知らぬ滋味と価値をそなえていることは、ただに地名研究者ばかりでなく、ひとしく国民にとって幸福なことである。

　志賀《しが》重昂《しげたか》や小島《こじま》烏水《うすい》らによる啓蒙以来、日本の風景美がしだいに国民に認識されはじめた、明治中・後期ごろにも似た事情が、現在の日本の地名について存在するということができる。日本の地名は難解だ。読み書きに困る。調べようがない。調べても益がない。と欠点のみを語り、臆測《おくそく》で話し、方法を究めず、いたずらに珍談臆説に終わる……というのが現状である。しかしそれまではまだよいとしても、地名の価値を知らない結果、無趣味で卑俗な新市町名が生まれてくる一方、古来の香り高い地名が失われてゆく。

「地名は貴重な文化遺産である」。この意味を読者とともに熟考して、心ある人々と協力のうえ、保持発展させてゆきたいと思う。本書の大きい目的の一つはここにある。この目的を達するためには、まず地名そのものをよく知らねばならない。そしてさらに、見方や研究方法を会得しなければならない。地名はある種の重要文化財のように、特定の場所や人々にのみ、かぎられた関係をもつというものとはことなり、国民のすべてが日常使用し、生活の中に生きているものである。高い文化国家には、すぐれた地名が正しく行なわれることが必要である。

昭和のはじめごろには、郷土研究がさかんになり、方言調査がよく行なわれたが、地名の研究はそれに伴わなかった。それはヨーロッパにおける言語地理学の発達の影響もあったが、かの地でも方言に比して、地名の研究は遅れていた。それが第二次世界大戦後は、ドイツ、イギリス、フランスをはじめとして、アメリカ、カナダにも地名学が起こってきた。日本にも京都に私立「日本地名学研究所」ができて、中野文彦氏を中心として、著者らが数年前から『地名学研究』（季刊）を出すようになりはしたが、世間にはあまり知られていないのが残念である。本書によって、今の日本に広く、以上の事情が伝えられ、地名についての一般の人々の関心と、学界における明日の研究に対して、寄与することがあれば幸いである。

この本は短時間で読んでしまうわけにはゆかないから、いそがしい人々は、第二章「どうして研究したらよいか」をまず読んでから、すぐ付録の「日本地名小辞典」を用いて、必要な地名を調べるようにしていただきたい。そしてひまひまに、他の各章に及んでいただけばよい。

著者の地名研究に対して、深い興味をもってご支援をいただき、また本書の発刊に大きいお力をたまわった畏友、方言学者・都立大学教授の平山輝男博士に、心から感謝の辞を述べねばならない。また著者の意図をよくご理解くださって、出版するはこびになった、角川書店の諸氏にも、あわせて衷心より謝意を表するしだいである。

著　者

文化化石と地名化石

文化化石とは飛騨の諏訪神社の裏山から出土したこの瓦のこと。ここの宮川で鵜飼が行なわれたことを知る。同伴の風俗画のある瓦片により奈良時代と判定された。

このような例は稀有であるが、**地名化石**として「鵜飼」の集落名は少なくとも日本に八つある（同地の大谷末造先生・諏訪神社の加藤神官の好意による）。

〔本書104ページを参照〕

目次

日本の地名

はじめに……3
第一章　地名学とはどんな学問か……14
第二章　どうして研究したらよいか……22
第三章　むずかしい地名の意味をどうして解くか……28
㈠　富士山のフジの意味……28
㈡　「名古屋」の意味……34
㈢　「船越」の意味……38
第四章　地名にはどんなタイプがあるか……46
㈠　語根型……46
㈡　民族型……50
㈢　時代型……70

第五章　地名はどんな形で分布するか……72
(一) 波紋形の分布……72
(二) 相似関係の分布……77
(三) 扇状に境界線が集まる現象……79
(四) 「空洞」といわれる「地名のない部分」の現象……85
(五) 伝播する地名……89
(六) 双子地名……96
第六章　地名の発生年代は決められるか……103
第七章　地名の正しい書き方……114
(一) 外国地名の正書法……115
(二) 国内地名の正書法……121
第八章　郷土の地名の調べ方……131

(一) 中尾（岐阜県吉城郡上宝村中尾）…… 133
(二) 北方（一宮市北方町）…… 139
(三) 珠洲岬地方（石川県珠洲郡）…… 151

第九章　地名研究の参考書…… 158

おわりに…… 167

〔付録〕日本地名小辞典…… 242 (i)

〔地図〕
第1図　「フジ」の分布…… 32
第2図　「ネゴヤ」「ネギシ」の分布…… 35
第3図　「ナゴ」の分布…… 37
第4図　「フナコシ」の分布…… 40
第5図　半濁音の地名…… 54
第6図　「ホロ」（ポロ）の分布…… 56

第7図　「クレ」の分布……59
第8図　「ツル」の分布……62
第9図　「ヌタ」「ニタ」の分布……64
第10図　「アグ（アゴ）」「アコ」の分布……67
第11図　「タラ」の分布……69
第12図　「エラ」「イラ」の分布……73
第13図　岬角地名による地域区分……75
第14図　方言のつくるファン……80
第15図　自然地名のつくるファン……82
第16図　文化地名のつくるファン……83
第17図　親不知扇状《ファン》帯……84
第18図　山の名「―岳」……87
第19図　都市内部の町名の伝播方向……91
第20図　北海道への地名の伝播……92
第21図　「コンピラ」の分布……94
第22図　「スミヨシ」の分布……95
第23図　「ウカイ」の分布……104

第24図　都中心の地名の波紋状発達……106
第25図　「タシロ」の分布……109
第26図　部民の地名（和名抄）……112
第27図　「中尾」集落付近の地名……135
第28図　北方村の地形図……140
第29図　北方村の地籍名……142
第30図　珠洲岬南方の海岸……155

日本の地名

付・日本地名小辞典

第一章　地名学とはどんな学問か

この問にこたえるまえにまず、地名とは何か？　を考えてみよう。地名は土地を区別するためもうけられた名であるが、多くの地名はたんなる土地の符号ではない。もしはじめそれが符号として命名されたとき、あるいは好ましくない地名であったりすれば、しだいに民衆の力でそれが良いものに改められてゆくものである。たとえば「―号地」とか「―町《チョウ》」という番号を示す地名が、わりあいに新しい干拓地や原野に多いが、開墾の歴史の古い地方にはたいへん少ないのはそのためである。このような事情のあるために、地名は多くの場合に、それを落ち着いて考えるほど、滋味のある、われわれの心にしみとおる力をもっている。われわれが飛鳥《アスカ》といい、葛城《カツラギ》と呼び、伊吹山《イブキヤマ》と話すとき、それが固有の名であるという感じのほかに、そこを故郷とするとしないとにかかわらず、われわれはただちにこの風土と結びついたものとして受けとるのである。そこでバイガントのことばである「地名は地理的事情の、広い意味での芸術的に圧縮されたもの」という意味の正しいことがわかる。またルツィクが説明したように「地名は人間を中心として、そのまわりに存在する立体的な環境の全体に名づけられ、しかも今という時間によって規定された、すなわち四次元の世界の特殊の個性的実在として、つよく環境に結合しているものである」と考えることもできる。

このように理解されるとき、われわれには地名を尊重する精神が起こり、また進んで語り伝えられてきた地名の生い立ちを探ろうと努めるようにもなる。アメリカインディアン「ネイティブ・アメリカン」の地名や、新大陸への白人の移住した場合などから考えると、太古の時代の命名の事情は、およそ次のように想像される。「赤川」とか「円山」とかのように、土地の個性がいちじるしく明瞭で、だれが見ても赤い川に見え、円い山に見える場合は、すぐにそれが地名として決定し、たとえ言葉のちがった民族がそこへ来ても、彼らの言葉で同様に呼ぶほどである。ところが個性が雑多か、あまり特徴のない土地は、見方をことにするにしたがって、いろいろに命名される。この種の地名は数も多く、泡沫のように消えたり現われたりするが、それらのうちでしだいにあるいくつかの地名に落ち着くようになる。このときは最もじょうずにその土地が言い表わされたときで、さきに述べたように、「地理的事情を芸術的に圧縮した形」で、地名が確定するのである。日本の田舎《いなか》では、地名の七〇パーセントぐらいは、地形方言によっている名であるといわれているのは、地形は気象現象や生物現象、とくに人間関係の事情などよりもいちじるしく視覚的で、また性格が固定していることが、いちばん地名となりやすい理由として考えられる。またこの性質、すなわち、気候・生物などの条件よりも、地形の長年の変化のおそさということから、地名発生当時の事情を物語る資料として、地名を研究上に利用することができることになる。そして地名の中には、その名称の変遷するものも少なくはないが、根本的に変わってしまうというものは、全体のうちのごく少数であり、むしろまったくはじめのままで今日に伝えられるもののほうが多い。またたしかに方言よりも地名のほうが長年の間保存されることは、古い方言で成立したことの確かな地名のある地方に、その方言はすでに存在しないということが多いことで知られるのである。日本のような自然環境の所では、地形の変化が激しいといわれるが、それでも他のものにくらべると、地形は長年月に耐える力が強い。地名もこの地形に似た性格をもっている。もう一つ、地名は一度にでき上がったものではなくて、地名も人類文化の一部分である以上、やはりその発達の歴史をもっていることを考えに入れると、次のことがよくわかるであろう。「地名は過去の文化発達の跡をよく伝えている貴重な記録である」と。

　過去を調べる学問には歴史があり、さらに考古学がある。文字のなかった先史時代には、話し言葉としての地名があった。わが国で神代文字というものが、一時は学界の問題とされたことがあった。しかしやがてこれはほとんど、頼りにならないものであることがわかってきた。私は「地名こそりっぱな神代文字である」ということを今まで折にふれて述べてきた。日本の歴史でいう神代以前はほとんど謎の霧に包まれているが、生物学・民族学・考古学などでは、それぞれの分野で、先史時代研究の成果をあげているが、地名の研究をする地名学もこの方面に貢献する見込みが十分あるのである。しかも幸いなことには、日本にはひじょうにたくさんの地名がある。地名という文化遺産をたぶんにもっていることは、たしかに力強いことである。柳田国男先生は小字《こあざ》以上の地名だけで百万、すべての地名をかぞえ上げたら二千万ほどになるだろうといわれた。

スチュワートは「アメリカでは地名がわりあい新しく、その発生発達の経路がわかっているから、地名の研究上、われわれは恵まれている」と述べている。日本の地名はむしろこれとは逆の関係にあって、難解なものが多いし、よくわかっているようで、調べてみるとじつはそうでなかったというぐあいに、地名に魅せられることが多い。これは一面からいうと不幸であるが、そうだからこそ、それらを科学的に研究する興味と必要があるともいえるのである。なにごとによらず一般に、科学的に解けないというような対象は存在しないはずである。生命の秘密さえも、しだいに明るみに出されようとしている現在である。めんどうなだけでわかりにくい（ただし、今までの方法では）、そして苦労しても実益を伴わないからとして、日本の地名は今でも、あまり学者の研究対象とされることが多くない状態である。地球の表面に印された地名であるのに、地理学者のなかには「地名は地理学の対象にならない。地理学では解けないからだ」とあきらめている人さえある。またある学者は「地名はいつできたかわからないものだから、手におえない」ともいう。いったい日本の地名は、それほど学者たちの手におえないしろものであるだろうか？　それでいて人々は日常、地名を見聞するおりに、あれこれと地名の意味を話し合おうとするものだ。それは人間には物の根元にさかのぼって考えてみようとする本能があるからで、そうすることによって手早く物をつかみとることができるからでもある。

柳田先生は自分は幼いときからずいぶん、地名で苦労したものだから、今の若い人に同じ苦労をさせたくない。地名にこだわっていてせっかくの青年期をむだにしないようにということをよくいわれた。私もたぶんいちばんはじめにいただいた手紙だったかと思うが、かんじんの質問にはふれずに、そういうことだけが書いてあった。先生も日本の地名は苦労の多い割に得るところが少ない、ということを思っておられたのであろう。なるほど先生と同じ方法で行なったならば、そうなるのであろうが、ここでわれわれはその研究方法について考えるべきである。とはいっても先生は日本の地名について重要な事実や現象のあることを、いくつも暗示された。日本の地名に手を染めた学者は、二、三にとどまらないが、地名を学問として形成する方向にもっていく仕事では、先生をおいてほかにはなかったであろう。若いときの先生の苦労はやはり結実しているのである。また先生は「地名は調べても一つの学問にならない。研究者の立場からすれば、新しい独立した科学にしたいと思うかもしれぬが、そうはならない」というようなことを、昭和七年［一九三二］に学界で講演されている。けれどもこれは三〇年も昔のことである。このごろでは『故郷七十年』の自著の中で「最近、鏡味という人が、地名の研究を模範的にやろうとしている。西洋では割に進んでいるので、日本でもやれないはずはないというのである」と、また「地名の研究は、どうしても地理学と提携しなければ出来ないことである。近ごろやっと日本地名学研究所というのができて、本も出るようになった」と述べられているのをみる。これによると「地理学の方法をもってすれば、地名の研究は可能である」ということをいわれているのであろう。この研究方法については次章で改めて述べることにする。

　それでは地名学とはどんな形の学問として、西洋またはわが国で研究されようとしているか？　西洋ではナーメンクンデ（Namenkunde　独）とかオノマスティクス（Onomastics　英、Onomastique　仏）といい、これは要するに、「名前（Name）の学問」という意味である。アメリカ合衆国にあるAmerican Name Societyからの機関誌『ネームズ』に「この季刊誌は地名・人名・学名・商名・通俗名のすべての部門についての語源・起源・名義・適用を研究するためのものである」と記されている。それゆえに地名の学問はこのオノマスティクスの一部分、すなわち「名前の学問」の一部として認められていることになる。この地名だけをとり出して研究している例には、英国地名協会（English Place-Name Society）があり、日本に「地名学研究会」がある。後者は一九五七年から機関誌『地名学研究』を出して、二一号までつづいている。これは京都市伏見区桃山長岡越中にある、日本地名学研究所の、中野文彦氏が主宰してきている。

　この地名学というのはドイツ語ではToponomastikとか、Ortsnamenkunde、フランス語でToponymie、英語で、Toponymy またはToponomyともいっている。この地名学《トポニミー》では、今日実際にどんな研究がなされているか、ということを述べてみよう。それを次のように四つにまとめて考えることができる。

㈠名義の研究　㈡地名の原則の研究　㈢地名を応用しての研究　㈣正書法の研究

名義の研究とは、ある地名の語源と起源を調べることである。語源というのは、言語学的に追求したら、その地名はどこの、どの言語に由来しているかということである。これに対して地名の起源とは、ある地名がはじめて命名されたときに、その名のもっていた意味のことである。たとえばツルという地名は、語源的にいうと朝鮮語の「野」、あるいはさらに蒙古語の「野原」からきているとするごとくである。けれども個々の地名は、かならずしもその語源どおりの意味で命名されたとは限らず、場合によっては、すでに日本語化した意味で用いられることがあるのである。ツルの地名をよく調べてみると、もう「平野」のことではなくて、「水路」をさす言葉として、日本語化されていたときに命名されたことがはっきりしてきたのは、その例である。㈡地名の原則の研究というのは、その内容は多岐にわたるが、地名の変遷・伝播《でんぱ》・発達・分布などについての法則的な事象を研究することである。㈢地名を応用しての研究。これは言いかえると、地名を手段としての研究であって、地理・歴史・民俗などの問題を解き明かすときに利用される、とくに居住史または集落発達史の研究には、集落の名前の調査研究がなによりたいせつである。というのは地名の意味からのみでなく、その分布のあり方から、土地の開発あるいは文化発達の地域的な把握と、時間的な発展とが明らかにされるからである。これらのことはおいおい、本書で説明してゆくことになっている。最後の㈣正書法の研究、これは地名を正しく記すこと。地図上に、またわれわれが日常の生活にあって地名を正しく書くためには、あらかじめ地名を正しい形で決めておかねばならない。あいまいな発音や、一つの地名に似たいく通りかの呼び名があって、どれをとるべきかが明らかでないという場合がひじょうに多い。こういう点でも地名学は貢献するところがある。

それではこのような地名学のもついろいろな課題は、どんな方法をもってしたら解明され、正しい結論をうることができるであろうか。

第二章　どうして研究したらよいか

地名学で研究される問題は、前章で説いたように多岐にわたるので、本章ではそのうち名義の研究法についてだけを述べ、他の課題は別の章にゆずることにする。（すなわち、原則の研究……第四・五・六章、応用研究……第八章、正書法の研究……第七章）

地名の意味を知りたいという場合はいろいろである。旅行にさいして、また生徒に教える場合にといった、軽い要求の起こるときを先に考えてみよう。このような目的で地名を知りたい人は、いちおう本書を通読するか、少なくとも本章を読みおえてから、付録の「日本地名小辞典」を利用していただきたい。ただ日本の地名には漢字をもってあて字したのが多いから、あやまって理解しないように十分注意しなければならない。意味のわかりにくいうえに、佳字《かじ》が用いられているものは、とくに気をつけねばならない。

たとえば桜井〔富津、右下〕（五万分の一地形図「富津」図幅の右下の部分を見ると、この地名があることを示す。以下同様）は、サク・サコ（「はざま」の意）、イ（川）のことであるのは、地図によるとこの集落は川が屈曲していて、山際にせまっている所にあるので、そのように解釈される。ここでは植物のサクラでないことが明らかである。サク・サコ・サクラは同じ地形を意味する同根語である。桜田〔下田、左下〕も右と同様の地形のところにあるので、「はざま田」の意である。東京の桜田門のサクラも「狭い谷の中の田」によっている。鯨井〔川越、右〕や小鯨〔千葉、右上〕は、海からずいぶんはなれているので、一見不思議に思われる地名だが、このような地名は全国に何十というほどあって、それらは砂丘や小丘の名クジにちなんでいる。また湿地をフケという方言による地名として、「福家」があり、「水路」をショーブという古語が、「菖蒲谷」とか「勝負谷」とあて字される例はずいぶん多い。

地名の名義を考えるには、㈠いくつかの同類の地名をあつめて比較すること、㈡地図上や現地で当たってみること、㈢方言辞典でそのような言葉がないかを調べること、㈣歴史や民俗に関係のある意味でないかを省みることなどで、およその見当がつくであろう。ただ類例の乏しい地名を、あるいは類例を顧慮しないで、一、二の地名だけをとって、それをもっぱら語源的にのみ追求することは、今まで最も多くとられてきた方法であるが、しかし最も誤解におちいりやすいものであったことに、十分留意しなければならない。また文字の意味がはっきりわかりすぎているために誤るということも起こるもので、その例を二つばかりあげてみよう。

条里制に関係しているといわれる「何条」という地名で、地形上でも位置上でも、とうていあの大和時代のものとは思われないのが、東北地方や中部山岳地方にたくさんある。それらの地名は多くはたいへん小さい集落で、茨城県北部の山村の「一条」（大子《ダイゴ》、中）の場合では、高い山の上の小さい畑のあるところの名で、その海抜一八〇メートルのところから下へ六〇メートルさがったところに「定本《ジョウモト》」がある。こんな山村に一〇〇〇年以上の昔、条里が施行されたことはありえないので、こうした場合には方言辞典をひいてみることが一つの手である。すると「ジョ　八丈島で『畑』」（この記事は『綜合日本民俗語彙』による）とあることが、解決してくれそうであり、「定本」とはジョのモトの意であると思われる。もう一つの例として「本郷」という地名を調べよう。この地名は一般には本村とか元村の意味でとおっており、事実平地にはそのような地名がひじょうに多い。ところが所々にそのような歴史的な意味の「本郷」に混じって、地形語と考えられる地名がある。とくに山村の二、三軒ほどの小さい集落にそれが見られることもある。地図上でその集落の場所をよく見ると、小丘の上におおいかぶさった集落になっている。本江《ホンゴウ》とあて字するのもいくらか存在する。

なお上述の方法で名義を調べるには、地図は国土地理院の地形図（五万分の一と二万五千分の一）がいちばんよく、方言は東条操編『全国方言辞典』『分類方言辞典』（東京堂）と柳田国男監修『綜合日本民俗語彙』と、歴史用語は大塚史学会編『郷土史辞典』（朝倉書店）を利用するのがよいであろう。

次に地名を科学的に研究しようとする場合の方法について述べてみよう。科学的専門的に調べるといっても、右に記した方法と、根本的にちがったものであるというはずはない。ただ方法は同じであるが、いっそう慎重に精確を期して行ない、そのうえになお文献考証や、分布図の作製を遂行することである。このような研究で最初にすることは、地名型を決定して、それの一覧表をつくることである。それは、第四章「地名にはどんなタイプがあるか」で説くことになっているような、語根型を定めることである。わりあいに新しい時代に発生した、漢音による地名は別として、概して日本の地名は、日本民族が古来用いてきた日本語（アイヌ語・朝鮮語・マライ語などの要素がはいっていることもある）の方言で命名されたものである。それをくち伝えで呼んで来たのを、しだいに漢字で表記するようになり、大部分の地名は、ごく最近といってよいほど、後世の表記によるものである。それゆえに、ある語根型の地名を確定するには、漢字にのみ頼らず、発音によるべきであることは明らかである。

地名の命名は一般に方言を母体として行なわれた。それゆえに方言を調べることは、上述のように有効であるが、方言は地名のように一定の土地に固定しないで、変遷し移動したとみられるから、ある地名を、それから遠く離れた土地の方言をもって解釈してもよいであろう。そしてその方言の意味と、地名の立脚する土地環境との間に、一致した関係があることを見きわめたならば、それをもっていちおうその名義は解明されたものと考えてよい。ただし多くの地名例についてそれが認められねばならぬ。

日本の地名は短シラブルで構成されているものが多いから、同音異義やその逆のことが少

分類	E	語根型	エ　ビ	文字	海老・江斐・江尾

地　図	位置	地　名《フリガナ》	備考（読図の結果）
掛　川	左上	海老名《エビナ》	集落，ごく狭い河盆
〃	右下	海老江	〃　山麓，短い谷の口

第1表　地名表書式

なくない。たとえば右述の「本郷」や「桜」の地名は同音異義がみられるが、カイト、カイチ、カイツ、カッチ、カワチ、コウチ、ゴウチなどはだいたい同じ意味で、「河谷」あるいは「谷合《たにあい》の小平野」のことで、それに垣内、貝地、甲地、河内、高知、郷地のような文字で表記しているのは、その逆の場合の例である。このような複雑な関係から、一度では確然と語根型を決定しかねるものであるにしても、いちおうの区別はできたといってよい。それぞれの語根型別に、地名表をつくるさいの、著者の実行している方法を参考までに記してみよう。

次の作業の段階は、この地名表の記すところに基づいて、それぞれの地名型の全国的分布図を作ることである。一定の郷土地域の地名を研究する場合に、一町村ほどの小面積ならば、かならずしも地名表を作るにおよばないが、一郡市以上ともなれば、それは必要になってくるであろう。しかし一般的にいって、ある地名型の地名を研究するのであるならば、自分の住んでいる一県や一郡だけの地名を対象として研究するのでは不十分である。それは日本の地名は、日本の全土を舞台として、そこに発展してきたものであるから、その発達の全貌をとらえることが必要だからである。こうしてでき上がったある地名型の分布図からは、種々の結論を引き出すことができるのであって、それについては次の第三章にはいって、具体的に説明することになっている。

第三章　むずかしい地名の意味をどうして解くか

(一)　富士山のフジの意味

いまでもフジはアイヌ語であると思っている人が多い。またフはフィと同じで、英語のfire（火）、ドイツ語のFeuer（火）、フランス語のfeu（火）のように、みな「火」をF音でいうから、フジもこれだろうという説がある。これではフは「火」でよいとしても、ジが説かれていない。前のアイヌ語説は、いまでは金田一博士が否定してしまっている。このほかにも富士の語源説には、十指を下らぬほどもある。じつにこのフジの語源については、何百年という長い年月の間に、何十人という多くの学者が論じても、ついに最近まで決定論が得られないという状態であった。このように議論が非能率であったのは、要するに、ただ一つだけの地名をとらえて、それがなにかの言語で解けないものかと思案するという研究方法にばかり頼っていたところに、その原因がある。それでは管の穴から日本の地名の発達の全貌を見ようとしているようなもので、なかなか正しく的中することがないのも、もっともなことと思われる。ここで前章に述べた、地名学の方法を適用するとき、次のように客観的にして合理的な、正しい答えが出てくるのである。そして読者は（じつは研究者の私自身も）、「科学的な地名学」の、いかに必要であるかを痛感されることと思う。

(1)「フジ」の言語学的研究

フジで思いだすのは「藤」であり、また方言辞典をみると、「虹」をフジ（羽後飛島・静岡県志太郡）といい、「山の急にけわしくなった所」をブチ（奈良県吉野郡）、また「澪《みお》」のことをフチ（南島小浜島）というのがある。さてこれらの言葉の中には、どれにもみな共通した意味がひそんでいることがすぐわかる。すなわち「急にさがった状態」を言いあらわしている。藤の美しさの中心点は、その垂れ下がったところにあって、それゆえに古人は「さがるほど人が見上げるフジの花」と賞している。虹をフジという方言も、これと関係づけて考えるとき、はじめてはっきりしてくる。「天空にかかる夢のような、あの美しい線の垂下」、それが虹《ふじ》である。そう考えると富士山のフジも、日本語の古語で、やはり「天空にかかる美しいスロープの美しさ」に与えられた言葉とみられるのである。一九五四年三月末に車窓から富士を仰いだとき、白雪が山腹の上部斜面にかかった様子が、ふつうの山ならば、残雪の不規則な塊りにすぎないものが、富士山にあっては、その斜面に刻まれた、滑らかで伸びのびした幾筋もの谷筋にかかった白雪（距離のため薄紫色に見えた）の線が、豪華な藤の花の精のように感じられた。古人がこのような富士山を、木之花咲耶姫《このはなさくやひめ》に見たてて、それを祭神としたのも、じつにもっともであると思った。奈良県の吉野郡で、「山の急斜面」をブチという方言で呼んでいるのも、富士山のフジと同一の命名心理に基づいているものであると考えられる。もうこれだけの方言的な証拠をかぞえ上げれば、だいたい議論の余地のないほどの結論に近づいたようであるが、さらにそれをりっぱに証明してくれるものに、地名分布の事実がある。

(2)「フジ」の地名誌的研究

まず急斜した地形をフジという地名を、全国にわたって国土地理院の五万分の一地形図から、ていねいに採録していくのである。このさい次のような地名については、とくによく注意をはらわねばならない。その一つは、ただ発音上共通のものがあっても、意味のまったくことなる場合である。また以前に住んでいた郷里を記念するだけの目的で、その名を踏襲する場合もある。これらの場合は地図上で見分けをつけて、うまく処理していくことができる。後者の場合でいえば、北海道に「富士野牧場」「藤山牧場」などがあるのがそれである。けれども「新嶮淵《シーケヌフチ》」「富士」「布士《プシ》」などの地名も北海道にあり、このプシにはアイヌ語で「噴火する」のほかに、「崖崩《がけくずれ》」の意味もあり、事実それらの地名が崖の下に存在するから、第1図の中にとり入れた。これに対して、「風不《フップ》死《シ》岳」のフップは椴松《とどまつ》、「伏古《フシコ》」のフシコは「古い」意味、また「富武士《トップシ》」のトップは「竹」であるから除外した。津軽海峡以南の地名にも同様の注意をはらって、「長い斜面」の地形を意味することが、地図上で明らかなものだけをえらんで、分布図を作ったのである。紙面の制限を考えて、その数例だけをここに記すことにしよう。

赤城山の裾野には、**藤木**という集落があり、また榛名《ハルナ》山の雄大な裾野の下部に位置する**長藤**という集落もよい例である。栃木県の烏山町に近いところにある**下藤**《サガリフジ》は、三三四メートルと二八〇メートルの二つの山の山裾あいの、小さい谷底にある、水田を伴う集落である。またフジの意味をよく示しているのは、**富士ノ下**（茨城県）で、この集落は二〇メートルの丘陵のふもとにある。本場の駿河の富士山の裾野には、**大淵**の集落があるが、この地名は川と無関係であることは、地図を見ればすぐ了解される。京都に近いところにも、**大藤**という三国岳のふもとの集落が、四〇〇メートルの急な崖下にある。また山の名では、広島県に、**藤ガ丸山**（六六六メートル）があり、これは富士形の、ほとんど孤立した山である。福岡市の西方には、**小富士村**があるが、これも可也《カヤ》山（三六五メートル）というけわしい山のふもとにある。川の名では、伊吹山の東南急斜面にかかる**藤古川**があり、この川に沿っての山麓《さんろく》に、**藤川**と**藤下**の二つの集落がある。

第1図の地名分布図の中には、アイヌ語のプシ（Push）と、日本語のフジ（Fuji）のシラブルをもつ地名とを含んでいる。日本語のフジも、古くはプシ（ジ）であったことは、P

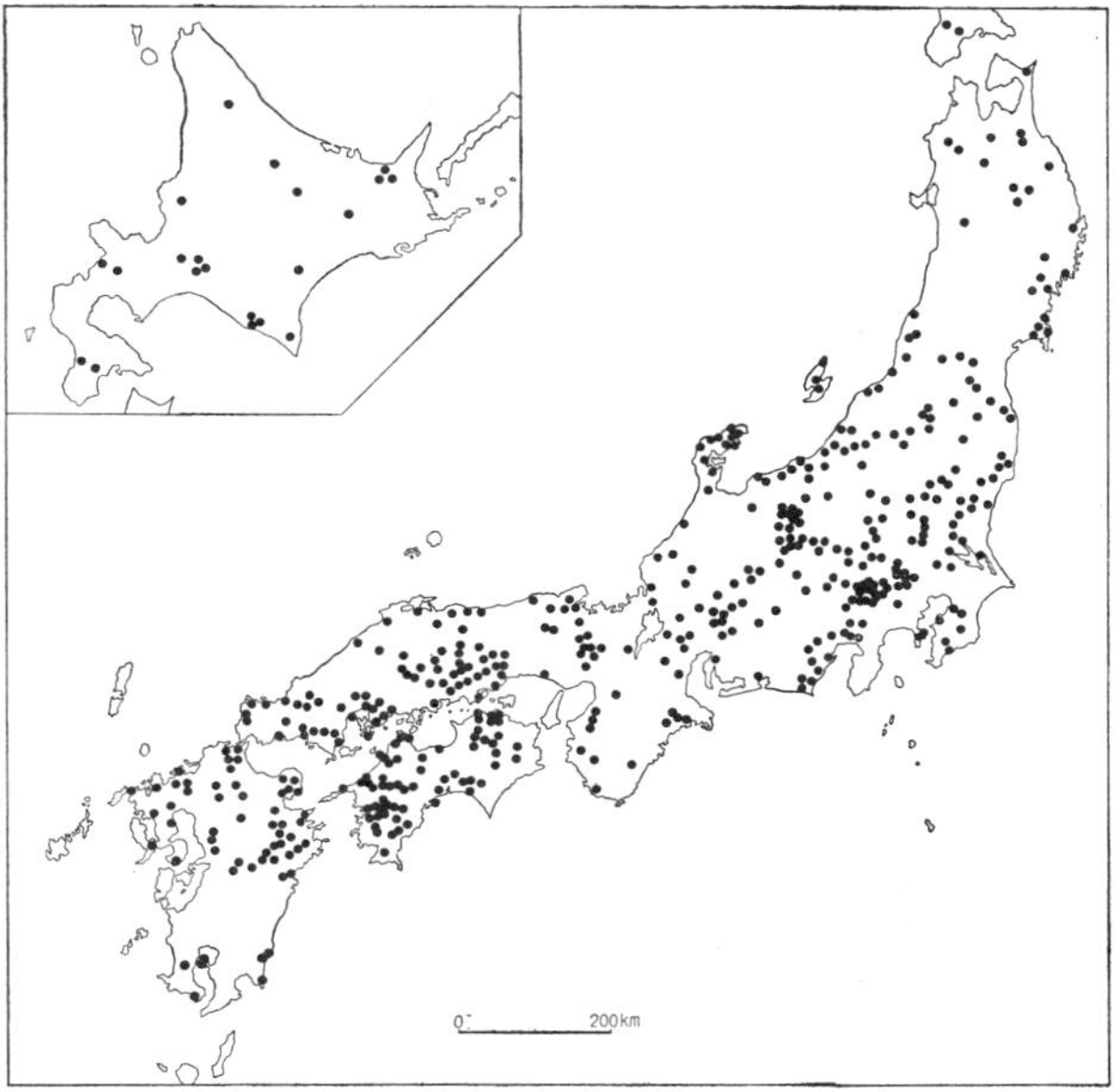

第1図　「フジ」の分布

＞Fの音韻変化で、一般に言語学界で認められている。したがって、このプシとフジは元来一つのものであったのであろう。そうするとここに、このフジの語はアイヌ語であるのか、それとも日本語であるのか、ということが問題になってくる。この言語の秘密の扉をひらいてくれるものは、じつに地名分布の現実の形である。これは地名学の中で、地名のもつ最も重要で、有力な性質である。第1図を見ると、フジの地名の分布が近畿を中心として、まことに美しい三重の圏構造を描いている。すなわち近畿にやや少なく、関東と瀬戸内に最も多くなり、ふたたび北奥と南九州へと、少なくなってゆく。その分界線の間の距離が、じつに整然としていて、およそ四〇〇キロの幅を保っている。この形態はわれわれに、次の二つの重要な解答を啓示してくれているのである。その一つは、このフジの地名は、近畿を中心に発達した大和文化の所産であること、そして同時に、それはアイヌ文化のものでないことを示すこと。その二つは、この三重の圏構造を、時代のほぼ知れている他の地名型の例と、くらべてみることによって（第六章「地名の発生年代は決められるか」を参照）、「フジ」の地名分布の形成の時代は、「別所」の地名よりはおそく、「田代」や「何々屋敷」の地名よりは早いころ、言いかえると、平安初期―中期のころであったと推定することができる。

(二)「名古屋」の意味

(1)「名古屋」についての諸説の吟味

『日本古語辞典』で松岡静雄氏は、ナゴヤを「魚《な》小屋」とし、『名古屋市史』の編者は、名古屋は「根子屋」のなまりであるとしている。『綜合日本民俗語彙』一一〇六ページには、「千葉県の東海岸でナヤというものを、西国ではナゴヤといっていたらしい。たとえば広島県沼隈郡の田島（内海町）で、今ある町の所を名護屋というのは魚小屋であった。魚市などがここに立っていた」と記してある。「魚小屋」説は、言葉の説明としては正しいが、「何々小屋」という命名法は、日本の海岸には少ないことと、「ナゴヤ」の地名がむしろ内陸に多いことは、この説を疑わせる。「根子屋」説は、名古屋を城下町として理解しようとするものであるが、「根子屋」は江戸時代の城下町ではなく、戦国時代のいわゆる山城《やまじろ》時代にさかのぼるものであることと、今の名古屋城の南方の碁盤割のところを、昔ナゴヤといっており、この土地は高燥な丘陵性の台地で、「ナゴヤ山」とも記され、その東北部には「山口」という地名があって、この「ナゴヤ山」の入口であったことから、ここが戦国時代の山城の下に位置する城下であったとは考えられない。東に谷をへだてて「覚王山」の近くに「城山」があるが、それはあまり離れすぎており、南の「古渡城」にしても「ナゴヤ山」より数

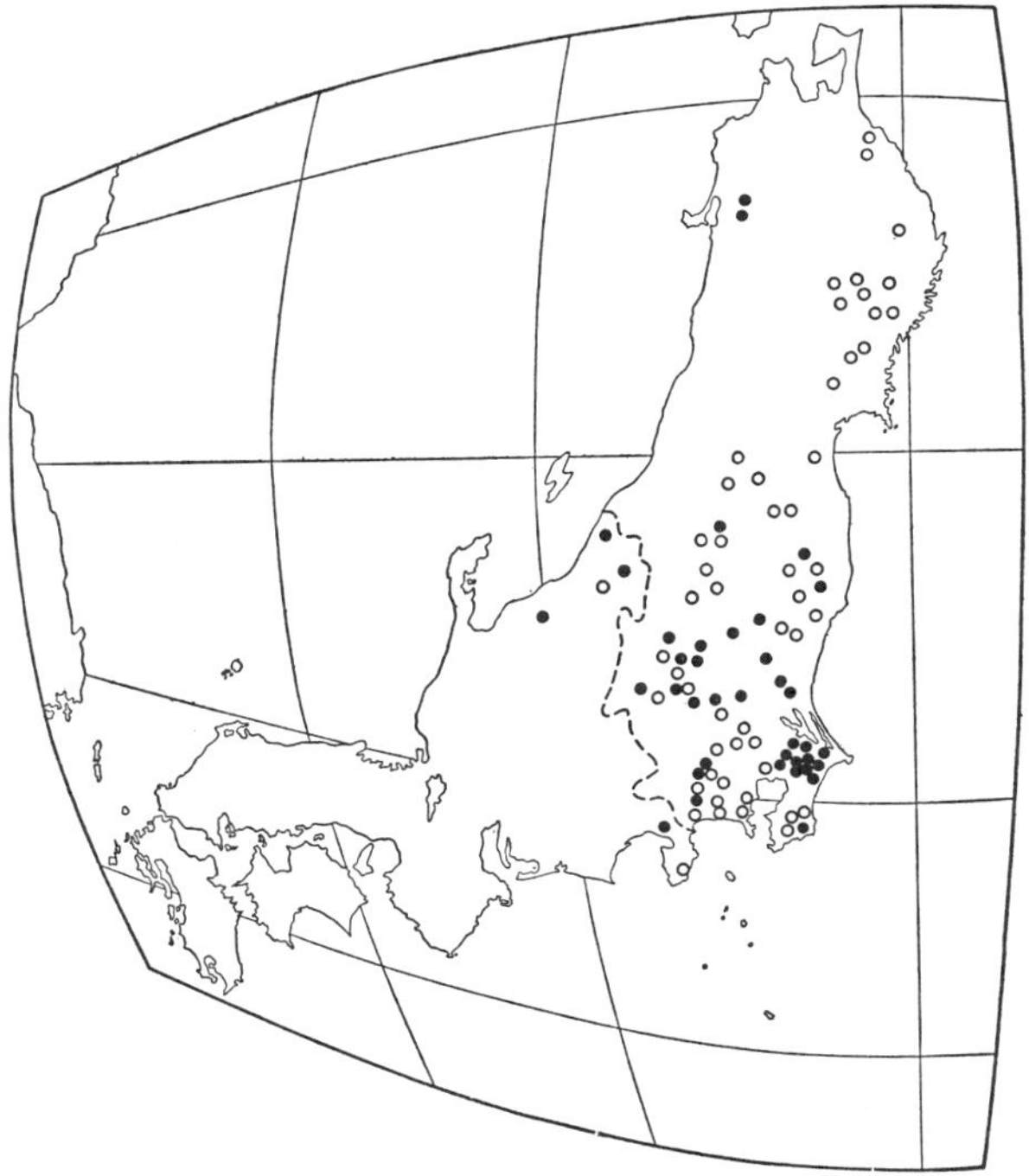

第2図　「ネゴヤ」「ネギシ」の分布
視　点：金華山沖
眼　高：600 km
1方眼：300×300 km^2

メートル低い位置にあるから、根子屋であったということはどのようにしても地形的に話が合わない。……というように自然環境を調べてみることがひじょうにたいせつであるが、もう一つの手段は、まぎらわしい地名の、地名分布の形態を調べてみることである。すなわち、第2図に「ネゴヤ」と「ネギシ」の両地名型を示したが、これらの地名は関東の西境から新潟市に至る線より西方にはほとんど分布しない。別の言葉でいうと、これらの地名は富士火山帯以西に分布しない。つまり名古屋市のあたりには、まったく分布しない地名である。

(2) 「ナゴ」という語根型の地名

ナゴヤという言葉は、ナゴが語根であるが、それをナを接頭語として、コヤを語根とはしがたい。コヤが日本の地名として現われるのは、「小屋」と「興屋」(幸谷などとも書く)の例があるが、後者は江戸初期の開拓地名であり、「小屋」はあるいはそれよりも新しい地名であろう。そこでナゴ語根型の地名を考えて、ナゴヤをその中に入れることが正しいと思われる。

地形図上に見いだされるこの型の地名には、名古屋・名護屋・名古谷・奈古屋・名幸谷・名古・名子・名越・名号・名高《ナコウ》・奈古・奈胡・那古・南越・南居・中尾・中子・中興・中講・女子・長尾・長子・長太《ナゴ》・長川《ナゴウ》・長《ナコ》・永穂《ナンゴ》・砂《ナゴ》・投《ナゴ》がある。これらの地名を地図上で点

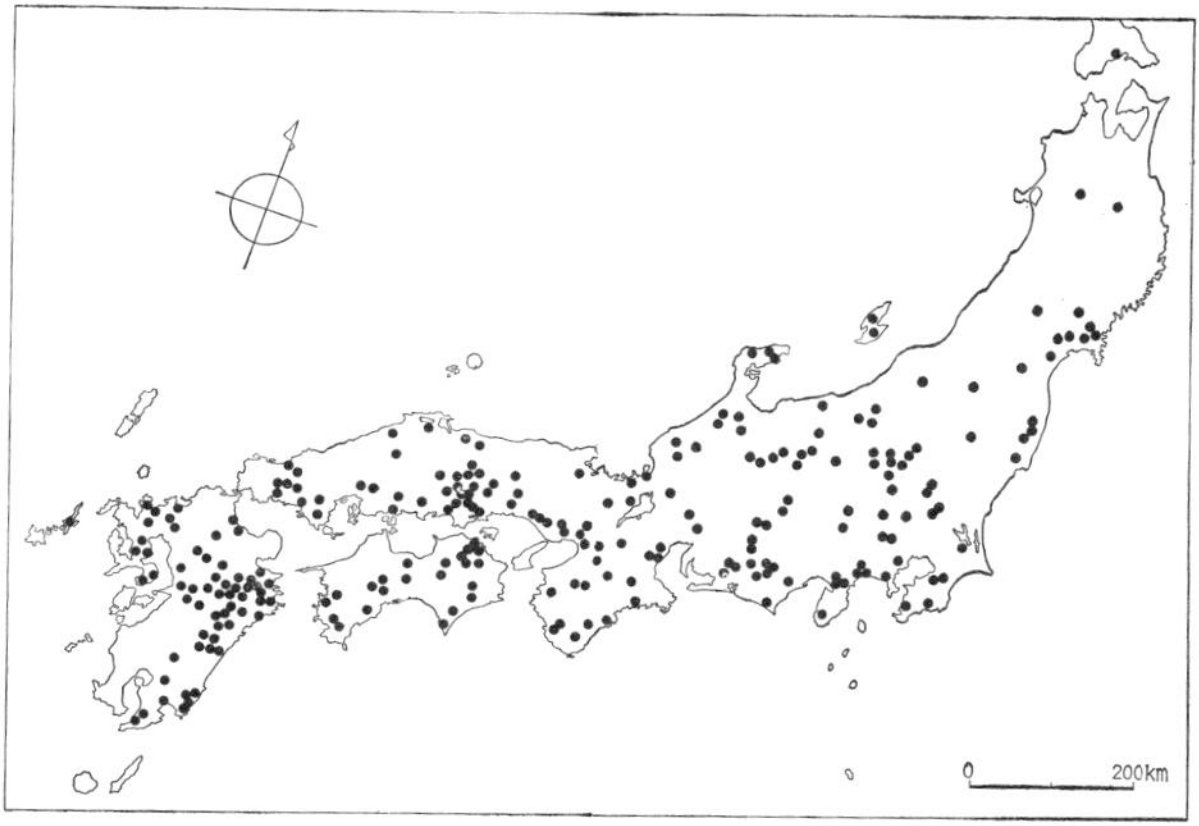

第3図　「ナゴ」の分布

検すると、その多くは緩斜面や平坦地の上にある。山地での生活は緩斜地や小平坦地が特別重要な意義をもつから、そういうところが山村では珍重されて、よく話されるうちに地名となるのである。「中尾」という集落でも、そこに尾根らしい地形が見当たらず、それゆえ「尾根の中程」の地名とは、解しえぬ実例が多い。「中講」といっても、それに対する上講とか下講とかいう地名が、その付近にない場合が多く、「長尾」といっても、そのような地形が存在しない例はいくらでもある。要するにナゴは地名としては「平坦地」で、佐佐木信綱氏『万葉辞典』に「なごや（柔）名詞・副詞、なごやか＝荒々しくない、柔か」とあるのがそれに当たる。海岸の地名では「砂浜で浪の音のなごやかな所」(『綜合日本民俗語彙』)、海湾の名では季節風をさけられる、波のおだやかな入江をいうのである。

(3) 結論

名古屋のナゴは上述のように、平坦地のことで、尾張名古屋は名古屋城の南方の台地であったので、疑う余地はない。ナゴヤのヤは単なる接尾語で、『万葉辞典』にあるように、ナゴヤで「平坦地」をさす言葉であると考えるのが穏当のようである。あるいはヤを「谷《ヤ》」と想定して、「沢」や「沼地」(千葉方言)を考え合わすと、尾張名古屋の場合には、台地を刻む浸蝕谷が南東から入り込んでいるあたりを、そういったのかとも思われる。

(三) 「船越」の意味

「船越」といえば、あまりにその文字が意味をはっきり示しているように見えるので、ついに古書などにある「地峡部を曳船する」説で、すべてを考えようとすることになるが、それにしては水に縁のないところにあるフナコシや、とにかく多数あるそれらの地名を、ことごとくそれで律するにはむりがある。古書とか古老の言とかは参考までにきいておいて、なるべく即地的に、また多数の同じ語根型の地名の検討を経たうえで考えてゆくことが望ましい。というのは少なくとも風土記編纂の八世紀の大昔から、ことさらに地名の意味を付会《ふかい》しようとする、よくないならわしがあったからである。これはわが国ばかりでなく、最近読んだカーロの『インドネシアの地名の解明』によればインドネシア人のあいだにも、こういう風習があるそうである。

さてここにフナコシの分布図を掲げるが、この地名は見られるとおり全国にわたって存在する。その位置からいうと、海岸にあるものよりは、むしろ内陸にあるもののほうが多い。さらに海岸にあるものも、その半数は地峡部に存在しない。さらにもう一歩進めて地峡に位置するものも、その地峡部が数十メートル、あるいはそれ以上の山岳丘陵になっていて、とうていそこで曳船など不可能なものが多い。次にそれらの数例をとってみよう。

そのため次にA・B・C・D・E・Fの六例をとり出してみる（つごうによって、これらの地図を掲げることを省略した）。

Aは姫路市の西郊で、そこに「舟越山」がある。この山を小径が乗り越えているところから、この地名の意味は「舟のような地形を越える山」とみられる。

Bは佐世保湾の西側の半島の一部で、その地峡部に近く「船越」の集落がある。ところで地峡部には四〇メートルの丘が連なり、現在では村道がここにトンネルをうがって通じているほどの、けわしい地形であるから、その部分を船が通れる道理はない。したがってここでフナコシというのは、この地峡部を横から見た形が船に見えるのか、あるいは「船の渡し

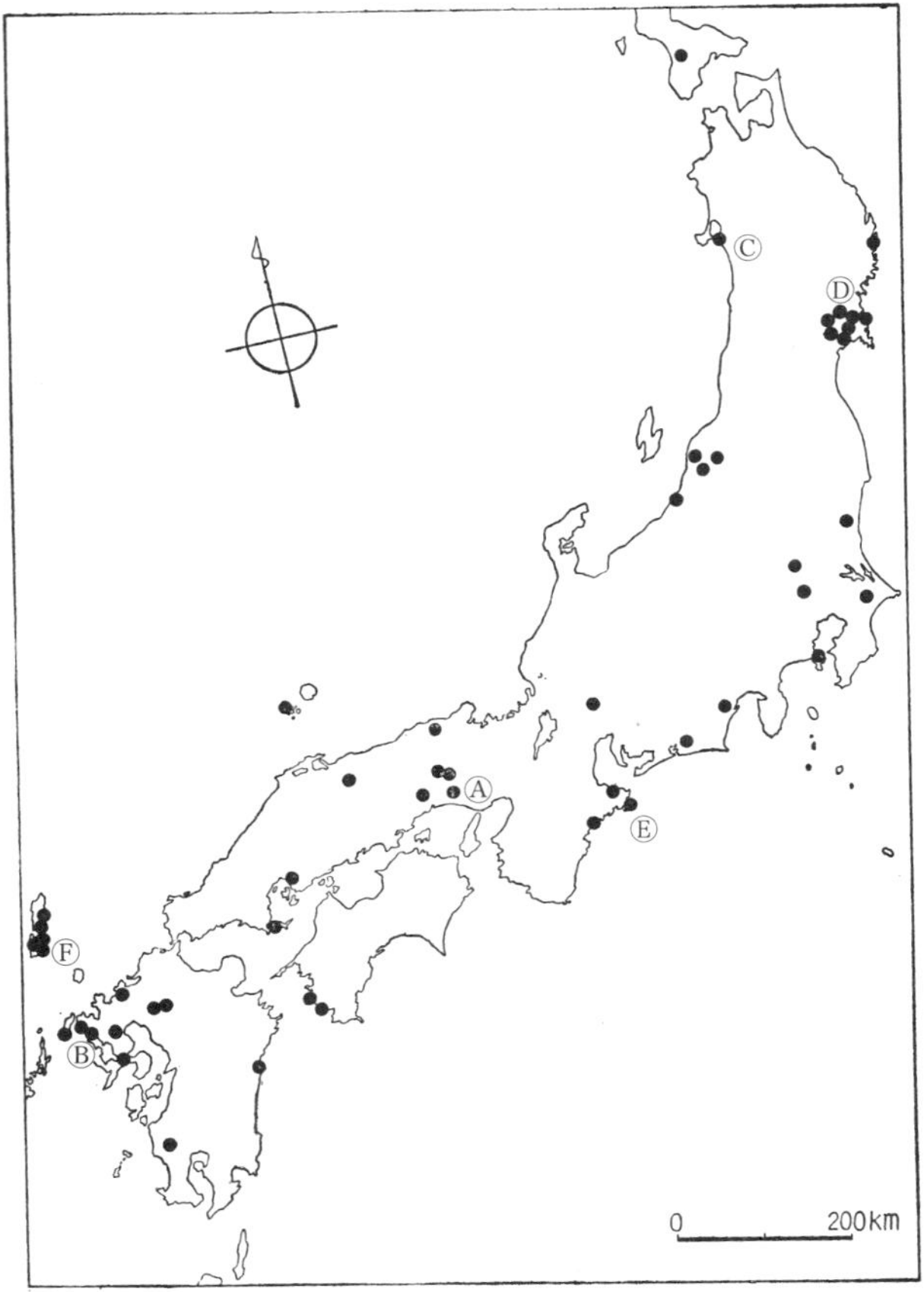

第4図　「フナコシ」の分布

場」の意味かのいずれかであろう。

Cは秋田県の八郎潟の入口にある「船越」である。ここには砂州で入口が塞がっていたという記録も口碑《こうひ》もなく、いつも水道が開けていたらしいのである。ここの支所長の越前貞直氏の説明によると「交通は渡し船によったので船越の名が生まれた」という。また同氏によると、この村ははじめは、湖の出口に伸びた砂丘の上に「榎村」の名で誕生し、元亀年間に湖岸の開田によって半農半漁の村となり、農業につごうのよい今の位置に慶長年間に移転したことになる。「船越」の名はいつからかは不明であるが、対岸の「天王」との間の渡船場になったとき、それはおそくも慶長のころと思われる。

Dは仙台の北方の、「涌谷《ワクヤ》」の町に近いところの例であるが、明らかに地図上に渡船場の記号がある。少数の例ではあるが、関東平野の〔成田〕や〔幸手《サッテ》〕、新潟県の〔弥彦《ヤヒコ》〕と〔新津《ニイツ》〕の各五万分の一地形図上のフナコシの地名は、地図上ですぐ次のことがわかる。「船越」の地名が旧河道に沿って存在する場合と、今では他の集落と一列になって、彎曲《わんきょく》して連なる自然堤防の上にある形から、昔はそこに河道があったことがわかるという場合があるが、この二つの場合はともに、そこは船越の地名があっても、すでに河の跡のみで渡船場はなくなっている。これらに比して、上述の八郎潟のフナコシや、涌谷の付近のフナコシが、現在はっきりした水道や川筋に存在することから、関東や越後あたりでは、もう忘れられようとしている「渡船」の意の船越が、東北地方には生きた地名として存在していることになる。

Eは志摩の「船越」である。この村では船越（この地方ではフネコシという）は、だいたい次のようにして行なわれてきた。平素は漁業用の船が表海に、農業用の小船が裏海にのみあった。ところで真珠の仕事が忙しくなると、表海の大きい船を裏海（英虞湾《アゴ》）へ移し入れることが必要になる。それには現在の船越の町を横切る二筋の道路のどれかを通って船を曳いた。手漕ぎの一トンほどの船であれば、五—六人で持って歩いた。それより大きい船になるとコロに用いる横木（この地方でスベリという）を船の下側に差し入れながら動かした。今ではこの地峡を横切るには、その距離が五〇〇メートルぐらいあるが、むかしはもっと狭かったという。昭和六—七年［一九三一—三二］に南方の村境に「深谷水道」という運河が設けられてからは、上述のような曳船はいらなくなった。満潮時には二〇—三〇トンの船がここを通ることができる。むかしから船越が行なわれてきた今の同名の集落のところに、なぜこの水路が開かれなかったかといえば、①深谷（以前からこの名があった）のほうでは、南北から水田のある低地が入り込んでいたので、開さくが容易であったこと、②「船越」の集落のあるところは海浪が激しく打ちつけ、もしここに水道を開けば、いっそうその打撃が大きくなるので不利である。この町の東岸には高い堅固な防波護岸がコンクリートで築いてある。これほどフネコシの明らかな歴史があるし、その位置からいっても、ここの地名がフネコシの社会的慣行から由来していると思われても、当然のようにみえる。同地の村役場所蔵の『志摩国英虞郡船越村地誌』（著者も作年も不明）をひもとけば、「海岸ハ岬湾出入シ渡船海路ノ要津ナルヲ以テ船越ト名《なづ》ク可シ」とあって、フネコシを説かず、また同村の中村助役の意見では、船を越させたからこの地名ができたとは考えられないという。それは以前この集落は「大津波《オオツバ》」といったが、忌字をさけて「船越」と改めた（年代不詳）からである。

そこで著者はこの村の字名《あざな》にフナコシというのがあるかどうかを尋ね、もしあればそこの地形は、尾根に舟形のくぼみのあるところの峠道の通ずる字の名ではないかと問えば、ここから北西一キロ余の地に、そのとおりのところがあるという。以上によって考えるに、現在の「船越」の町名は「大津波」という旧名が明らかに伝わっているほどであるから、比較的新しいものであると思われ、明治維新ごろか古くても江戸時代まででであろう。これに対して字名の「船越」はひじょうに古いものであるに相違ない。大津波を船越と改めたその「船越」の名は、この字名を採用したものか、あるいは上記の村誌にあるように「渡船」の意味で用いたのか、そのいずれかであろう。

最後の例、Fは対馬の「大船越」である（この項については下県郡美津島町長の浦瀬勝一氏から示教をいただいたことを記して、謝意を表する）。室町中期の文明三年［一四七一］、中叔舟《しんしゅくしゅう》のかいた『海東諸国紀』には、今の「大船越」は「吾甫羅仇時」とあり、五〇戸の集落であった。寛文十二年［一六七二］（江戸前―中期）ここの地峡が開さくされるまでは、ここに「古里《フルサト》」と「古老世《コロセ》」の二つの集落があったが、それ以来、「大船越」と呼ばれるようになった。要するに今の「大船越」には、アホラクシ↓コロセ《フルサト》↓オオフナコシの地名変化があったことになる。ここでアボ（崖）という「甑島《コシキ》」の方言を適用してよければ、アホラクシは「有崖砂丘」の意となるから、地峡を表わす地形語とみられるが、フルサトとコロセは、この地峡をはさんで対立していた集落ということであるから、地峡部の名ではないとみられる。「大船越」の北方にある「小船越」よりも、大きい船を越させたから、この名ができたのだと古老はいうが、右に述べたように、寛文十二年運河が開けてからの名であることに誤りがなければ、この運河のできたために曳船が必要でなくなってから、「船越」の名が与えられたことは、フナコシが曳船のことでなく「渡船」の意であることになるはずである。ここの町長の報告によると、ここには明治三十七年［一九〇四］陸軍によって、はじめて木橋が架せられたというのであるから、寛文十二年から二三〇年あまりは、渡船時代がつづいたわけである。次に現在の「小船越」について『対馬島誌』には、「飛鳥時代に積荷をおろして、船を引き丘をこえた」ことが記され（現在でも時折、小型の船を引いて丘を越えている）、またそこをたんに「船越浦」といったそうである。してみると古代には、曳船のことをフナコシといって、地名にもされたと考えられる。そして上述の『海東諸国紀』（室町中期）には、「訓羅串」とあって、中世になってこのようにいつしか「船越浦」の名はなくなっている。けっきょく、上代にはフナコシが「船を曳いて地峡を越える」意であったらしいが、近世以後には、フナコシは「渡船」の意味に変わっていたとみることができる。

ただし場所によっては、最近まで曳船をしたことの明らかな「船越」の地名がある。隠岐の「船越《フナゴシ》」はその例で、大正三—四年［一九一四—一五］ここの地峡に運河が造られるまでは、トモドと称する一トン未満の漁船を引いて通ったという。この運河付近に「船引《フネヒキ》」という地名がある。ここでもやはりフナゴシは古い言葉である。愛媛県南宇和郡内海村の「船越」でも、最近まで曳船が行なわれたといっている。

第四章　地名にはどんなタイプがあるか

今までの日本における地名研究の多くは、個々の地名かある行政区の地名とかをとりあげて、語源または起源を調べようとするものであった。それは思いつき次第で行なわれ、ほとんど無計画的になされたのだった（例証をさける）。このような方法は非能率でもあるが、さらに遺憾なことは、それによっては正確な結論に達することができなかった。そこで科学的に、すなわち系統的に組織的研究を進めるためには、地名の分類が必要になってくる。よって次の三つの大きい型を通して、日本の地名を考えてみることにする。

(一)　語根型

大多数の地名は、方言または共通語によって表現された、土地の環境的な性質にしたがって、命名されたものである。それに加うるに、いくらかの人名や特殊事情に基づいて名づけられた地名がある。命名の傾向について一般的にいえば、方言の関与が最も大きく、そしてその解明は最もむずかしいものである。一見して共通語や人名に思われても、それが案外、別の意味の方言であったという例はひじょうに多い。そのような地名研究上の事情や、それを正確に把握してゆく方法は、すでに、第二章に、そして、第三章にその範例を述べた。

一つの地名型を決めるには、同類と思われる発音を語根としてもつか、意味上で主要部の言葉としてもつ地名を、できるだけたくさん集めることから始める（Ａ）。集めた地名を地形図上で、地形・耕地・森林・交通路などの関係上、共通分母となるような事情はないかを調べる（Ｂ）。次に方言辞典・民俗辞典・古語辞典・歴史辞典などで、その語根型地名の語根となっている言葉が、どんな意味であるかを考える（Ｃ）。今まで研究してきた、または研究されてきた信用のおける多くの地名についての、命名の傾向、その他研究の成果、ならびに言語法則を参考資料として利用する（Ｄ）。

ＢＣによって得た結果が一致し、Ｄによって調整または裏付けされるならば、その語根型の語根の意味は確定し、あるいはいくつかの語根が摘出されたり、反対に他の語根型と思われていたものと結合されるものであることがわかるであろう。しかしこのような手順が、うまく進まず失敗することもある。それは調査研究が不十分であったということにもよるが、多くの地名の中には、じつに難解な地名も存在するからである。このときいちばん困るのは、ある語根型の地名例の個数が少ないときである。そういうときにはむりに解決を急がぬことであるが、暫定的に止めておくことは差しつかえがないであろう。

概していえば、Ｂから帰納されたことは最も重要であって、ＣＤは補助的に考えてよいであろう。というのはいかに概念的な、辞書や言語法則がりっぱにみえても、地名の現にある事実の上に見いだされた結果を、優先にしなければならないからである。ゆえに一つの概念的方式を定めて、それを地名にあてはめながら、演繹しようとする方法は誤りである。日本の地名の大部分がアイヌ語であると予想して、アイヌ語方式で律しようとしたり、F音は「火」だとか、Asは「灰」だとかで、日本の多くの地名に統計の網を投げようとするのは（寺田寅彦のように対象を火山だけに限定すれば、話は少し変わるがなお問題は残る）根本的に誤っている。それはたとえばシマ、マキ、カミ、ミヤなどは、けっしてそれぞれを一つの語根型となしえぬ、いくつかのまったくことなった意味をもっているからである。このような場合と、もう一つその逆の場合、すなわち、いくつかの地名型の種類と思われる地名群が、じつは同一の語根型に帰一するという場合とについて、次に具体例を用いて説いてみようと思う。

タロウ（太郎・田老）この地名型には陸中の海岸に「田老」があり、肥後には「赤松太郎」「佐敷太郎」「津奈木太郎」の三つの峠の名があり、俗に「三太郎峠」ともいう。タロウという方言は本土では著者はまだ知らないが、八丈島の方言に、タイロ「平地」または「山上にある草地」がある。タイロはタイラに由来する言葉であろう（母音相通の現象）。久留米（五万分の一）図幅に、「太郎《ダイロ》原《バル》」という集落がある。これは八丈島の方言と同根であるとみられる。この「太郎原」は自然堤防上の平坦地にある。さて地形図上でタロウの地名を一つ一つについて調べてゆくと、意味上二つに分けられることがわかる。すなわち堂々とした壮年山峰に一八、ほかはすべて小平地の名として七九例がある。二〇〇〇メートル内外の山を「太郎」というのは、人名の場合と同じようにりっぱさを表わす名であろう。利根川を「坂東太郎」というのと似ている。小平地に命名された例を細分すると、平頂峰や平頂峠の名に一五例、狭い河段丘や海岸段丘や小丘、小台地上に一七例、狭い谷底に六例、山麓緩斜面上に一三例、自然堤防上に二四例、山岳地帯の中の盆地に三例、扇状地の一部に一例がある。けっきょく「太郎」という地名は、「巨大」の美称と、「小平地」との二つの意味にまとめられる。

以上とは逆に一つの地名型、たとえばハバ（羽場・巾・幅）という地名がある場合、それと並んでハンバ、バンバ、ババという地名がみられる。これらの地名は地図上でよく観察すると「崖地」を意味していることがわかる。ババ（馬場）には、城下町であったときの馬の調練所の意で地名となったものがあるかもしれないが、東京の高田馬場は、旧神田上水の「谷壁《がけ》の上の高い田」にちなんだものとも思われる。また「湿地」を言い表わすヤチ（谷地）はヤツ（谷津）、ヤト（谷戸）と同一の語根型に属する。要するにこのような結果が現われたのは、一つの言葉が方言的にいくつかに分かれたためである。

ある地方、ある国の地名を研究するに当たって、このような語根型にまとめてゆくと、案外、すべての地名がわずかの構成要素から成立していることが知れる例がある。ドイツの北西部のミュンスターラントでは、一六の型の地名だけで、全体の地名一〇九一個の七二パーセントが網羅されてしまうという。最も多いのは -dorf で -heide, -moor, -venn などがそれについで多い。日本では語根型がいくつあるかは、いまだそこまで研究が進んでいないが、集落の名だけについてみても、四〇〇以上になることは確かである。

(二) 民族型

日本列島は人種上一つのルツボであり、アイヌ、朝鮮人、マライ人をおもな要素とする融合民族である。細かくいうと、ネグリート、古アイヌ、ツングース、インドネシヤン、インドチャイニーズ、原チャイニーズ、モンゴールなどである。これらによる融合民族、すなわち原日本人が形成されたのは、B.C.数百年―A.D.一〇〇〇年のころである。日本最初の文化は新石器時代のものと考えられ、その初期には、アイヌやマライ人およびその子孫によって居住され、とくにエミシと呼ばれた原住民［先住民］が全国にいて、彼らはすぐれた縄文《じょうもん》文化を多くのこしている。後期になると朝鮮から文化が輸入されたが、主としてそれは西南日本にみられ、東北日本にあっては、前者より数百年おくれて広まった。A.D.一世紀にはじめて鉄文化が大陸からはいってきて、やがて歴史時代が始まった。そこで文字と仏教が普及し、土地の開発が大いに進んだ。

日本の地名もこのような人種の場合と同じく、一つのルツボの中に、日本的な性格をもつ地名として育っていった。そのために日本の地名を外国語で解決しようとする試みは、多くの場合徒労のようにみえる。しかしよく観察すると、その融合されて日本の上代語に由来すると思われる多くの地名の中にも、他民族語からくる地名が指摘され、それによって民族混合あるいは融合の歴史の跡を追跡される望みがある。今日まで日本にある地名を、ときにはアイヌ語で、また朝鮮語で解釈しようとする努力がなされてきた。

しかしそれらの古代語を融合して包括する日本の地名を、どの程度までそれらの民族語で解決することが可能であるか、すなわちその限界がまったく不明であった。それはただ言葉の解釈のみに基づいて推論してゆくことから起こる、当然の結果であると思われる。このことについてはもうおよそ半世紀も前に、たとえばナーゲル（J. W. Nagel）によって指摘されている。そこでそのような地名学はもはや過去のもので、著者はここに地名地理学、地名地理学（Toponymic geography）が誕生することの必要を思うのである。ではその地名地理学は本章の右述の問題に対して、どのような解決の方法をとるものか？　それについて簡単に述べよう。

形態だけから内容をくわしく知ろうとすることはむりであるように、言語の相似だけから地名の意味を推察する方法は、たとえいちおうの論理をつくしてはいても、けっきょくは問題を解決していないことになる。それは言葉のうえだけの研究では、単なる可能性について語るだけだからである。要は一つの角度からの考察でなくて、できるだけいくつかの角度に照らしてみて、それらがうまく合致するかどうかを確かめることが必要になってくる。それはいくつかの条件や、多くの地名の傾向がみな一致するという場合の解釈の正当さの確率は、はなはだ大きいからである。そのいくつかの角度、すなわち地名の民族型を決定する条件とは、次に掲げる諸点である。

a　ある地名の意味が、ある民族語で言語学的に解ける。

b　その解けた意味が、その地名をもつ土地の自然や人文上の特徴に合致する。

c　右の地名と同じ語根型の他の地名も、bの条件を満足する。

d　その地名が、その解けた語に連なる民族の郷土にも見いだされる。

e　その地名の分布地域と、その民族語の郷土との中間の地域にも、その地名が分布する。

f　(その語根型の地名の分布の重心が、解けた民族語の郷土に存在する)

次に右の六つの条件(うち一つ、fは副次条件)を吟味しながら、アイヌ語、朝鮮語、大和語、マライ語のそれぞれに由来する、民族型の地名を説明してみよう。

(1) アイヌ語の地名

(a) **「ナイ」の地名**　バチラーの辞書には、「北海道では『小川』に、樺太では『大きい川』にナイを用いる。ナは『水』、イは『位置を示す接尾語』」とある。日本の古語に川や水を意味するナイはないし、朝鮮にもマライにもないらしい。またナイの地名は川を意味しているということは、読図からすぐわかることで、その実例は北海道にひじょうに多い。次にナイという地名の分布をみると、北海道のほかに、東北地方にも多い。すなわちナイの地名の分布はアイヌ的性格をもっているが、奥州とくにその北部に多いナイの地名は日本語で、内《うち》をナイとよむ院内・阿内・庄内などの地名、そのほか「余納」からくると思われる米内《ヨナイ》がある（巻末の「日本地名小辞典」ヨナイの項）。つまり分布上アイヌ型と大和型になる。最近までこの両者はほとんど区別されることなく、奥州北部から北海道にかけてはアイヌ地名が多いとされてきたが再検討を要する。

(b)　**半濁音の地名**　アイヌ語には朝鮮語などよりもいちじるしく半濁音が混じっている。日本語ではP音はF音からさらにH音へと転化した。そこでこの半濁音、すなわち、P*a* P*i* P*u* P*e* P*o*の音を含む地名を地図上にひろい出してみると、第5図のような分布図ができる。すると北海道にひじょうに分布が濃くて、これはアイヌ語の特色であることがよくわかる。

また津軽海峡以南では、明らかに東北日本に多く、西南日本に少ない。つまりアイヌ語の本場である北海道から、南方に尾をひく彗星のような分布の形をなしている。しかし津軽海峡をもって急に南方にまばらな分布に変わっている。すなわち津軽海峡に第一の不連続線があり、琵琶湖地峡に第二のそれがある。津軽海峡にみるこのあざやかな不連続線の存在は、日本の地名がP→F→Hの日本上代語内にあっての転化が、奈良朝ごろから行なわれていた

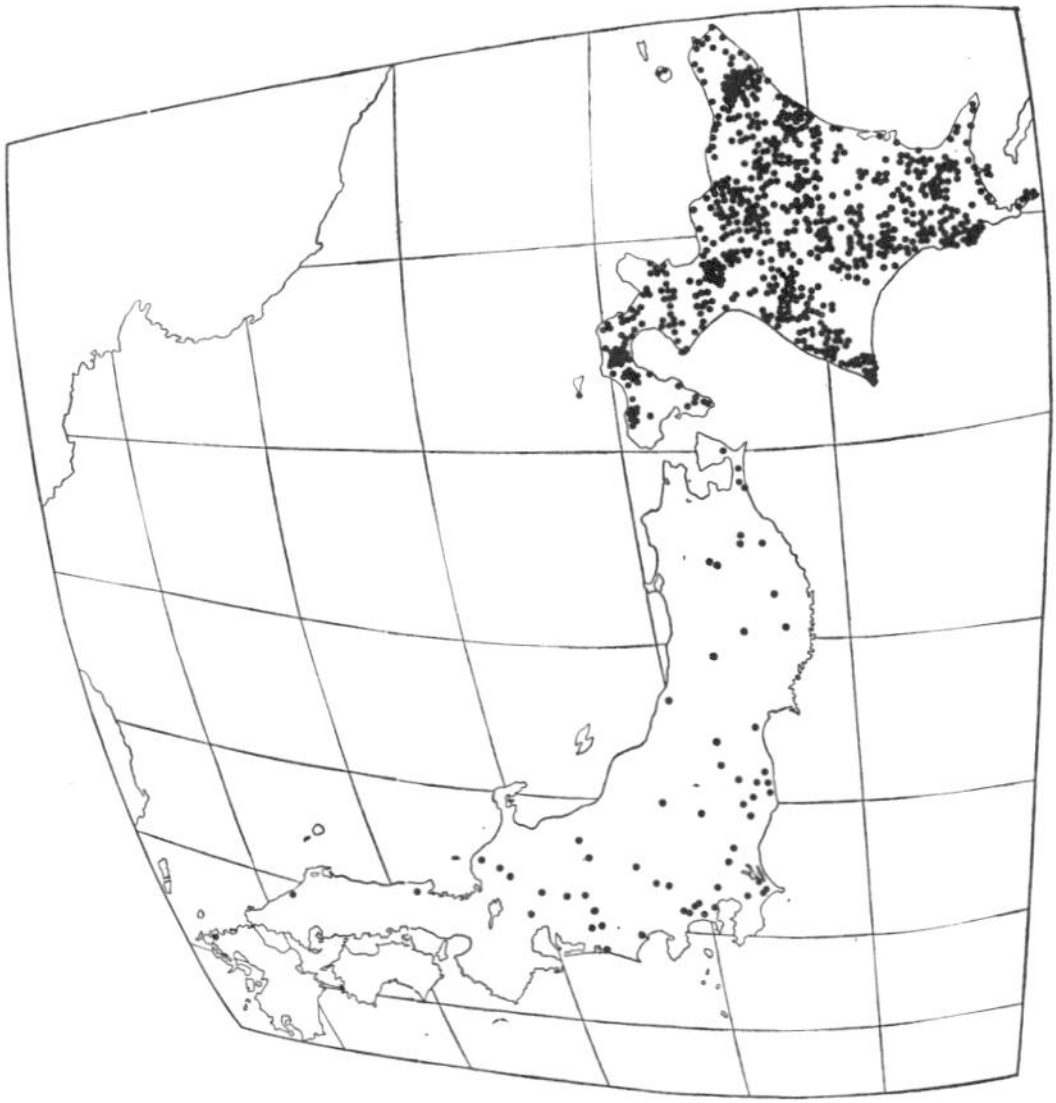

第5図　半濁音の地名
視　点：北海道の中央
眼　高：1,000 km
1方眼：250×250 km^2

こと、地名の変化はその語幹にみられることはまれであるが、音韻的には転化が容易であることなどからうなずかれる。

また北海道の地名は奥州の地名よりも、アイヌ語の地名を日本の表記によってうけついでから日なお浅く、そのうえに北海道の人口密度はきわめて低いから、まだ十分に日本語化されていないからでもある。ただしこの分布図に入れた地名には「六本木」とか「日本平」とか「別府」とかのように、日本語で当然半濁音をとらなくては発音上ぐあいのわるいもの、そしてそれが明らかに日本語であって、アイヌ語でないことの確かなものは除いてある。

(c)　**「ホロ」（ポロ）の地名**　ホロはアイヌ語で「大きい」意で、北海道には「美幌」や「幌別」「札幌」などの地名がある。日本の上代にもホロがあって、『日本古語辞典』には「ホロ（保呂）ホ（帆）ロ（接尾）空気を利用した戎衣」とあり、この意味の地名例には、母衣下山《ホロオロシ》（遠野）があるが、一般にはホラ（洞）と同根のホロである。岩手県の「褜綿《ホロワタ》」は「洞和田」、青森県の「大幌内川」は「大洞内川」と考えられる。満州語にはホロ（山谷）があり、朝鮮語コㇹル（洞）も同根であろう。洞はもとはシラギ語で「谷」であったが、それが谷地にある集落名となり、高麗や李朝になると、やや広い意味で「町村」のことに転じ、平地の集落の名ともなった。洞の地名はコㇹルやトンㇰなどと今では呼ばれている。このように満州語のホロは、朝鮮にきて発音が変わってしまったが、日本の地名ホロは満州語に遠く連なって、早く日本化してホロが河谷の名として用いられ、あとからホラの地名が発達し

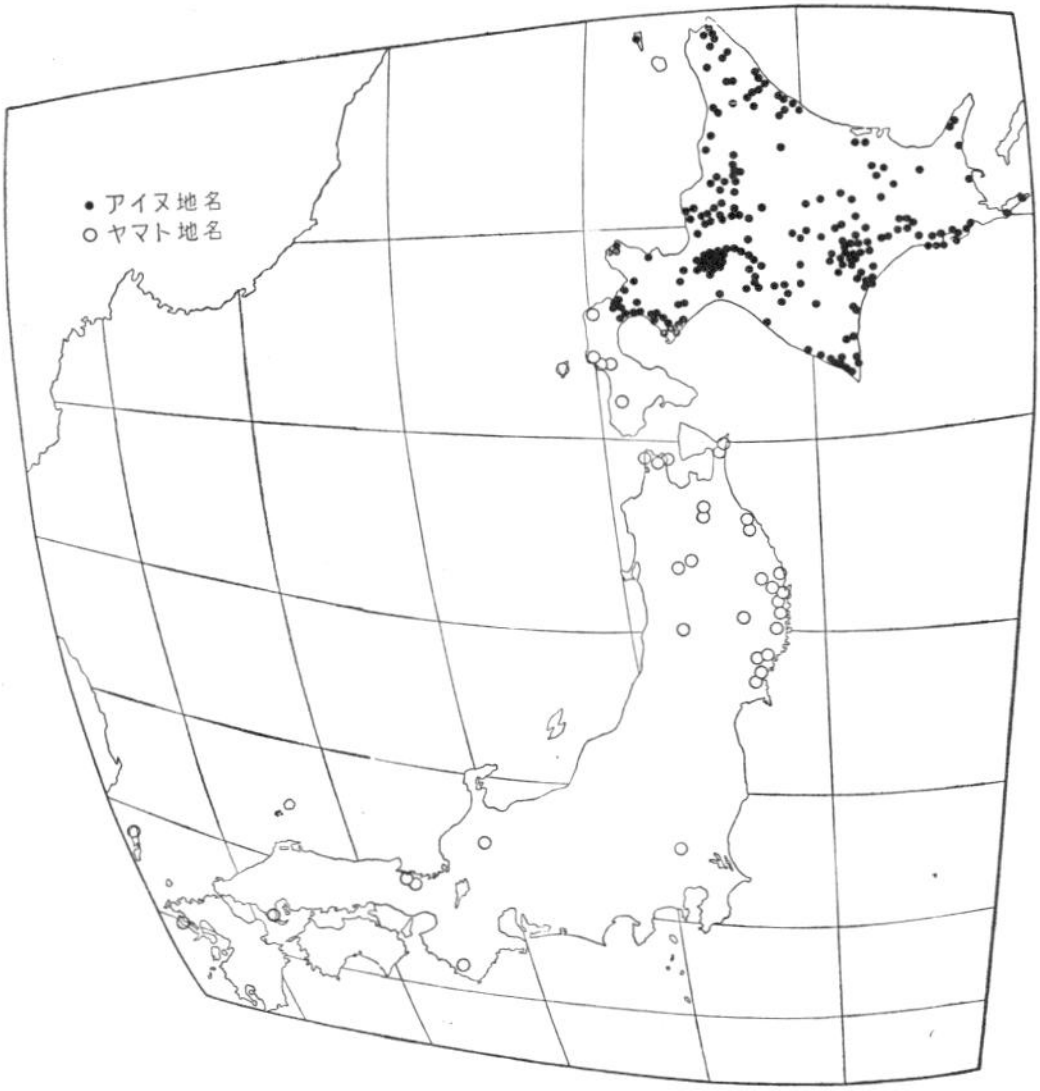

第6図　「ホロ」（ポロ）の分布
視　点：北海道の中央
眼　高：1,000 km
1方眼：250×250 km^2

たようである。

さてこのホロの地名の分布をみると、北海道には全面的に多く存在しているが、渡島半島にくると目だって少なくなり、そのまま北奥に延びて仙台以北に達している（第6図）。この分布の形からはっきり知れるように、北海道の大部分と渡島半島以南とは、別のグループであり、一つ一つの地名を当たってみると、前者は「大きい」意、後者は「河谷」、すなわちアイヌ語のホロ（ポロ）と大和語ホラに連なる別種の地名型である。

以上のほかにアイヌ語の地名には、「ベッ」「ウシ」「タッコ」「タイ」「サル」などがあるが、その多くは同時に解釈される日本語との区別が困難であるから、今後の問題としておく。

(2)　朝鮮語の地名

(a)　「フリ」「フル」「フレ」の地名　フルやフレは朝鮮語でプル、古朝鮮語ではポルで、これには「火」「村」の両意がある。三品〔彰英〕氏は朝鮮の神話から「火」を霊光とみて、そのような霊域を中心として村が成立したから、「火」の意味から後に「村」ともなったという。著者はもっと現実的に考えて、火を使用するところ、すなわち人煙の上がるところが集落であると解したい。

朝鮮系の出雲族が大和に占拠して「布留《フル》」の地名を残したことはよく知られている。フルという語は地名として移入されながら、ついに国語化するにいたらなかった外来語である。さてこの地名は全朝鮮にわたって分布するが、その南部にはとくに多い。日本における分布は、ほとんど全国に広くみるが、中央と西南日本にはとくに多い。また最も密集するのは「壱岐」の島である。この島は丘陵性の地形で、その表面に多数の集落が発達し、その大部分が「何々フレ」（触）の地名になっている。柳田先生は土地区画の意に転用されたらしいと想像されたが、著者にはその命名の傾向から、方向と関係する語のように思われる。すなわち「壱岐」にあるフレの地名中の五五パーセントが方向を意味する「東・西・南・北・左・右」の接頭語をもっているからである。

このフリ、フル、フレの地名を地形図上で調べると、山頂から山腹、山麓、河段丘、氾濫原から海岸にいたるまでの実例を見いだすことは、この語が一定の地形語によるものでないことを示すもので、日本国土において命名されたときに、いろいろな意味で転用されたと考えられる。

(b)**「クレ」の地名**　クレ（呉・久礼など）はカラ（韓）の転語とか、クリ（句驪）の訛語とかに考えられている。朝鮮にクレという地名は、著者はいまだ探し当てていないが、その向こうにある満州［中国東北部］には、高驪《カオリー》・高麗《カオリー》・高力《カオリー》の地名が少なからずあり、高句麗時代以後において、同族の活動した遺跡となっているもの、および朝鮮人が居住するので地名となったものである。日本にも「高麗《コマ》」の地名があるが、満州の場合とはことなり、漢音

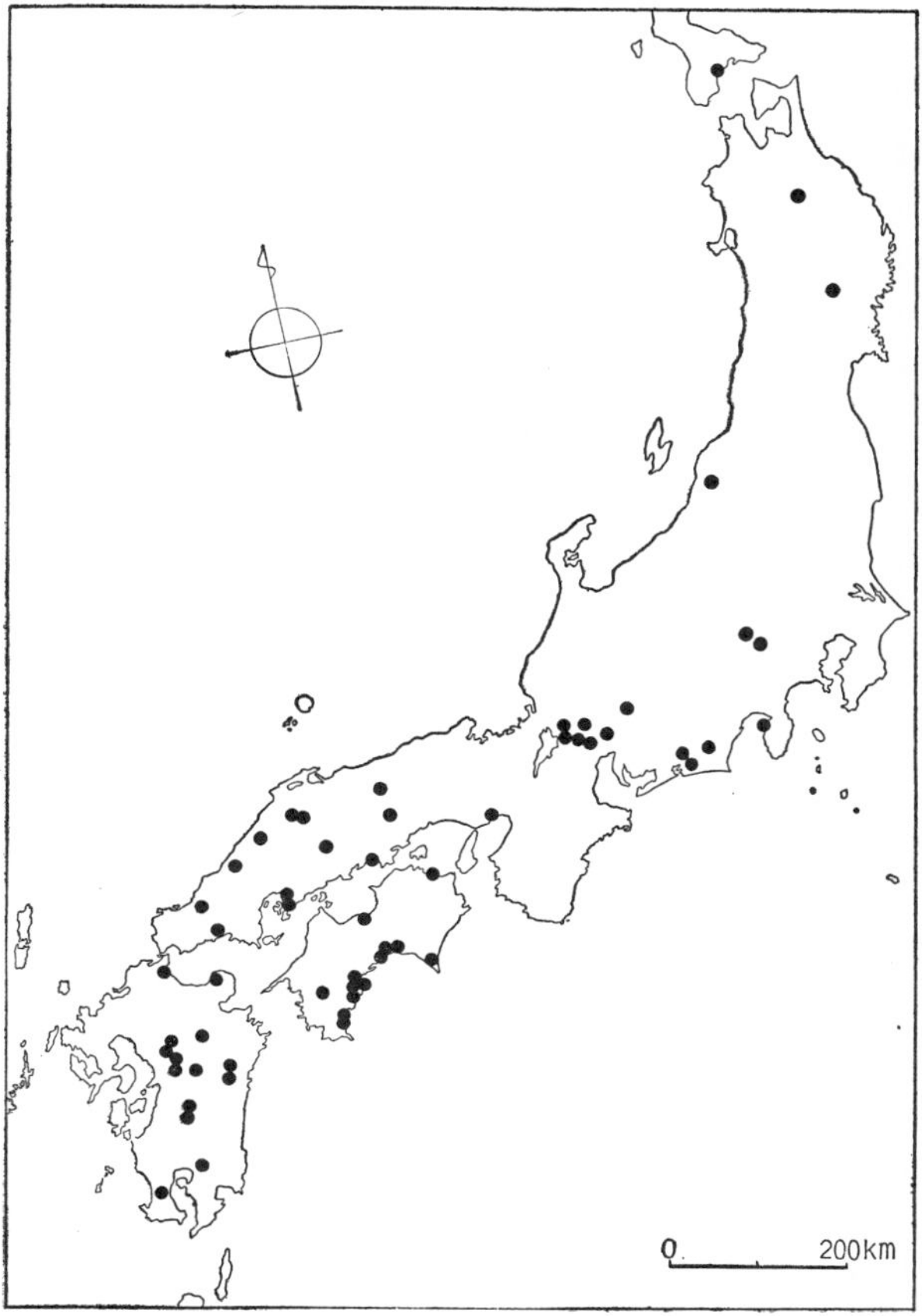

第7図　「クレ」の分布

のカオリーによらず、クリの転化したクレの形となったのである。つまり満州のカオリーと日本のクレとは、句驪を母体としている。

さて日本におけるクレの地名分布は、第7図に見るように、北西九州にはかえって少なく、出雲から瀬戸内にひろがっている。また東海地方にも多い。この分布の形態は朝鮮と出雲とのつながりを思わしめる。ここで一考を要することは、グレ「屋根のいちばん高い所」（津軽方言）という方言があり、著者の採集した六〇個の地名例のうち、一七例がそのような地形にあることである。その例を記すと、扇状地の中央にある石榑《イシグレ》（御在所山）、上暮地〔谷村《ヤムラ》〕、呉地〔呉〕、黒《クレ》羽〔三本松〕があり、丘陵の谷頭にある瀬瀬暮〔柳井〕、暮瀬〔御船〕や、谷壁の上部にある水喰《ミクレ》〔鹿児島〕、日暮峠〔高森、これは集落の名〕、準平原のいちばん高いところにある榑《クレ》ガ畑〔彦根東部〕、暮田〔周匝《スサイ》、準平原上の水田ある集落〕、氾濫原中にある畑になっている自然堤防上に「久礼ノ川」〔土佐中村〕の集落がある。以上のような事情があるからけっきょく、クレの地名は少なくとも二つの群に分けられ、すなわち地形語と、朝鮮のクリに由来するものとなる。

なお朝鮮語系の地名には「シキ」「キ」〔大和の磯城《シキ》〕、古朝鮮コホルに由来する「コーリ」などがあるが、上述の二例でもそうであるように、どこまでが朝鮮語による地名であり、どれがその転化語または日本語のものであるかを、はっきり区別することがかならずしも容易ではない。

(3) 大和語の地名

(a) **「ツル」の地名**　ツルはアイヌ語では「濁」「垢」をいう。鶴は朝鮮、満州、ウスリ地方にいる水禽であるから、その名も鳥といっしょに渡来したかのように考えられている。朝鮮語ツールは「野」で、朝鮮にも「城坪《ショングツール》」や「升平《シュングツール》」があるから、日本とくに九州に多いツルの地名は、朝鮮系の地名であると考える学者があった。マライ語のツルムには「土地がくぼむ」「落ちる」の意がある。日本の古語には「蔓」「釣」があり、ツラ（連・熟）からの転呼であるとされている。このように多様に解され、また広い範囲に分布する（第8図）ツルの地名は、いかように解釈されるのが正しいであろうか。はじめに掲げたａｂ……ｅの方法を適用して検討を加えてみよう。

ツルの地名を一つ一つ地形図に当たって調べてみると、けっきょく「ツルの地名は水路のある平地にある」ということに帰結される。すなわち朝鮮語のように、ただの「原野」ではないのである。原野の中にツルの主意はなくて、むしろ水路のほうにツルの真意があることは、日本語をつらつら考えてみるとよくわかることである。このツラツラ考えのツラと水柱のツラとは、「連《つら》なる」や「つづく」意味をもっている。「津良」という地名もあるが、ツラから転呼されたツルには、鶴・蔓・釣る・吊るなどの語がある。鶴は首の長いこと、「蔓」や「釣る」や「吊る」にも、長い意味が内蔵されている。深田の中に水路を残して、

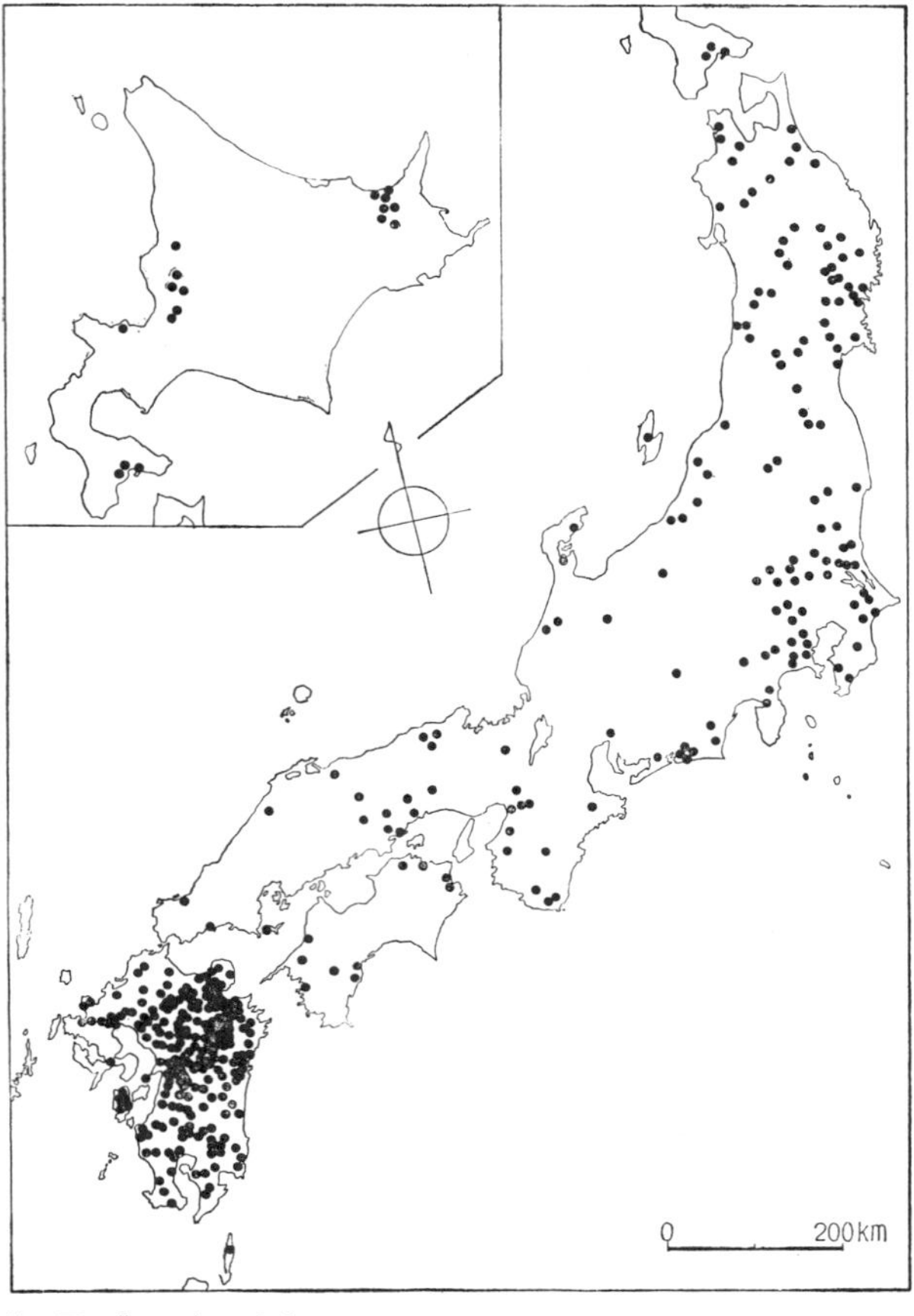

第8図　「ツル」の分布

そこだけは稲を植えず、耕作するときの田舟を通す水路を「田ヅル道」というが、この田ヅルのツルが「水路」である。

「ツル」の地名の分布をみると、いかにも九州に多いから、あるいは朝鮮語から来ているように思われるかもしれぬが、九州では「ツル」に「水流」の文字をあてているのがとくに多いことは、朝鮮に近い九州でさえ、水路としてのツルの意味を意識していたためであると思われることから、「ツル」の朝鮮語起源説が疑わしくなってくる。また「ツル」の地名の密度をみても、朝鮮に最も近い北九州や壱岐と対馬にかえってこの地名が、少ないか皆無であること、さらにまた太古から朝鮮との間に深い文化的つながりをもっていた出雲地方にも、全日本における「ツル」の地名分布上のいちじるしい空隙地域をみることからすれば、いっそうこの地名が朝鮮との関係のうすいことを明示しているといわねばならない。

(b)　**「ヌタ」「ニタ」の地名**　マライ語でヌッターは「淫水」「種子」、アイヌ語でニタッは「湿地に木のはえた部分」、日本古語「柔軟」の意にニタがある。この三つの民族語には、意味上相通ずるものがあり、地名の個数は東北日本に多いし、アイヌ語の解釈がいちばん即地的であるから、アイヌ語であるように思われている。しかし一度この「ヌタ」「ニタ」の地名の分布する形態をみれば、ただちにその大部分の地名がアイヌ語系のものではなくて、大和文化の遺産であることがわかるであろう（第9図）。「ヌタ」「ニタ」の地名は、北海道にも少数あるけれども、その大多数は津軽海峡以南にある。この海峡によってこの地名は、エ

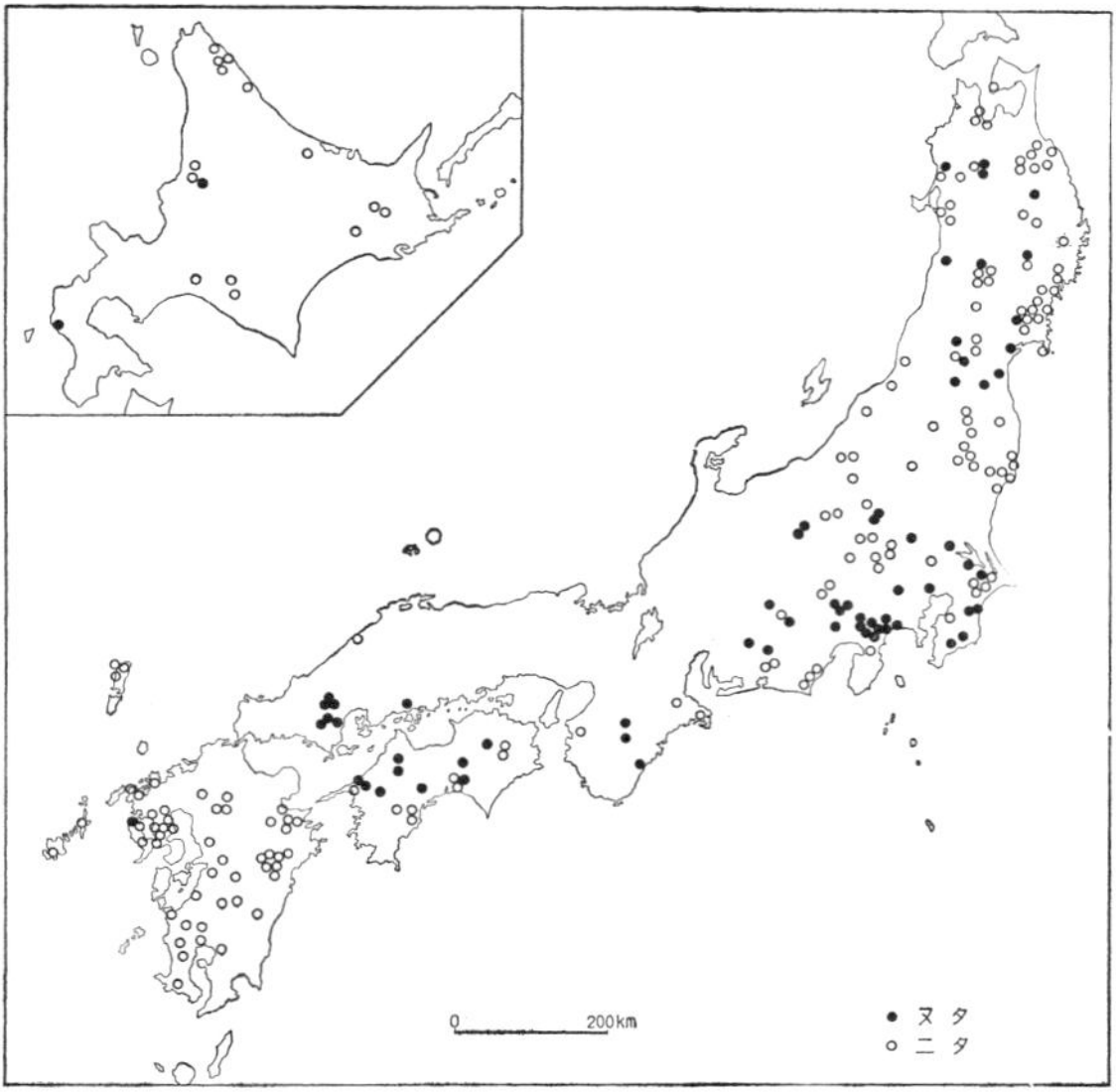

第9図　「ヌタ」「ニタ」の分布

ゾ型と大和型とに分かれている。そして大和型は近畿を中心として、美しい二重の波紋をえがき、東北日本と西南日本に対称的に分布している。すなわち「ニタ」が外側に、「ヌタ」が内側に配列している。日本の古語にニタはあるがヌタがないこと、文化の中心の近畿から周囲に順次ひろがった方言とみるとき、内側のヌタが新しいということもいえるであろう。

(4)　マライ語の地名

(a)　「アゴ」「アコ」の地名　日本国内には海岸や河川などの、水に縁のある場所に、「アコ」や「アゴ」という地名がある。この地名の意味は、日本の古語、アイヌ語、朝鮮語などでは、それの適訳が見つからないけれども、マライ語辞典によると、きわめて啓蒙的な解決ができるようである。すなわちアゴには「頸飾《くびかざり》」、アゴックには「ブローチ、数珠《じゅず》の頸飾」という意味がある。この語根型の地名は、第10図のように、北緯三九度線以南、すなわち中央および西南日本に分布している。そしてこの地名はさらに、南方の国外にまで広くのびて散在している。

以上［第2表の］九個の地名は、小川琢治の『日本地図帖』と“Regional Atlas”（バーソロミュー）によって拾ってみたもので、細かい地名を調べたらこの何十倍もあるかと思われる。いまにわかにこれらの地名の語源を証明することはできないが、その音のうえの共通性と分布の形態とから、これらの地名が潜水漁に巧みな海洋民族ののこしたものと思われ、志

位置	地名	漢字	備考
琉球	Ago Ura	阿護浦	沖縄島の西方にある慶良間列島の内にある海
〃	Aguni	粟国	〃　孤島の主邑
〃	Aguni	粟国島	
台湾	Ako	阿緱	高雄州
フィリピン	C. Agoho		Catanduanes島の南端の岬
〃	Ago		Lingayen湾岸の集落
〃	Agudangan		南ルソンの南岸の集落
マリアナ諸島	Agrihan Is.		島名
パラウ諸島	Akomokum		同上の北方にある島名

第2表　国外に見られる「アゴ」「アコ」の地名

摩の国にあるアゴ（英虞）湾もそれで、真珠をもって有名である。また真珠を宿す貝の名は、アコヤ貝であることを考慮に入れると、右に述べた関係はいっそうはっきりしてくる。またこの「アコ」「アゴ」の地名の分布する海岸は、海女《あま》（海士）が現在も働いているところであり、頭上運搬の行なわれているところでもあるという、特殊の人文地理地域をなしている。京都市北郊の「大原女《おはらめ》」の頭上運搬も、安曇《アド》川筋に蟠居《ばんきょ》した海洋民族の、アズミ族の遺風とみられるかもしれない。

　この地名は最初は、真珠などの飾玉を採集する海岸に命名されたものが、そこから真珠のない海岸に移住した漁夫らを呼ぶ名ともなって、そこに地名の根が下されたものと考えられる。青森県の方言に「漁夫仲間」をさしてアコというのがある。また「地曳き網をひく漁夫」をもアゴといったことは、『万葉集』（A.D.五〇〇年前後）中にその例がある。しかし「馬方《うまかた》」をマゴといったように「網曳き」をアコといったのかもし

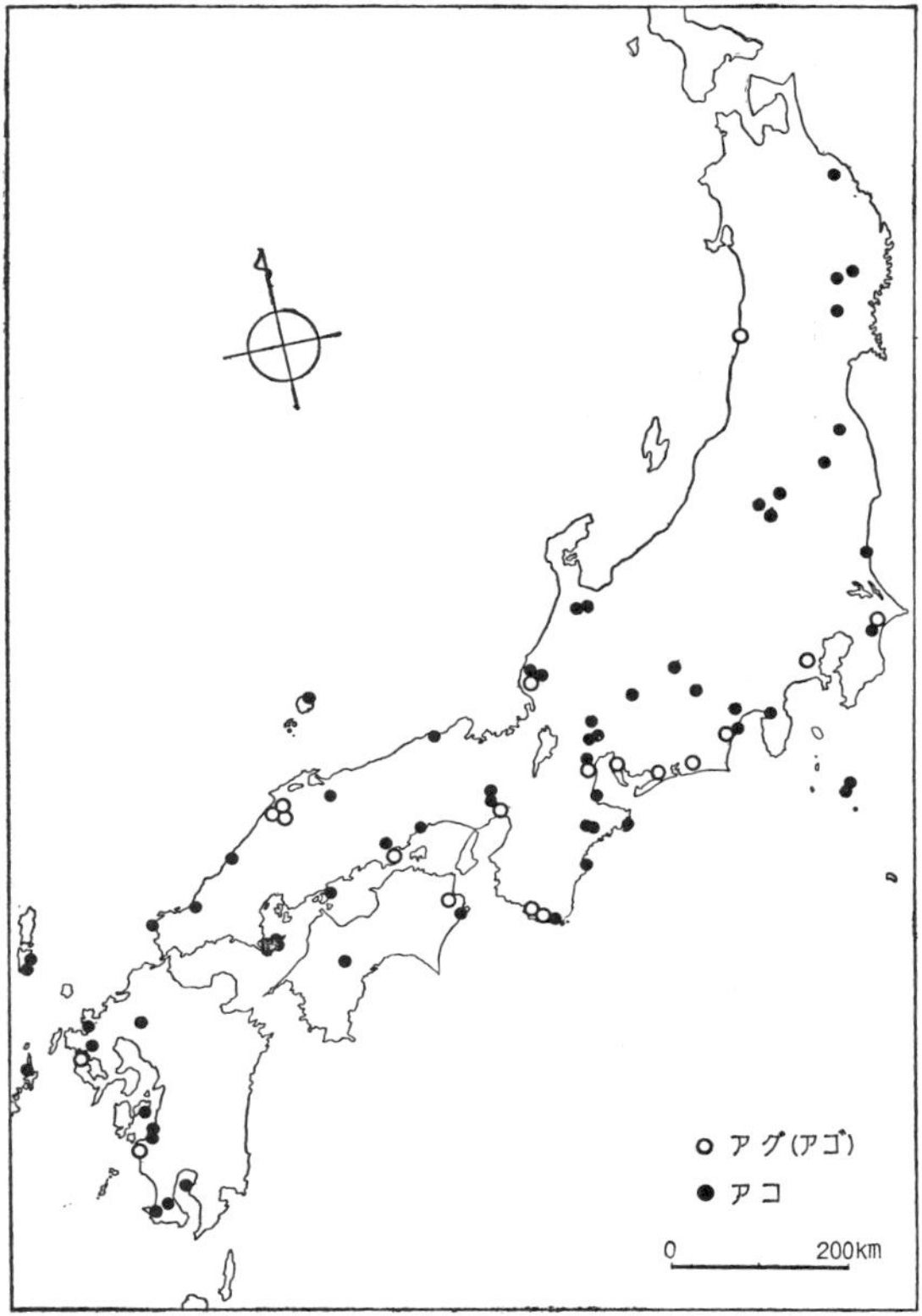

第10図　「アグ（アゴ）」「アコ」の分布

位置	地名	備考
琉球	多良間	村名
〃	多良間島	島名
台湾	タラパコン社	高雄州
〃	ダラダライ社	〃
ボルネオ	Tarakan Is.	東北沿岸小島
ギルバート諸島	Tarawa Is.	島名
ニュージーランド	Tauranga	潟に臨む小さい町
〃	Taranaki	州名
〃	North Taranaki Bight	湾名
〃	South 〃 〃	〃
〃	Tararua Ra.	山脈名

第3表　国外にみられる「タラ」の地名

れない。この地名は、さきの分布図に示されるように、海岸から内陸へも及び、その経過は「アグ」や「アゴ」(ag-) が海岸に、「アコ」(ak) が内陸に多いことから明らかに知られる。

(b) **「タラ」の地名**　満州語にタラ「曠野」「野外」があり、朝鮮語学者はこれで朝鮮のタラの地名や、日本の「多良」や「多羅」まで解こうとしている。ところが「タラ」の地は、多羅・大良・忱羅・耽羅が南朝鮮にあるばかりで、中部以北の朝鮮や満州にこの地名がない（微細地名は未調）。アイヌ語にはタラはなく、根室半島に近く「多楽島《タラウク》」があるが、これはアイヌ語で「鱈《たら》をとる島」であって、日本語によっている。ウクはアイヌ語で「取る」。また日本古語にタタラ（もとは外来語）があるが、タラが語幹でないからこれも

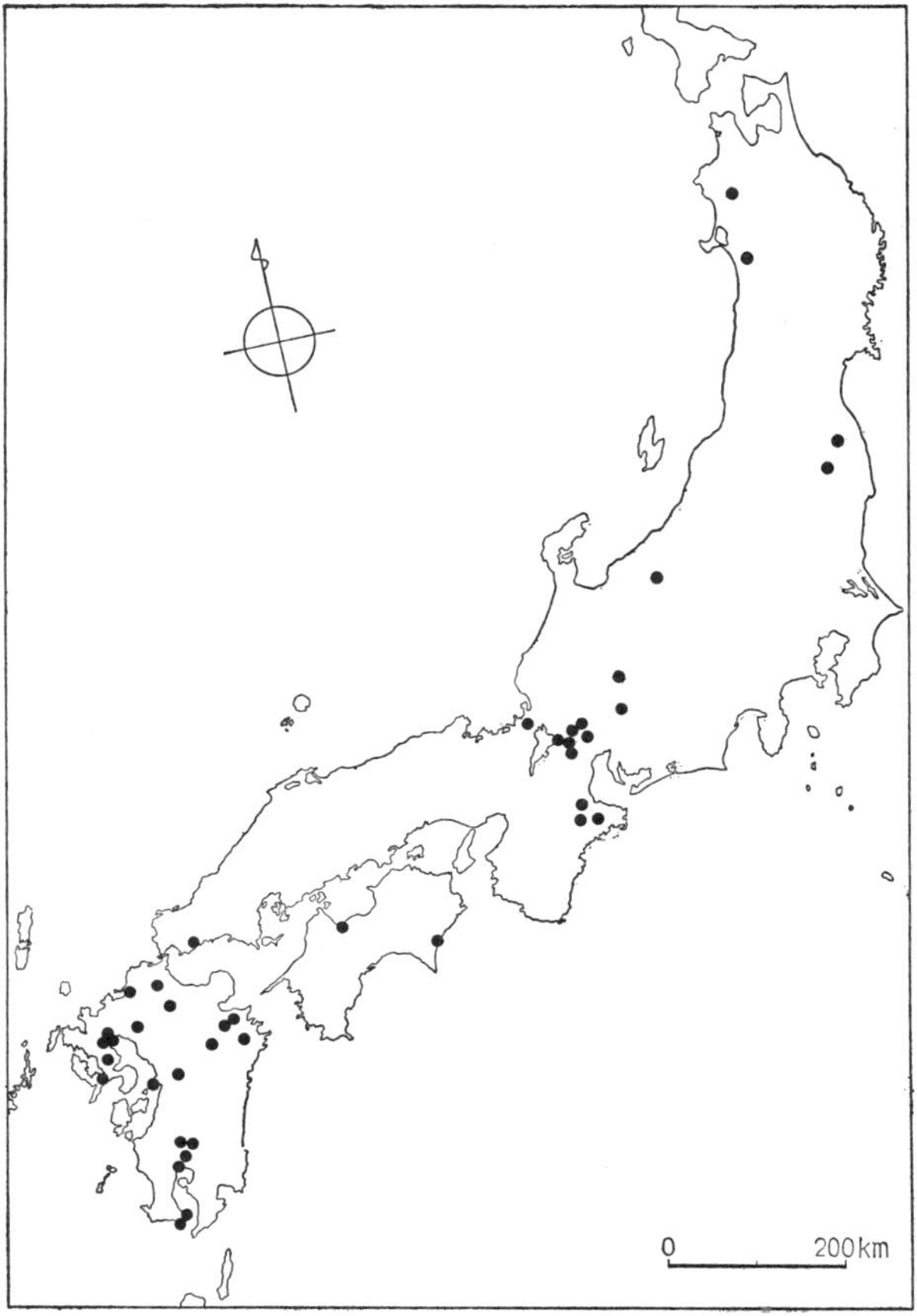

第11図　「タラ」の分布

あてはまらない。最後にのこるのがマライ語であるが、同語でタラは「平らな」となる。日本国にある「タラ」の地名をみると、この地名は「小平地」にある。すなわち日本の「タラ」の地名は、マライ語の「平らな」に適合し、満州語のタラ「曠野」のような「広大な平地」を意味していない。この点でマライ語のほうがまず合格線を一つ越える。

次にこの地名の分布状態をみると、九州に多く、中国・四国に少なく、琵琶湖以東にふたたび多くなる、これは南方民族との関係を示すもので、同時に朝鮮とは縁のうすいこと（出雲地方に分布のないこと）をも表わしている。琵琶湖以東、とくに東部近江はアマ族の早く入植したところであるから、「タラ」の地名が多いのであろう。またこの地名が朝鮮海峡の両岸から、琉球・台湾にも見いだされ、はるかに南下してギルバート島に及び、ニュージーランドまでも達していることは、タラの地名が南方語によるものであることを物語っている。

(三)　時代型

人名の命名傾向に時代性があるように、地名にもそれがある。ある地方に住んだ民族が同じであっても、時代によって同一の事象に対して、ことなった言葉で呼ばれるようになる結果として、それぞれの時代に特有な語根型の地名ができ上がるのである。たとえばひとしく開墾地を呼ぶ名として、時代によって「田代」といい「新田《シンデン》」を用い、「新開」と呼ばれ、あるいは「開墾」と命ぜられたりするが、それらの言葉はほとんどある一つの適用時代をもっており、またその時代の中に最盛行期がある。これは開墾地の名に限らず、地名のある語根型をとってみれば、ほとんどこの点で一致している。ちょうどそれは地質時代に出現した多くの古生物が、それぞれの生活の時代をもっていたように、それぞれの地名の語根型は、その出現の時代をもっている。それらの古生物が自らの生活史の幕を閉じて化石となるように、地名は土地に定着して、その命名当時の自然的および人文的環境を示す化石のようなものになる。このためにわれわれは地名の意味を解いてゆくうちに、またその時代をも確定することができるようになる。このことは、第六章で、さらにくわしく説明することになる。

以上において地名の型として、語根型、民族型、そして時代型について述べたが、この三つはある地名を確定するために必要な条件ともいえることである。ある一個の地名をとってみれば、それはかならずこの三つの概念の中に規定されることとなり、この三つの内容が明らかにされてはじめて、地名の基礎的研究がなされたことになる。

第五章　地名はどんな形で分布するか

㈠　波紋形の分布

地名が文化の中心からそのまわりにかけて、池の中に石を投げたときの波紋のように、四方にひろがってゆく形に発達していることが珍しくない。カタツムリの方言について柳田先生が、方言の周圏分布を示されたことが、地名でもみられるのである。これはたいへん重要なことで、この現象によって、地名の、ひいては言葉の発達順序や、とくに分布の中心がはっきりしているので、その地名型の地名が、どこの文化の所産であるかということを、明確にとらえることができる。

第三章で「フジ」の地名が大和文化のもので、アイヌ文化によるものでないことがわかったことや、上記［第四章］の「ヌタ」「ニタ」の地名の例もそれである。「フジ」と「ヌタ」「ニタ」は近畿を中心としているが、ここに掲げる、第12図の「エラ」「イラ」の場合は、北九州が中心である。それゆえに「エラ」「イラ」の地名発達は、「ヌタ」「ニタ」よりも前の

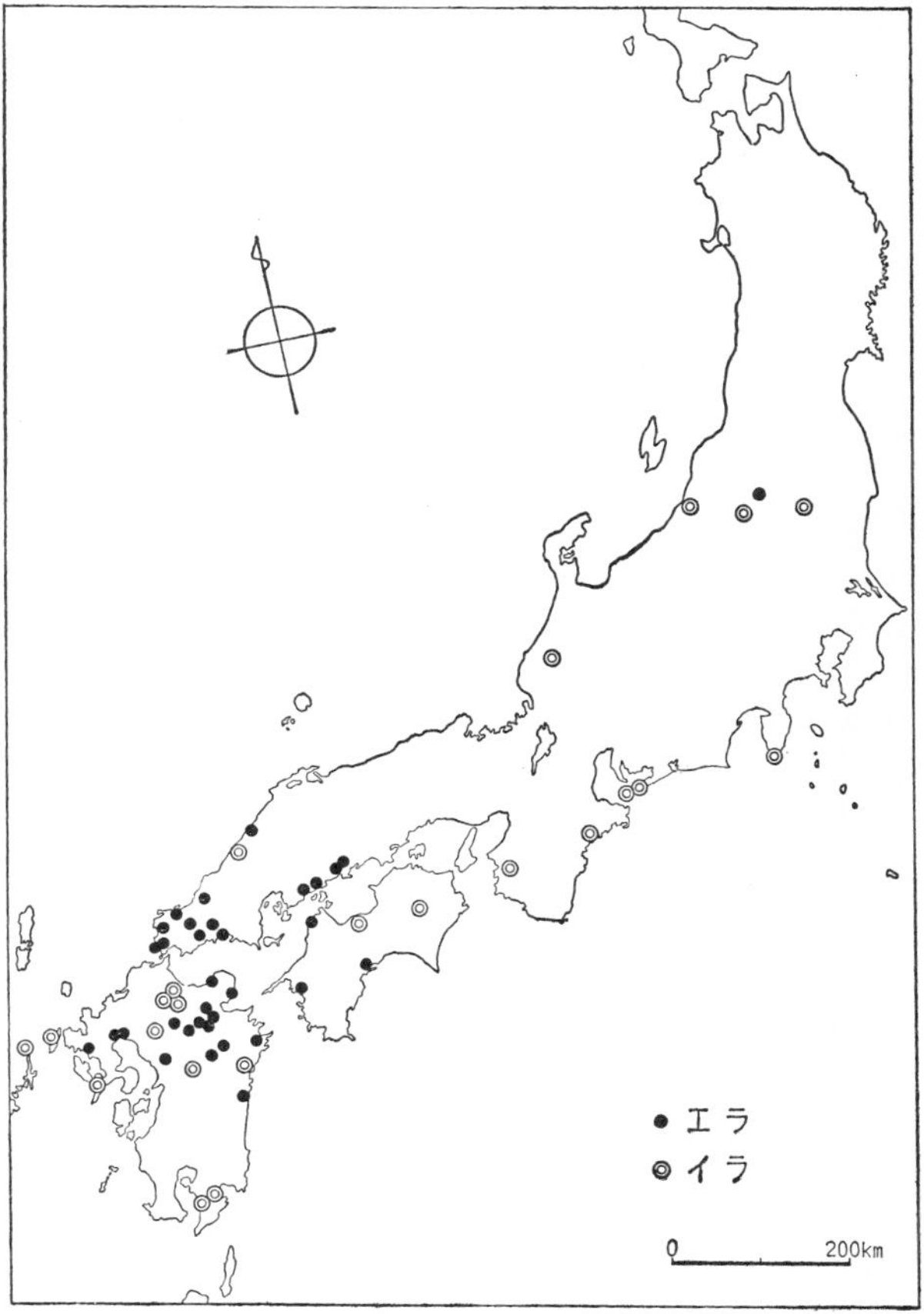

第12図　「エラ」「イラ」の分布

時代であろうという推測が下されるのである。それは日本の文化は、西から東へと開けてきたのが通則だからである。「エラ」「イラ」の地名のくわしいこと［発生年代の推定方法］は、第六章にはいってからすることにしよう。

この波紋形の分布は、右に述べたような一つの語根型の場合のほかに、ある地名の総体、たとえば日本全体の岬角《こうかく》地名を、地域分類したときにも、この形が現われた。これは地名分布のうえでの、日本で最初の波紋形配列の発表であったし、また著者の地名の処女論文でもあった。ここにその概略を記してみよう。この論文では、岬角の地名の語尾の名を、すべて地形図から採集して整理したものである。というのは日本のミサキ《みさき》は何々崎、何々鼻、何々岬、何々首などと呼ばれている。そしてその語尾の呼び方が場所によって変わっている。それをまとめるとこの図［第13図］になり、A、B、C、Dの四つの地域に分けられることになる。すなわちこれらの一つ一つの地域は次の特色をもっている。

Aの地域　①地名の個数が多く、とくに「鼻」と「崎」。②崎、鼻、岬以外の称呼の行なわれるのは、この地域に限られる（D地域と千島の一部とを除く）。③地名発達上、早期のものの分布する予想の下されること。

Bの地域　①個数はA地域について多い。しかしC地域に比して格段の差はない。②崎、鼻、岬が混じっている。「鼻」の率がA地域よりも低くなる。③崎、鼻、岬以外の称呼がない。

Cの地域　「崎」のみの分布地域。「千島」の東半には「崎」以外のものも若干混入する

第13図　岬角地名による地域区分

が、「崎」が圧倒的に多い。この地域には「千島」東半部、奥州北部、小笠原諸島と、沖縄がはいってくる。

Dの地域　①各地方で特有な呼び方が行なわれる。すなわち樺太と北海道には「岬」が大多数を占め、朝鮮には「端」「串」などがあり、日本と共通なものでは「岬」が多く、台湾には「鼻」が多い。②日本に最も普遍的な、崎、鼻、岬のうち、少なくともそれらの中の二つをもっている。それを関東州〔遼東半島南端部〕や中国本部の沿岸に求めることはできない。せいぜい「岬」あるいは「鼻」に似た「鼻子」が山東や関東州にあるのみで、岬角地名のうえからも、Dの地域は日本の植民地的である。このような岬角地名の配列は、次のように説明される。

まず「首」や「鼻」、その他「頸」「頭」「詰」なども古い時代に用いられたが、Aの地域以外にはあまり行なわれず、Aの地域は当時海上交通、漁業などの盛んであった水域を表わしている。次に民族的生活空間の拡大の時期があって、この時に「崎」が盛んに行なわれ、BとCの地域までへもひろがっていった。Cの地域にはその当時のものが、その後も大した変化なく保存されたものであろう。最後にまた海上における生活空間の拡張の時期があって、Dの地域が大和民族の生活水域になった時代、それは幕末から明治末期までの間と考えられる。このような波紋形の地名分布は、山の名や、とくに峠の地名でも認められる（拙著『日本地名学』科学篇、一三九、一五九ページ）。

(二)　相似関係の分布

まったく同じ地名がいくつもあることでは、外国のどこの国にも日本は負けないであろう。地名を短く（二字を理想とした）しようとしたことも一つの原因である。しかしこの現象は偶然のことともいえようが、同じ発音の対《つい》の地名が、同一の地方に七組も八組もあるということになると、これはただの偶然としておくわけにはいかない。著者はそういう現象に対して、「相似的分布」と呼ぶことにしている。外国ではまだそういう報告のあるのをきいていないが、日本には二、三それらしい例がある。わりあいはっきりしているものだけをとり上げてゆく方針で出発することにしよう。

その前にまず、どういう地名をとり上げたらよいかの吟味をしなければならない。その条件は三つある。(1)上代の地名であること。(2)個数の比較的少ない地名であること。(3)長命で有力な地名であること。大和朝廷の基礎がだいたい安定してから発生した、部民の地名、開拓地名、市場地名などは、相似地名としてとるには、あまりに新しくあり、また同類の地名個数が多すぎて適当でない。個数が多いことは、比定を任意の地域間で自由に行なわせるから、付会におちいる結果をまねきやすい。また死滅した地名（一般に「荒廃地名」という）や微細地名は、その地名の発生当時と以後の社会性の弱いもので、民団の大きい勢力による

	九州		近畿	
	旧名	現名	旧名	現名
1	山《ヤマ》門《ト》	山門郡	耶麻止	大和
2	志賀	志賀島	滋賀	滋賀郡
3	耳《ミ》納《ノウ》	耳納山	三野	美濃
4	日《ヒ》田《タ》	日田	飛騨	飛騨
5	熊	球磨川	熊野	熊野
6	基《キ》肄《イ》	三《ミ》養《ヤ》基《キ》郡	紀伊	紀伊
7	志摩	糸島郡	志摩	志摩
8	怡《イ》土《ト》	怡土村	伊《イ》蘇《ソ》	伊勢
9	儺《ナ》	博多	灘《ナ》	灘《ナダ》地方
10	吾《ア》田《タ》	阿多（薩摩）	阿太 安太	大阿太村（大和） 有田（紀伊）
11	伊鈴	伊鈴川（日向）	五十鈴川	五十鈴川

第４表　九州と近畿の相似地名

社会の移動を、相似地名のおもな原因として予想しているうえからは、この当面の問題に適合しないものである。以上についてよく考えたうえで、次［第４表］のように九州と近畿との間に、一一組の対の相似地名をとり出すことができる。

　この表で最も注目する価値のあることは、九州と近畿との間の、命名の手法がじつによく一致していることである。(a)ヤマトを中心としていること。(b)海のほうへ、怡土→志摩（九州）と伊勢→志摩（近畿）、(c)山のほうへ、耳納→日田→熊（九州）と美濃→飛驒→熊野（近畿）。この対の地名は、位置や地形までがだいたい相似である。その他もこれに準じている。これは単に民族の親近ということ以上に、九州から近畿への大きい民団の移住ということを暗示していると、著者は考えている。さらにこのような相似関係は、「日向と熊野」、「出雲と紀伊」の国内の諸地名にも指摘できる（拙著『日本地名学』科学篇、五五、五六ページ）。

(三)　扇状に境界線が集まる現象

方言と地名は母と娘の関係にあり、方言が生みつけた子供としてそこに地名がある。それゆえ両者にはよく似た性質があるし、また独自の個性をもそなえている。方言よりも地名がはるかに強く土地に定着する性質のあるのは、後者の場合であるが、これから述べようとするのは、方言と地名の相似た現象の一つについてである。

東西日本の方言を大きく分ける等語線を示した図［第14図］を掲げる。語法上の大きな対立の例六つである。この形態を「尾張ファン」と呼ぶ人もあるが、むしろその扇頂の名をとって、「親不知《オヤシラズ》ファン［扇状帯］」といったほうがよいと思う。すなわち、(1)買《こ》うた・買《か》った、(2)指定の「じゃ」「や」・「だ」、(3)白う・白く、(4)しとる・してる、(5)否定の「ん」・「ない」、(6)命令の「よ」・「ろ」のおのおのの境界線は、西日本の方言（各項の上に記した言葉）と東日本の方言（各項の下に記した言葉）とを、東西に分けている。

この図によると日本海側では、六本の線が「親不知」のあたりに集まっているから、「親

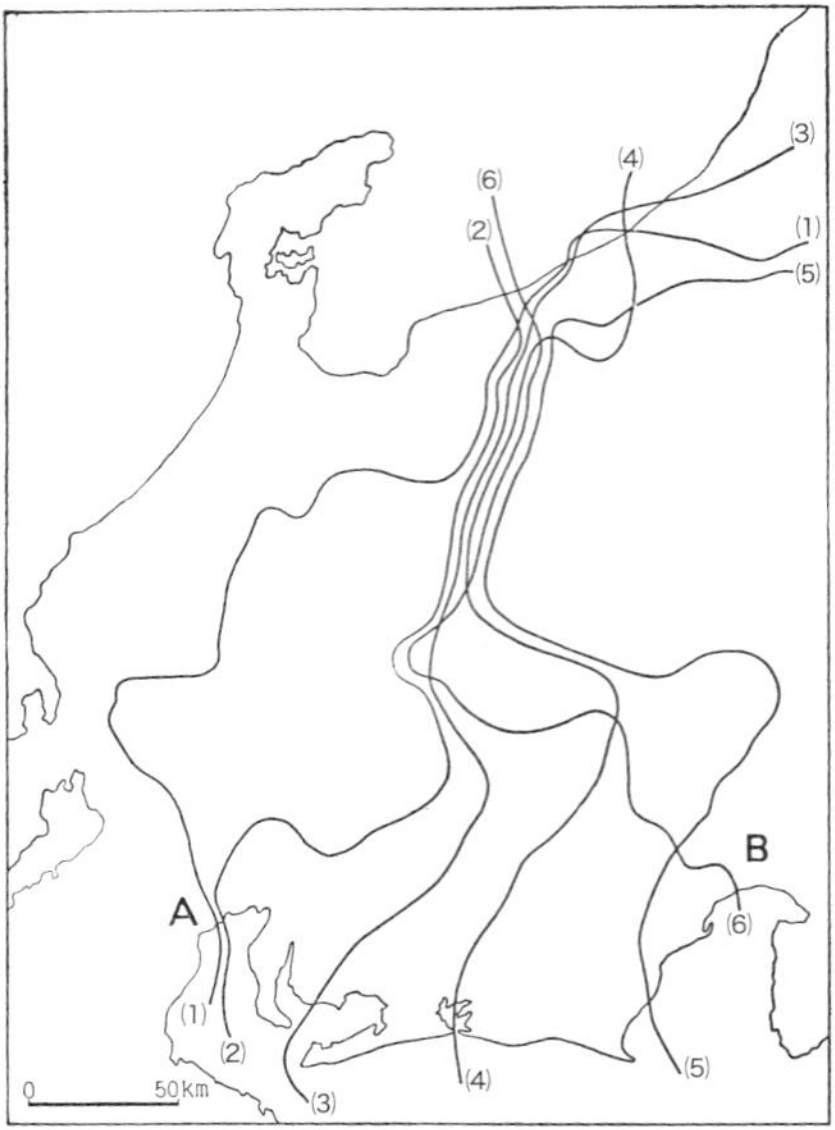

第14図　方言のつくるファン

不知」のとくに西側では、方言が少なくともこの六通りは、はっきり変わるのである。それにくらべて太平洋側では、それと同じ六つの語法が、桑名から富士川までの広い間で変わっている。そこで親不知を頂点として、桑名—富士川を底辺とする三角形（あるいは扇形）の地域は、方言の場所的にちがいの大きいところである。

これと同じように、この扇状の地域では、地名の場所的変化が大きいし、言葉をかえていうと、いくつかの地名型の分布の境が、接近したり重なったりするところでもある。それを簡単な言葉で表わすと、地名分布の不連続線の束がそこにあるともいえる。

著者はこのような不連続線の束を見いだすために、日本の地名の語根型約三〇〇について、山、川、峠などの自然地名約一五〇型と、集落、溜池、用水などの文化地名約一五〇型とに分けて、それらの分布のうえで、はっきりしている境界線をとり出して、二枚の地図に描いてみた。その一方は、第15図（自然地名）で、他方は第16図（文化地名）である。この二つの地図には問題を簡単にとらえやすくするために、不連続線の数が十本以上の束だけを残して、それ以下の束を消去してしまったものである。それを太い線で描いて、不連続線の数を数字で示してある。ただし十本に満たない八本以上のものを破線としてのこした。しかし実際上、この束線を核《しん》線として、不連続線は左右にふれているのだから、その範囲を線影で示すようにした。この線影の部分が、どこでも扇形になっていることは、まことに興味ぶかいことである。いちばん大きい扇状帯（このものが地名分布の境界帯をなすので、こう呼ぶことにしている）は、親不知扇状帯で、その次が出雲扇状帯であり、それらは第5表にみるように、五個あることがわかってきた。それらのうちの最大である親不知扇状帯に、不連続線が集まる状態を描いてみると、第17図のようになる。

方言では上述のような、いわゆる「尾張ファン」以外に、このような現象がまだあるかどうか知らないが、地名にはこれほどはっきりした現象がみられるということは、やはり地名

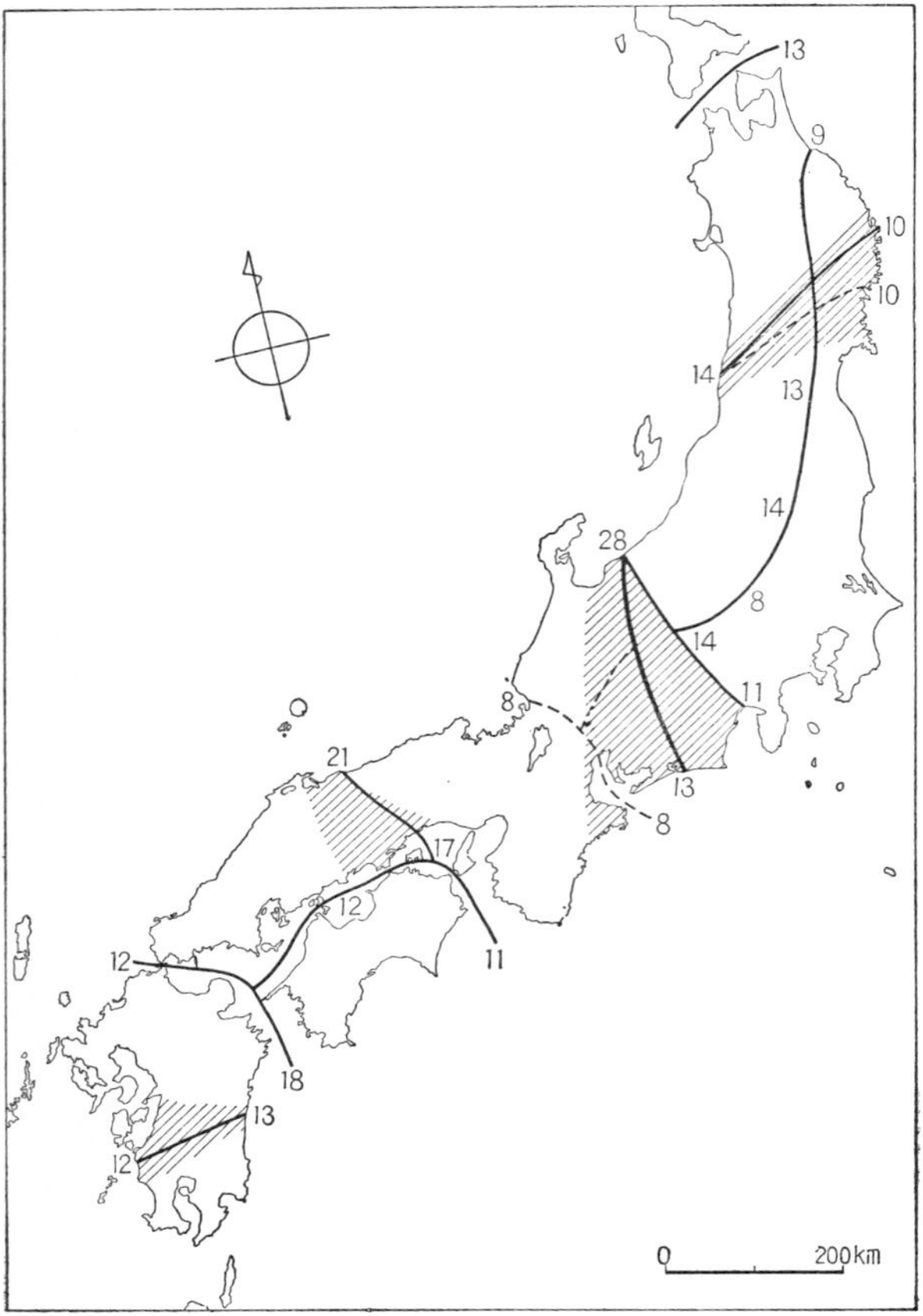

第15図　自然地名のつくるファン

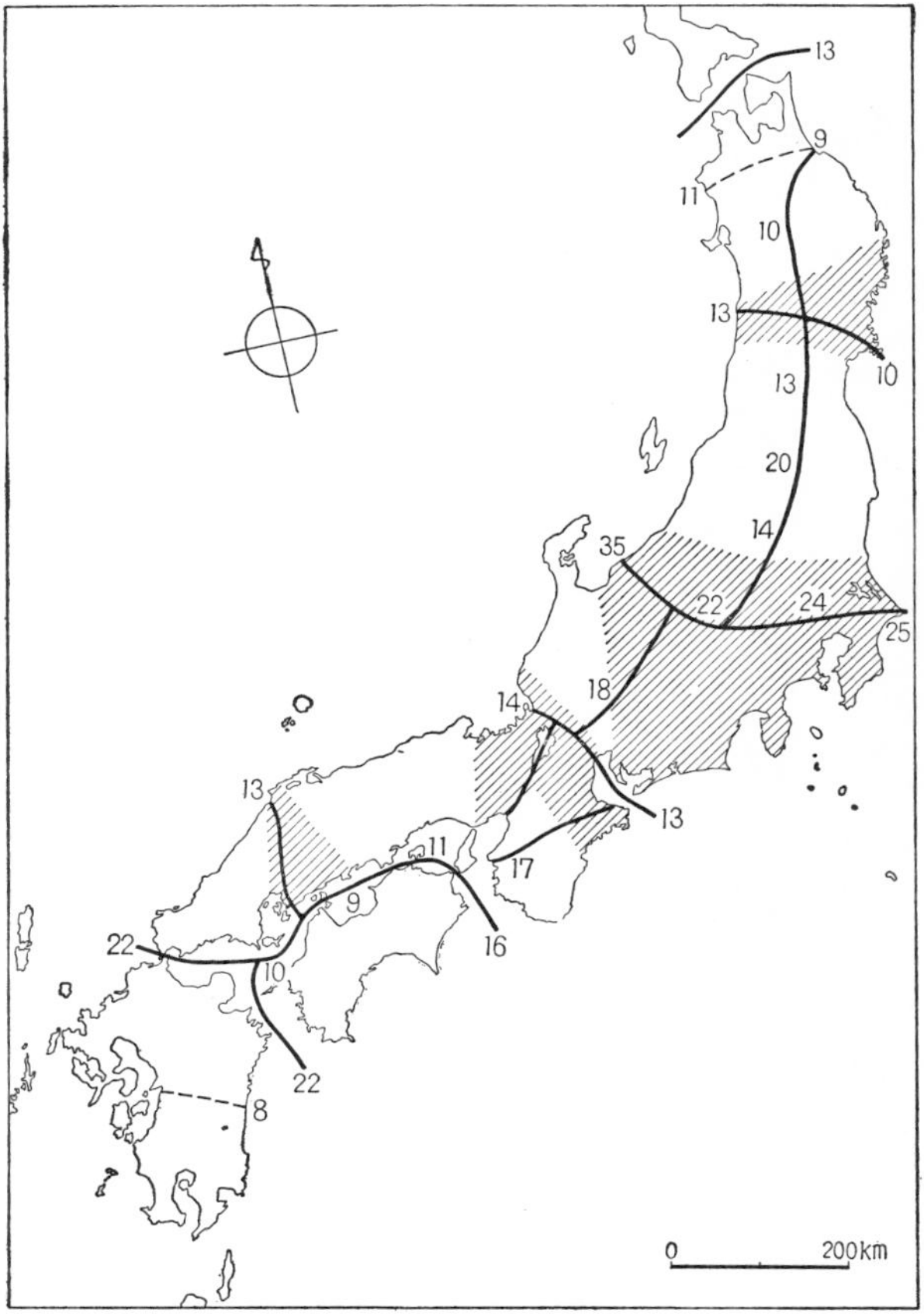

第16図　文化地名のつくるファン

扇　状　帯	自然地名	文化地名	計
最上扇状帯	14	13	27
親不知 〜	28	35	63
若　狭 〜	8	14	22
出　雲 〜	21	13	34
日　向 〜	13	8	21

第5表　おもな扇状帯と不連続線の数

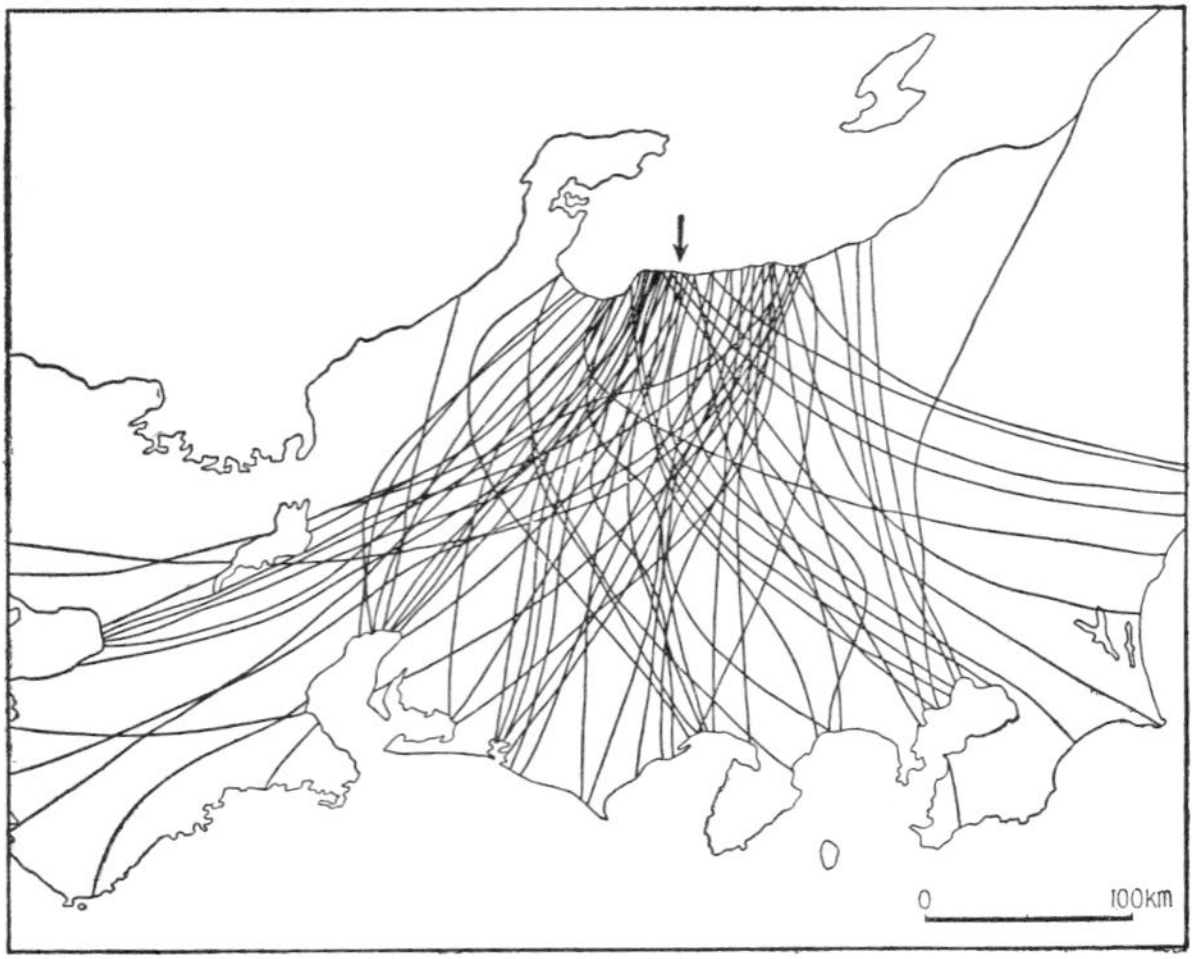

第17図　親不知扇状帯（ファン）
(自然および文化地名の分布の不連続線の束)

が土地に定着する力が強いからであろう。逆にいうと、地名のほうが、土地にしばられることが大きいのである。また扇形になるのは、扇頂側が扇底側よりも、いっそう土地の制約をうけること、それはまた人の移動性が少ない、つまり交通が扇底側より困難な結果であるといえるであろう。第15図と第16図でみるように、扇頂は本州ではどれも日本海側にあり、九州だけが太平洋側にあるのは、そのような交通事情の表裏日本の差を物語るものである。

㈣「空洞」といわれる「地名のない部分」の現象

山の名で、その語尾を「―岳」という地名の分布をみると、第18図のように中国と四国とに、空白部がある。この空白部には山の名がないのではなく、ほかの山の名があるためである。すなわち「―仙」（中国）と「―森」（四国）とが、そこをみたしているわけである。いくつかの語根型の地名の分布を調べてゆくと、ときどきこのような空白部、またはいちじるしい低密度部が現われてくる。この現象を著者は「空洞」と呼ぶことにしている。

この空洞は、その形成の原因によって分類すると、抵抗空洞と周圏空洞の二つになる。抵抗空洞というのは、ある新しい同じ語根型の地名が多数発生して、広い地域にひろがってゆくとき、その途中にあたる部分に、古い別の地名が集団をなして、抵抗しているために、そこに新しい地名が空白部を形成するときにできる。この地名例にはフリ、フル、フレ（朝鮮語型地名……第四章㈡⑵ⓐ）がある。この地名を朝鮮方面からはいってきたものとすれば、九州に最も多いのはよいが、近畿よりも中国に少ないのは、中国が抵抗地域であったからだと考えられるし、近畿中心に発達した地名としても、九州よりも少ないことがやはり抵抗を思わせるのである。

次の周圏空洞は、ある地名型が文化の中心から四方にひろがってゆくとき、都に近いまわりの土地がすでに開墾されつくしているとき、新村はそこより、もう一つ外側に発達することになる。これは一種の抵抗ではあるが、同心円的な形のうえから、周圏空洞として区別することにしている。この好例は「ヌタ」「ニタ」の地名分布である（第四章㈡⑶ⓑ）。この地名型が近畿中心の文化の下に発達したことは、その規則正しい波紋状（周圏状）の分布形態から、もはや疑う余地がない。説明をごく、簡単にするために、以上のような一例ずつに止め、その引用例も前掲のものでまにあわせるようにした。

著者が適宜分布図に作り上げた二七〇の語根型の地名の中で、空洞の現われる地名型を調べてみると、次のような結果になった。

抵抗空洞　A中国地方が空洞となっているもの①—坂（峠の名）、②部民の地名（服部・陶部《スエベ》・刑部《オサカベ》・玉造・弓削《ユゲ》など）、③鹿島《カシマ》、④—泉《イズミ》、⑤—ハナ（—端《ハナ》・—花など）、⑥ツル（鶴・津留・水流《ツル》など）、⑦—ボウ（—坊・—房など）、⑧コクラ（小倉・小椋）、⑨—峰《ミネ》（山の名）、⑩カシワ・カシ（柏・樫など）、⑪スズ（「—鈴《スズ》」・「清水《スズ》」など）。

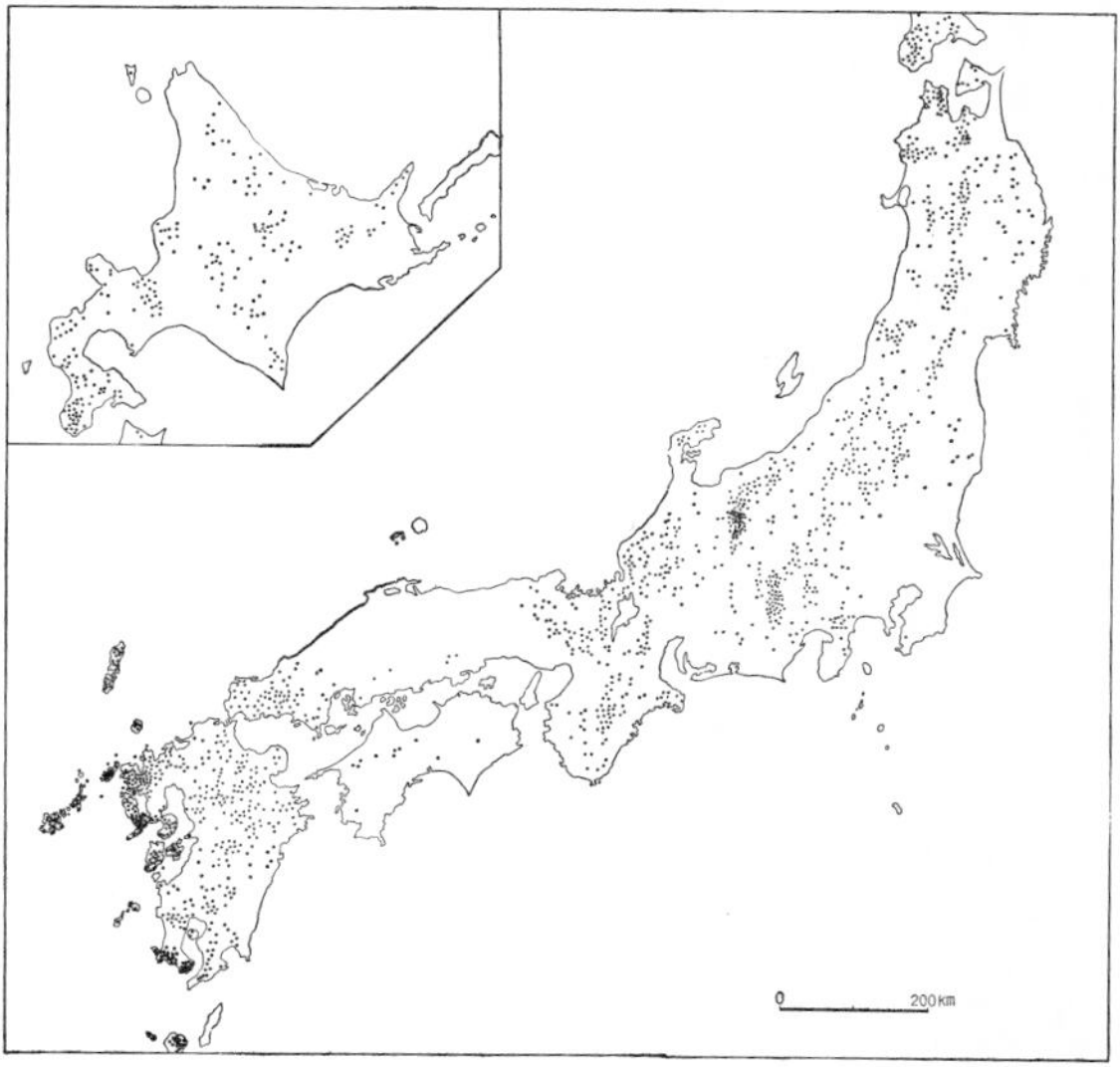

第18図　山の名「—岳」

位　　置	抵抗空洞	周圏空洞
中　　国	11	5
近　　畿	3	8
中国・四国	9	0
中国・近畿	0	6

第6表

B近畿地方が空洞となるもの①クジ・クジラ（狗子《クジ》・鯨）、②ソリ（「―反《ソリ》」・「草履」など）、③落合。

C中国・四国が空洞となるもの①村落共同体の地名（「五箇《カ》」・「三箇《カ》」など）、②山口、③ムロ・モロ（室《ムロ》・牟呂・「―諸《モロ》」など）、④沓掛、⑤―ゾエ（―添）、⑥佐野、⑦イカラ・イカリ（伊唐・五十里《イカリ》）、⑧トドロキ（轟）、⑨フリ・フル・フレ（布留《フル》・「―振《フレ》」など）。

周圏空洞　A中国が空洞となるもの①―越（峠の名）、②クタ・コタ（久田・古田）、③長野、④スゴウ（須郷・須川《スゴウ》・菅生《スゴウ》）、⑤―岳《タケ》（山の名）。

B近畿が空洞となるもの①ヌタ・ニタ（怒田《ヌタ》・似田《ニタ》など）、②タロウ（太郎）、③クボ（久保・窪）、④ホンゴウ（本江《ゴウ》・本郷）、⑤ホシ（星・法師）、⑥―藤《トウ》（「加藤」「佐藤」など）、⑦ヒナタ・ヒウラ（日向・日浦）、⑧ヒカゲ・カゲ（日蔭・影）。

C中国と近畿が空洞になるもの①地蔵、②ゴミ・ゴミョウ（五味・五明）、③田代《タシロ》、④飯田、⑤保土《ホト》・程《ホド》、⑥寺内《テラウチ》。

以上の結果をさらにまとめると、空洞の位置と頻度は上表［第

6表〕のようになる。

この表から知られることは、

一、空洞は中国と近畿のほかには、あまり見当たらない。

二、中国には抵抗空洞が多く、近畿には周圏空洞が多い、ことである。

その意味は、近畿を中心とする、中世以前のおびただしい地名発達（第六章の第8表）の前面に立って、それと衝突抵抗してきたのは、近畿よりも古い時代に開けた中国地方であったことで、要するに、抵抗空洞は中国に、周圏空洞は近畿にと、この二つの地域が、いちじるしい対照を示していることは、日本の地名発達史上の一大特色であると考えられる。そしてここに北九州が浮かび上がってこないことは、注目すべきことである。

(五)　伝播する地名

あるところにあった地名と同じ語根の地名が、いくつもひろがって発達してゆくことは、どこの国でも起こる現象である。日本の地名のこのような現象については、二つの大きい傾向が認められる。それは「放射伝播」と「西から東への伝播」である。前者は文化の中心地（北九州とか、近畿とかの）からそのまわりへ、後者は「早く開けた文化地域からしだいに開発されてゆく地方へ」伝播してゆく。時間的にいうと、前者はある時代ごとに命名されたものでﾠ後者は長い時代を通じて伝わってゆくという点でもちがっている。そこで著者はこの二つを、**同時的伝播地名と継時的伝播地名**として区別している。

放射伝播（同時的伝播）の例（その一）、**都市内部の町名**

もと少なくとも一国の城下町であったところには、京町とか伊勢町・尾張町などの町名がかならずある。これらの町名は、城の近くに一定の地域集団をなしており、その部分の町造りの歴史を調べると、どこの城下町でも、安土桃山時代から江戸初期になっている。それゆえに、これらの地名はおよそこの一世紀にわたる時代にできたものとわかる。つまり前に記したように、ある一つの時代に形成された、同時的伝播地名である。この城下町建設の時期に、各地の有力な商人が集められて、その故国の地名が持ち込まれたのである。いま一つ一つのそれらの町名について、伝播の方向を記して地図にまとめると、第19図ができ上がる。二本の点線を描いて、方向印が一定の向きをとらずに乱れている地域が示されているが、それはこの地域が伝播元であることによっている。それによってはっきり、当時の文化の中心地の近畿から、四方にこれらの国名（京町・浪花町なども含む）にちなむ町名が伝播していったことを知るのである。

放射伝播の例（その二）、**北海道への伝播**

北海道にはアイヌ語の地名のほかに、日本語であることのはっきりしている、「岐阜団体」とか、「長野農場」とかいう開墾地名が多い。これは北海道の開拓時代（明治から大正

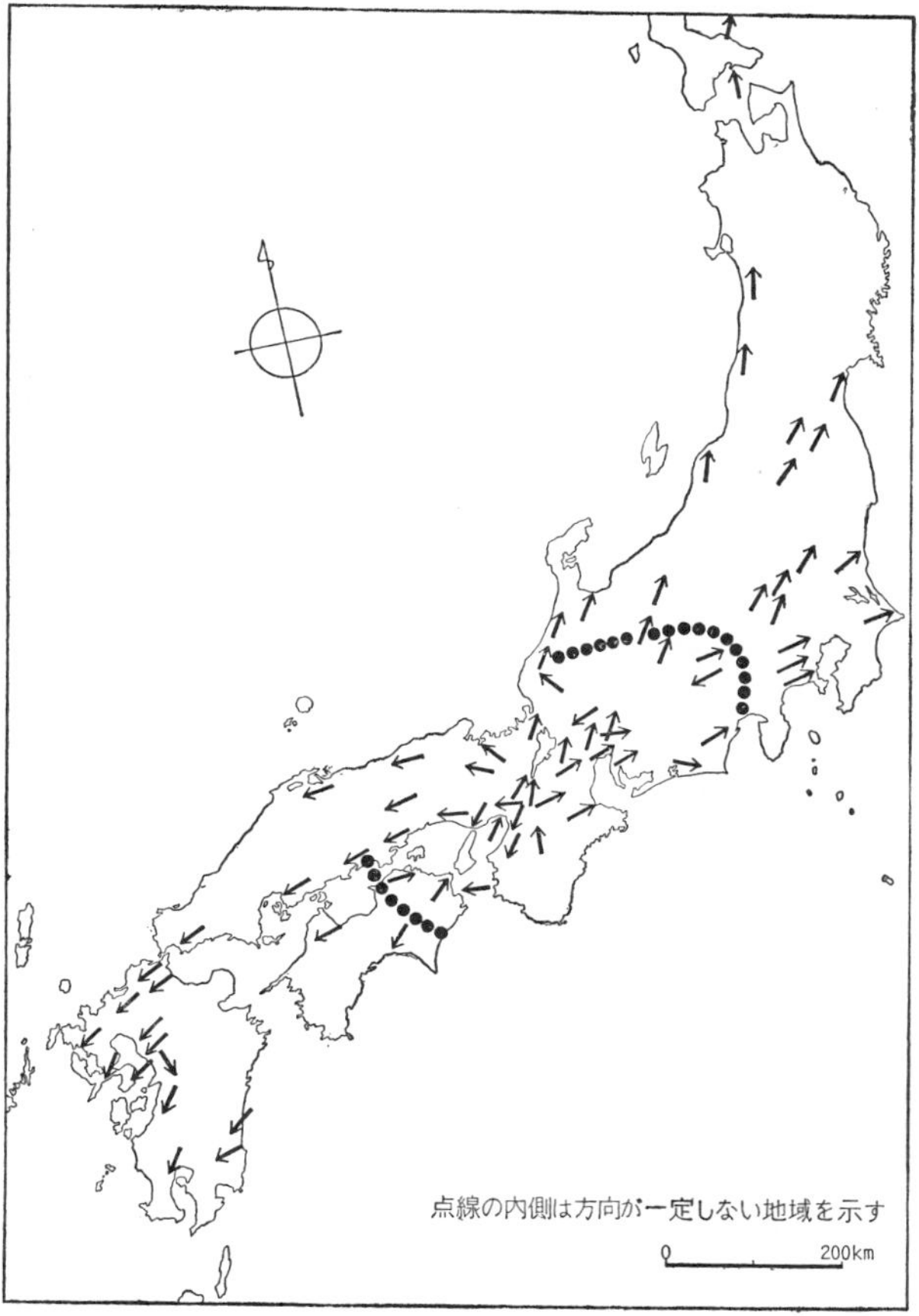
点線の内側は方向が一定しない地域を示す
0
200km

第19図　都市内部の町名の伝播方向

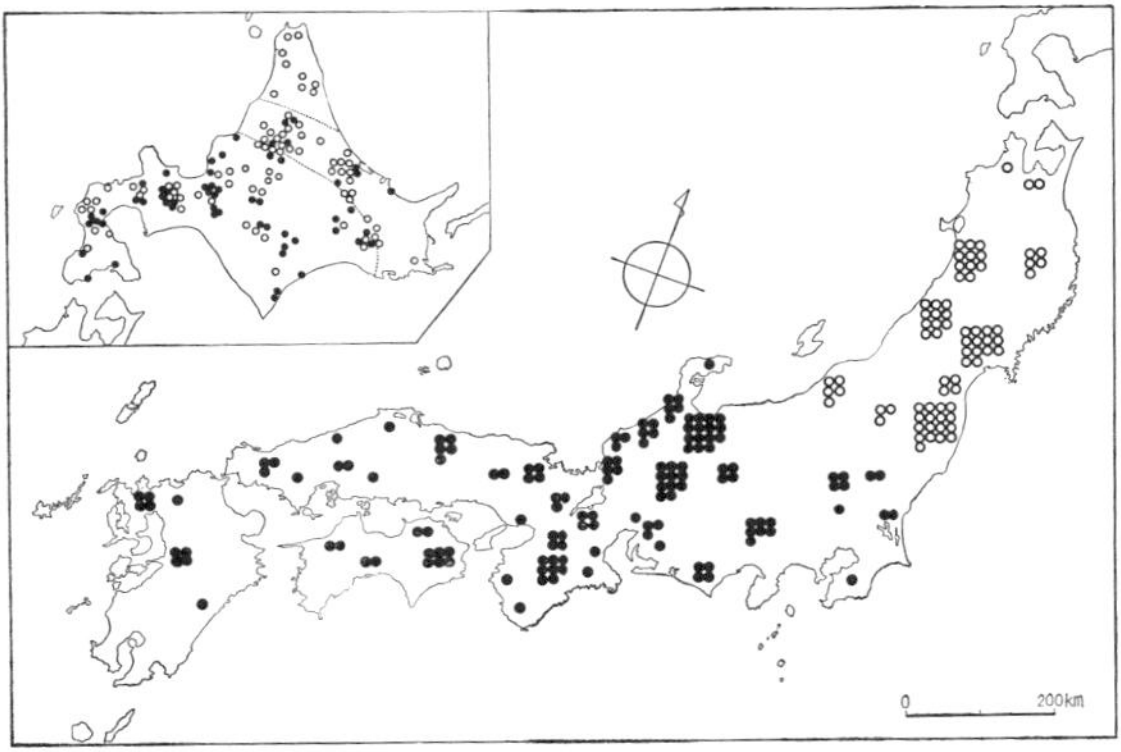

第20図　北海道への地名の伝播
○●　伝播元の地名数
○　奥州（新潟を含む）よりの伝播
●　奥州以外よりの伝播

にかけて）に、主として東北日本から伝播した地名である。その模様は第20図のとおり、これもたいへん確実につかむことができる。下の図「北海道以外」は都府県別の伝播元の分布で、上図「北海道」が伝播先の分布を示している。伝播元を二分して、東北日本と中央日本（新潟県は位置上から奥羽に入れる）として、それを図のうえで白星と黒星で区別してみると、北海道が三つの地域からできていることが知られる。㈠白星のみ、㈡白が黒より多い、㈢白が黒より少ない、がそれで、北海道の東北地方にゆくほど、白星が多いこと、つまり東北日本からの入植が高率であることになる。このように伝播地名の追跡によって、北海道の開拓史がひじょうに地域的に明確になってくる。

西から東への伝播の例（その一）、**海洋民族の地名**（「アゴ」「アコ」）

これは、第四章の㈡⑷ⓐに述べてある。

西から東への伝播（その二）、**宗教地名**のあるもの（「コンピラ」「スミヨシ」など）

ここには「コンピラ」と「スミヨシ」だけの地名分布図を出してみるが、じつは「カシマ」「ゴンゲン」「エビス」「ベンテン」「クマノ」「スワ」「ジゾウ」についてもいえることである。これらの地名の源となった神社は、西南日本から東北日本へと、勧請《かんじょう》されていったことがいえるであろう。そしてともにその伝播の方式も、同一の経過をたどったであろうことが、地名分布の状態から結論されるのである。というのは、これらの地名が西南日本にあるときは、海岸に多かったが、東北日本へくると、申し合わせたように、海岸に少なくて内陸の地名になっている。それらをまとめると第7表のようになる。

およそ日本の中央のあたりを境として、内陸地名が東側に多い様子が、この表の「内陸率倍数」に示されている。「コンピラ」の地名では、西南日本には内陸にあるものが三パーセントあるだけで、すべてが海岸にあるが、東北日本では、七二パーセントが内陸にあるという、いちじるしい対照をみせている。これにつぐのが「カシマ」で、その次が「ゴンゲン」という順になっている。「コンピラ」や「カシマ」や「スミヨシ」が、元は海岸の地名であったことは疑いのないことで、それにもかかわらず東北日本では、それらがみな内陸に多い

第21図　「コンピラ」の分布
視　点：姫路市の北方
眼　高：600 km
1方眼：300×300 km^2

第22図　「スミヨシ」の分布
視　点：姫路市の北方
眼　高：600 km
1方眼：300×300 km²

地名型	内陸地名と沿海地名に対立する境界	内陸率		東北日本：西南日本の内陸率倍数
		西南日本	東北日本	
コンピラ	富山湾〜駿河湾	3	72	24.0
カシマ	琵琶湖地峡	5	47	9.4
ゴンゲン	富山湾〜駿河湾	11	67	6.1
スミヨシ	琵琶湖地峡	15	47	3.1
エビス	〃	12	35	2.9
ベンテン	富山湾〜駿河湾	6	14	2.3
クマノ	富山湾〜浜名湖	40	87	2.2
ス　ワ	琶琵湖地峡	43	81	1.9
ジゾウ	富山湾〜駿河湾	50	83	1.7

第７表　内陸地名と沿海地名の比較

ということは、西南日本のそれらの地名が古く、東北日本のが新しいことを物語るのである。いうまでもなくこれらの神社は、国分寺のように、ある時期に計画的に創設されたという性質のものでないから、しだいに伝播していったものにちがいない。そしてそれらの伝播の模様は、西南日本では主として水路によって、線的に、経時的に伝播され、東北日本では内陸にあって、面的に伝播していったと解される。

㈥　双子地名

雌雄、男女、上下、東西、大小、岡浜などの文字を接頭語として用いて、たとえば、「男体山」に「女峰山」とか、「東条」と「西条」とかいう対立する地名ができる。また何々納屋、何々曾根、何々新田のように、納屋、曾根、新田を接尾語として用いる、対立地名もある。しかしこれらとは別に、同じ意味で、ときには発音も同じの二つの地名が、相接して並ぶことがある。このような地名はわが国には、少なくとも五〇組はありそうである。われわれの興味はまず、どうしてこのような不自然な地名ができたか、現地ではどうしてそれを区別して呼んでいるか、などという点に向けられる。これらのことを述べながら、この地名の双子現象について記してみよう。

　オーストリヤのクランツマイヤー（E. Kranzmayer）は、新古の言語で言い表わされた二つの地名が隣りあってあるのを、双子地名（Doppelnamen）と呼んだ。これはいまわれわれの問題にしていることと似ている。ある土地にアイヌ語で命名した隣に、それと同じ土地の性質に対して、日本語で命名されるという現象が、あってもよいわけである。クランツマイヤーによると、オーストリヤでこのような双子地名が、成立したのは、それを命名した二つの民族が、ある期間を通じて親密な生活を営んでいた結果であるという。

　宮城県の鳴子温泉の少し北のほうに、「半俵山《ハンタラヤマ》」と「花淵山」が、川をへだてて並んでいる。そこでこれは「淵」をアイヌ語でハッタルというから、そしてこの二つの山の間は青々とした大峡谷で、淵になっているから、東に「半俵山」、西に「花淵山」が相対し、アイヌ語と日本語の対訳がしてあるように思える。しかし惜しいことには、これはむしろどちらも日本語である。その理由は次のようである。「下半俵」（白河）は、那須岳の南側、裾野の端の崖上にあり、「上半俵」〈那須岳〉は、とくに裾野の縁の急斜面上にあるが、そこには「淵」は存在しない。それに方言パンタ〈坂の頂上、絶壁〈喜界島〉〉、ハンタ〈「端」の意から、危い崖、絶壁〈南島〉〉がある。ゆえに「半俵山」はアイヌ語の「淵山」でなく、日本語の「崖山」の意とすべきである。「花淵山」も日本語で「端淵山《ハナブチ》」で、淵にのぞんだ山をいうのである。もし半俵をアイヌ語の「淵」とすれば、この山は「淵山」となり、山と淵はまったく視覚的に分離しているから、それだけで一つの山の名となることは困難である。「半俵山」は地形図で見ると、その西半が崩壊していて、荒々しい崖面を谷川に向けている。「花淵山」の「花」を音訳、「淵」を意訳として、一つのハッタルの語を不完全に分解して説明することは、いかにもむりなことである。著者はまだアイヌ語と日本語の、双子地名の例を知らない。お気づきの読者は、お考えくださるようおねがいしたい。けれどもそれに近い例を、次に述べてみよう。

五万分の一地形図〈土浦〉の中央のところを見ると、南側が台地で東西にのびた北向の崖が一線を画して、その下〈北側〉が低地になっている。その崖にのぞむところに、東に「吉瀬」、西に「大木曾」の集落があって、その中間に村境が南北に通っている。今この地にはキセ、キソという方言はないが、「吉瀬」〈赤穂……南信の伊那谷〉の例も河岸段丘のところにある。京都の方言にキセがあり、それはキシ〈岸〉から来た言葉であると、方言辞典にかいてある。そこでキセが「崖」のことであるのは方言と地名例とから解決できたが、キソはどうであろうか。

土浦地方の右の例では、「大木曾」が崖のところにあるが、ほかにも「木曾畑」〔満島〕は傾斜した畑の中にあり、「木曾」〔八王子〕は河岸段丘上にあり、「貴僧坊」〔修善寺〕も同じく河岸段丘上の集落で、「木曾内」〔二本松〕は小さい谷が切り込んで彎入した小地形をつくるところの台地上にある。後者はつまり「崖で円くとり囲まれた内側」という意味である。また「木曾」〔須賀川〕は丘陵の間の、狭い谷にある集落だが、その背後に崖があることは、地形図に明らかに示されている。かつて著者は、その前著書の中で、「キソ」はキズと同根で、「狭長な深い谷」と記しておいたのは誤りであるから、ここに訂正しておく。

この事実に気がついたのは、上述の「吉瀬」と「大木曾」とが、同じ地形上に存在していること、そして双子地名であることを見いだした結果による。知識が知識を生むという、学問のありがたさを、ここで体験した思いである。一般にこのような双子地名にみる同義の類語の関係については、菊池山哉氏が「原住民の言葉を旧辞《ふるごと》、今の国語となった言葉を本辞《もとつごと》」と呼んでいるが、キソが旧辞で、キセ、キシが本辞であると説くことが許されるかもしれない。というのは「キソ」は東日本に圧倒的に多い地名であるから、東国の言語であるらしく、「キセ」の地名は中央日本にもあるが、その方言とともに地名も、京都のほうまで分布しているからである。

双子地名には多くの場合（およそ七五パーセント）、その両地名の間に政治境界（市町村界、国郡界）がある。ある集落が町村合併などに際して、その集落が切断されたとき、抵抗心理によって旧名を保持しようとする場合や、同様の心理は河道の変遷によって一つの村が分離した場合にも作用して、双子地名が境界線をはさんで成立することになる。あとの場合には現われた新河道が、新境界線となるのはいうまでもない。また上述したように、東国人の中へ移住してきた西日本人（あるいは中央文化人）たちが、命名心理上まぎれもない同じ自然環境のところに居住して、それに対する同じ意味の言葉でお互いに命名し（東国人は旧辞で、西日本人は本辞で）、政治境界をおいて対立してきたことも考えられる。

話が少し長くなったが、今一つ発生の時代をことにすると思われる、双子地名の例をあげてみよう。隠岐の島にある「船越《フナゴシ》」（第三章㈢）は、地峡部にあって、内海から外洋へと、この地峡部を曳船したところ（今は運河がある）には別に、「船引《フネヒキ》」の地名がある。これについては既述したように、「船越」が古く、「船引」が新しい地名である。つまり時代のことなる言葉によって命名された、双子地名の例である。この場合には民族の差というよりは、時代の差とみたほうがよいようである。

次には双子地名を、発生的原因によって分類してみよう。

㈠自然環境の相似たところに、二つの地名が成立したもの。「大貝《オーゲ》」〔常陸大宮〕……よく似た形をした、紡錘状の河谷盆地が二つある。大峡《オオカイ》を訛《なま》ってオーゲとなったもの。「川縁《カワベリ》」〔魚津〕……川の両岸に自然に成立した二つの集落。「古渡《フット》」〔佐原〕……川をはさんでの二つの同名集落。ホト（陰門）と同根と思われ、川口の地形にちなむらしい。「古畑《コバタ》」〈那古〉……高原上の焼畑にちなむ地名。川をへだてて存在する。「摂待《セッタイ》」〈赤湯、山形県〉、「高平《セッタイ》」の意の方言らしく（セッポ「高地の畑」〈八丈島〉、タイ「平地」、「原」〈南部、岩手の方言〉より）、高原上にあり、それに近い、低い峠の反対側にできた小集落を、遠く離れた本村の人々から、「摂待」と呼ばれるようになったもの。「柏沢《カスザワ》」と「柏谷沢《カスヤザワ》」〈清川、山形県〉……最上《モガミ》川の右岸に、国境をへだてて接する二つの集落で、カス（kas-u）カスイ（kasuy）はともに、アイヌ語で「（川を）徒渉する」意。

(二)自然環境の変化によって成立したもの。「石納《コクノウ》」〈佐原〉……今の古利根川が、ある時代に石納村を二分して流れるようになった。昔は下総の国であったが、今は北半部の「石納」が常陸国となっていて、同名の地名が川の両岸に対立している（コクノウの名義は巻末辞典）。「諸荷《モロニ》」〈平〉……一二〇〇年前には、この村の西側を流れていた川が、のちに中央を通りぬけたので、同名の地名が東西に並ぶことになった。

(三)人為的原因によって成立したもの。「中老田《ナカオイダ》」〈富山〉……明治初年の町村改正のとき分離して、一部だけがほかにはいって、そこに同名の地名ができた。「山梨」と「山科」〈見付〉……明治初年に山梨村が二分されて、山梨村と山科村となる。区別のために少し発音を変えたと思われる。その山科村が明治中期に二分して、大字「山科」が二つ成立。「敦田《ツルダ》」と「鶴田《ツルダ》」〈三条〉……鶴田＜鶴田新田——鶴田／鶴田——敦田 のごとく、明治時代に鶴田新田ができてから、のちに「鶴田」となったから、本村の「鶴田」はそれと区別するために、「敦田」と改名した。

双子地名のある土地の人々は、その二つの名を日常混同しないようにするために、いろいろな方法をとっている。㈠通称を用いるもの。「東山」〈松之山温泉〉……低地にある「東山」という集落を通称でハラ、平頂峰上の「東山」をオソノタイラ〈オソネは「山の背」〈長野方言〉〉、㈡上下、や東西、また一方に「向《ムカイ》」などを接頭語とするもの。公称名としては同名の双子地名を用いても、日常の呼び名はこれによる。㈢字名《あざな》や町村名を冠するもの。同上。㈣発音を少しく変えるもの。上述の「柏沢《カスザワ》」と「柏谷沢《カスヤザワ》」〈川でなく集落名〉、「吉瀬《キセ》」と「木曾」、「古武士《コムシ》」と「小布市《コブイチ(シ)》」〈青梅〉。この最後の例には、土地の人の間には別々の語源があるが、著者はこの二つの名は、元来同じ言葉で、区別のために異字をあてたのではないかと思う。コムシの名義は明らかでない。

第六章　地名の発生年代は決められるか

　今でも「ある地名がいつできたか、というようなことはわかるはずがない」と思っている人がある。岩石や地球の年齢が計算されるのを不思議に思わない常識は、今から数十年も前に始まっていたらしい。人骨や土器片の年代もわりあいに早かった。これらの事情からみると、地名学の発達は、ずいぶんおくれていたといえるであろう。

　ここでもやはり科学的に考えるためには、個々の地名でなくて集団としての地名、すなわち語根型の地名について考えねばならない。われわれが地名学の方法で、地名の年代を割り出す前に、すでにある語根型の地名の発生の時代が、ほぼ確定されているものが少なくない。江戸時代の「新田《シンデン》」、平安前期の「別所」、白鳳時代の「神戸《カンベ》」などはそれである。これらの地名は、それぞれの時代に、国家的な支配下にあって、その時の都を中心としてひじょうに多数発生したものである。このような地名は、その分布図を描いてみると、やはり都を核心として、その周囲に向かって波紋状（周圏状）にひろがっていて、その地名分布の形が、それらの事情を正直に表現していることがわかる。こういう種類の地名型を、著者は**標準化石地名**と呼んで、他の地名型を逐次、決めてゆく基本型にしている。これに反して少数

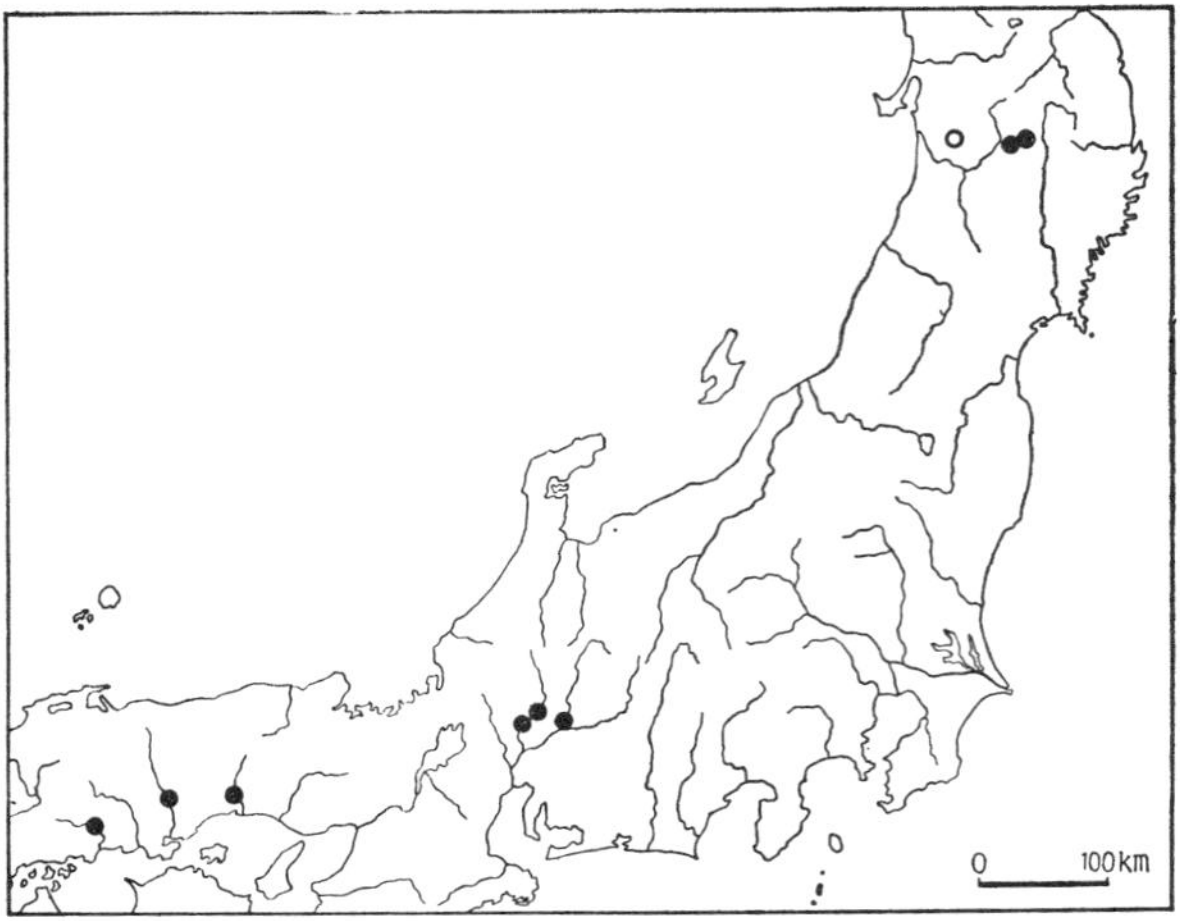

第23図　「ウカイ」の分布
●　ウカイ
○　ウヤシナイ（ウラシナイ（《ア》笹川）の転か）

であるうえに、分布が局地的であるもの、たとえば「―洞《ホラ》」が美濃や陸中の山村に多いことや、および「鵜飼」（秋田県には、「鵜養《ウヤシナイ》」があるが、これはおそらくウラシナイ「笹川」のアイヌ語によるものであろう）が各地方に分散している場合には、特別な資料で証合されることがないと、その時代決定は困難である。口絵にのせた鵜のスケッチは、同じく瓦片に描かれた鵜匠のきる蓑《みの》の絵（ここには省く）とともに、古代の生活を物語る文化化石としてたいへん興味が深いが、ただ惜しいことには、このような資料が現われることはきわめてまれである。ところがそれと同じこと（鵜飼）を告げる資料となる地名には、少なくとも八つの例が存在している（第23図）。それ以外に、各種各様の文化事情を知らせてくれるそれぞれの地名が、豊富に存在するのである。そこで著者はヨーロッパの学者らとともに、**地名化石**という考え方をとることが、正しくもありまた科学的意義をもつことを疑わない。

さて著者が標準化石地名としている地名型（表中に年代のはいっている分）と、そのだいたいの時代は次表［第8表］のようである。それらの地名の語根型の発音と漢字は、このほかにもあるが、そのうちおもなものだけを記した。文献による年代は、いくつかの論文の示すところから、最も多く地名の発生したころを推定して決めた。分布の重心は分布地図のうえで確定したのである。もう一つこの表で考えておかねばならぬことは、どの地名型も、それぞれ何百年、あるいは一〇〇〇年以上もつづいて発生することもある。それで実際にはこの表中の二一の地名型は、この順序に一列に上下相並ぶというわけではなく、互いに重なり合って連なっているのである。ただ地名がいちばん多く発生した時期（数字で示した年代）の順に、並べてあることである。

なお予備的に考えておきたいことがある。それは上述の化石地名である地名型は、文化の中心から波紋状に地名が発達してゆくが、その場合の地名の発達地域を、四つに区分しておいて、それに名前を与えておくことが、説明と理解に便利なことである。次の図式［第24図］のように、その中心に都があると仮定し、そのまわりに、ある時代の国土がとりまいて

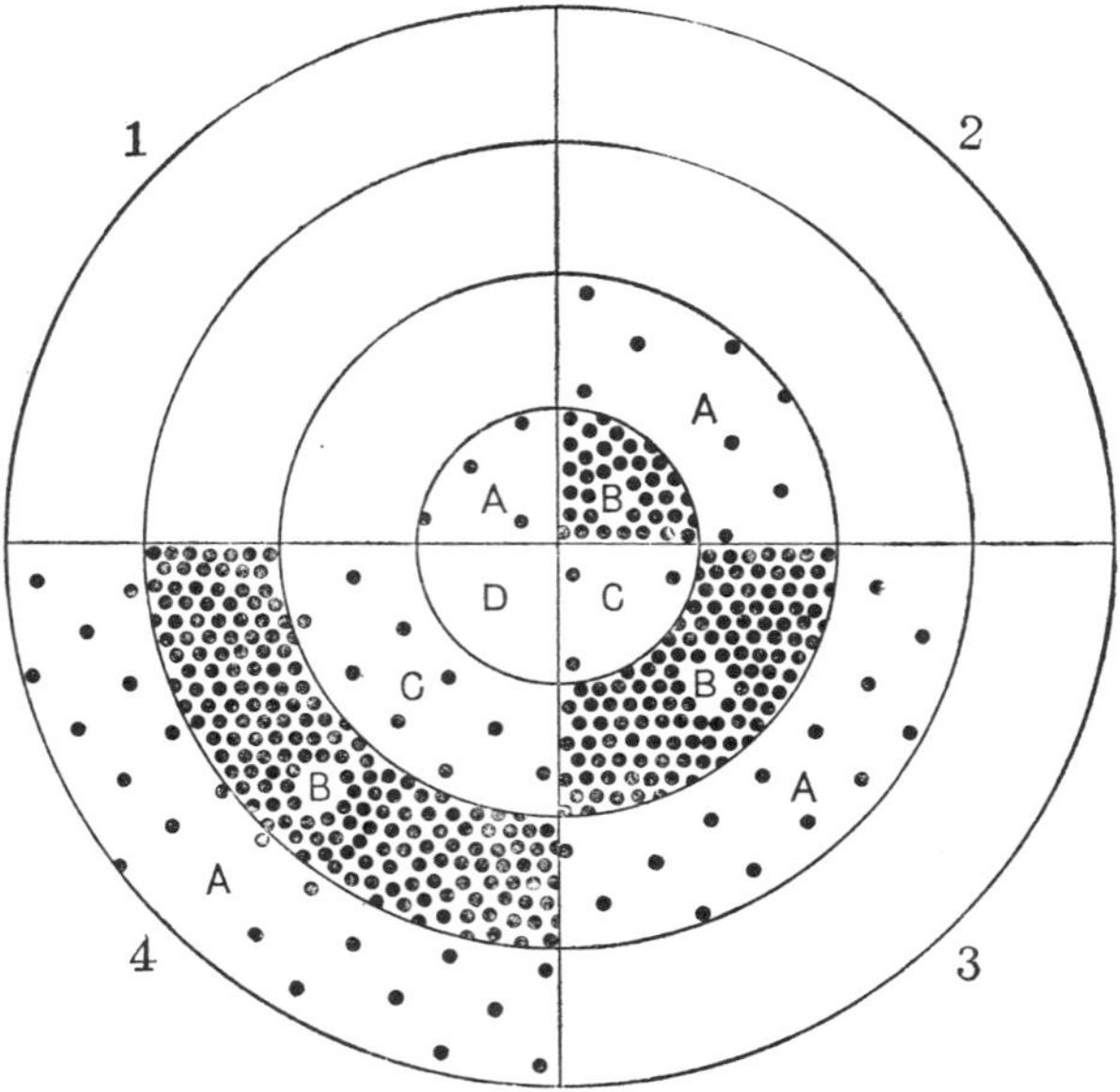

第24図　都中心の地名の波紋状発達

No.	地名の語根型		文献による年代	分布の重心	所属文化	地名の時代型による区分	区分の時代
	発音	漢字					
1	Ira・Era	飯良・江良		西瀬戸内			
2	Tadokoro	田所	300	瀬戸内	瀬戸内文化	先史地名	
3	Sue, Haji	陶, 土師		〃			
4	Agata	県		東瀬戸内			350ごろ(大和の統一)
5	—be	～部	600	東瀬戸内～近畿			
6	Kanbe	神戸	700	近畿			
7	—jô	～条	700	〃			
8	—no-shô	～の庄	800	〃			
9	Betsho	別所	900	〃			
10	Honjo,	本所					
	Ryôke,	領家	900	〃	近畿文化	古代地名	
	—ryô	～領					
11	Kijiya,	木地屋	1100	〃			
	Rokuro	轆轤					
12	Doi,	土居	1200	〃			
	Horinouchi	堀之内					
13	—yashiki	～屋敷	1250	〃			
14	Tashiro	田代		〃			1200ごろ(鎌倉幕府)
15	—no-miya	～の宮		近畿～鎌倉			
16	Zaike	在家	1250	〃	過渡期の文化	中世地名	
17	—ka	～箇	1450	〃			1600ごろ(江戸幕府)
18	—juku	～宿		江戸			
19	—shinden	～新田	1700	〃	江戸文化	近世地名	明治維新
20	—kaikon	～開墾		東京			
21	—nôjô	～農場	1900	〃	東京文化	現代地名	

第8表　地名の層序年表

いると考える。

たとえばある時代に、「田所《タドコロ》」という地名が、人口増加と国土開発の結果として多数発生したとき、最も容易に開墾のできた地域（B）があり、その外側には、都から距離が遠いからやや困難な地域（A）があるはずである。またBの内側のCには、もはや開拓が前の時代にある程度終わっていて、人口もそうとう多いために、新村の樹立がまれとなっており、いちばん内側のDになると、ほとんど完全に文化が充実していて、新しく村が成立する余地がないというふうに、A・B・C・Dと段階的に、四つの地域が区別されるわけである。

著者はこの四段階の地域を、A**開拓縁辺地域**（幼域）、B**開拓地域**（壮域）、C**前充実地域**（晩域）、D**充実地域**（老域）と呼ぶことにしている（カッコ内は略式別称）。そして著者はA・B・C・Dに発生する地名数、すなわち新村創設の頻度の差を、第24図のように点描法で区別することにした。

この四地域の分類法を、タシロの地名の分布にあてはめたものが第25図である。このタシロの地名の分布は、晩域（C）や老域（D）をもっているから、近畿文化の後期のものであるが、前期のものであると、都の付近がいきなり壮域（B）で、その外側に幼域（A）をもつという、たとえば「―部」の地名のような状態の分布がみられることによって、明確に二つの地名型の時代を区別してとらえることができるのである。このような見方をしてゆくと、第8表中の二一の地名型の分布が、どこの文化地域を中心として、どのくらいの発達段

第25図　「タシロ」の分布

13	～屋敷	「村」の意		広島～静岡の本州（D） 山口県と東半中部，関東（C） 鹿児島県以外九州，四国と盛岡以南奥州（B） 鹿児島県と秋田市～青森市（A）
14	田　代	開墾地		第25図参看 広島～名古屋の本州と東半四国（D） 広島県西半，西四国と中部，関東（C） 山口県，九州と中および南奥（B） 種子島以南と秋田市～弘前市（A）
15	～の宮	国司がその国の神社に参詣する順序により「一の宮」「二の宮」「三の宮」などといい，地名となる		岡山～東京の本州と東半四国（B） 岡山市～鹿児島市までの日本島弧（A）
16	在　家	寺の荘園内の村にあって，富裕な名主級の人をいう		大阪～東京の本州（C） 大阪～岡山と東京～仙台（B） 岡山県南部，四国と中央部奥州（A）
17	三箇，五箇など	郷の連合体の地名		大阪～東京（B） 大阪～姫路と東京～福島（A）
18	～　宿	（文字どおり）	はじめは「浮浪民の集落」のちに「町」の意	関　東（B） 姫路～盛岡の本州（A）
19	新　田	開墾地		関東の東半，越後（B） 盛岡～広島の本州と四国東半（A）
20	～開墾	（文字どおり）		東関東（B） 岡山～北海道（A）
21	～農場	（文字どおり）		北海道（B） 奥州，関東（A）

No.	地名型	名　義	前項の理由※	分布の特徴
1	江良・飯良	洞　穴	イラ「うろこ」(大分) エラ「水辺の穴」(山口)	第12図参看
2	田　所	地方豪族の所領	田のある所	瀬戸内地方と濃尾 (B) 同上以外の関東中部以西 (A)
3	陶，土師	製　陶		瀬戸内と濃尾 (除出雲) (B) 同上以外の仙台以西 (A)
4	県 (アガタ)	上田，吾田の2説あり	地形的に上の方の田，上田 吾が作る田，吾田	広島〜富士山と四国 (B) 富士火山帯の本州部 広島，九州 } (A)
5	〜　部	部民 (の村)	上代貴族の隷属民	第26図参看 広島〜三河 東部四国 } (B) 広島〜熊本 中部，関東 } (A)
6	神　戸	祭祀を司る職		近　畿 (B) 中国・四国 (A)
7	〜　条	条里集落		東瀬戸内，近畿，中部 (B) 西瀬戸内と関東，南奥 (A)
8	〜の庄	荘園集落		東瀬戸内，西中部 (B) 西瀬戸内，九州と東中部，関東，南奥 (A)
9	別　所	特別の村	エゾの俘囚をおいて住まわせた特別なところ	東瀬戸内，近畿，中部・南関東 (B) 西瀬戸内，九州北半と北関東，奥州 (A)
10	本所，領家，〜領	荘園の受寄者である皇族貴族を「本所」，それが一般有勢家のとき「領家」といった。「〜領」も荘園の地名と思われる		北半九州〜西半関東と四国 (B) 南半九州と東半関東，青森を除く全奥 (A)
11	木地屋 轆　轤	木工業者 轆轤師	ともに山地木工業者のこと	近　畿 (C) 中国，四国と静岡山梨以外中部 (B) 九州と静岡山梨，南奥 (A)
12	土　居 堀之内	(文字どおり)	豪族屋敷を意味する	大阪〜名古屋の本州 (D) 兵庫県，紀伊水道斜面と名古屋〜御前岬の本州 (C) 岡山，四国の大部と中部東半，関東，福島県 (B) 西半中国，北半九州と福島〜盛岡の奥州 (A)

第9表　地名型 (第8表の中の) 解説
※この行には「地名に適用例あり」という理由を記入することを略す。

第26図　部民の地名（和名抄）
視 点：姫路市の北方
眼 高：600 km
1方眼：300×300 km^2

階にあるかを、それぞれの地名型について比較することができ、それによってそれらの地名型の時代の前後関係が定まってくる。このようにして作られたのが、第8表の「地名の層序年表」である。それゆえに、まったく文献資料を欠いている上代あるいは先史時代にさかのぼってまでも、地名だけから、すなわち、今まで説明してきたような、地名の地図学的方法だけから、ある地名型の時代が、およびその発達の中心が解決されるのは、まことに愉快なことである。

それでは最後に、上掲の「地名の層序年表」中にとり上げた二一の地名型について、その地名の語の意味と、分布上のだいたいの特色を列挙してみよう［第9表］。この表の中でA・B・C・Dの重なり方が、これまで説明したように、時代的に変化してゆく様子がよく汲みとれることと思う。この層序年表はこれだけで完了したというものではなく、今後追補して大成しなければならない。

第七章　地名の正しい書き方

今の日本には漢字制限、新かなづかいなど、国語を実務上便利なものにしようとする、改革の気運が盛んになってきた。しかし一方には、この傾向に反対しようとする運動も、また根強いものがある。簡単にいうと、前者は表音派で、後者は表意派である。表音派はコトバを機械的に考え、カナあるいはローマ字にして、漢字をなくしようとする。表意派は、文字はその形によって、われわれに意味を直感させるので、文化の理解と伝達を果たすうえに、重要な役目をなすと考えるのである。この二つはするどく対立していて、容易に妥協できそうもない。

しかし文部省がすでに、当用漢字や新かなづかいで教え、新聞や一般図書もこれに平行している以上、国語改革に混乱と不合理が伴ってはいても、それを元にかえすことは不可能な段階に追いやられている。ただ地名は、当用漢字以外のものも認められてはいるが、「わかりやすくカナを用いてもよい」といっているのだから、しだいに地名にもこの改革が及んでくることが予想される。そこでここに「地名の正しい書き方」ということについて、とくに考えることが必要になってくる。

こういうことを研究する学問として、ドイツにはこのごろ「地図的地名学」(Helmut Weygandt : Kartographische Ortsnamenkunde) というものさえできている。次に「地名の正書法」について、実例をまじえて、根本的な原則といったことを明らかにしておこうと思う。こうした場合当然、外国地名と国内地名とに分けて考察することが便利である。

(一) 外国地名の正書法

外国の地名表記については、「現地音カナ書き」が示されている。けれどもこれはあくまでも原則であって、このままに行なうことは意味がない。というのは外国の地名は、日本語で日本的に改造することが必要だからである。ことごとしくて恐縮であるが、トイバートの下した定義をここに記すと、氏は「転記とは一つの名前の発音と語形の再命名である」といっている。この理がのみこめないために、外国地名を苦労して、原地の発音に似せて、たとえばスカンディナヴィアといったふうに、むりな日本語の酷使をあえてして、それをモダンだと得心している人がある。世界が今後一体になって、共通のコトバを話す地球人というものができ上がったときには、この問題はおのずから解消するであろうが、それまでは、それぞれの文化民族が、めいめいに呼びやすく書きやすく、気持ちに合った(慣用を尊重して)表記法でゆくにちがいない。ただその場合に忘れてならぬことは、ある国で決めた地名の表記が、他の国の人たちにもわかりやすいことである。英語でローマをロームとしても、それが世界的に通ずることが前提とならねばならぬ。文部省の出している原則は、だいたい右に述べた線に沿っているが、次の点は改めたほうがよいと思う。

地名の語尾のiaをアとするのは、アジア、リビアの場合のように、じっさいの発音がヤに近いし、たといアジアと書いても日本人はアジヤと読むのだから、はじめからアジヤ、リビヤ、シベリヤなどと書くべきである。これは文部省がマスコミのとっている線に盲従したまでのことであって、有力な根拠はなさそうである。またジとヂ、ズとヅは日本人に比較的区別の意識があるのであるから、外国地名の表記上区別して書くほうがよく、ヴはふつうのおとなにでもむりである（意識的に故意にすれば可能）からブとして差しつかえないから、このほうは文部省の案に賛成である。ティはややむりだが、デュ、ジェ、イェは容易に発音できるから、それらをジュ、ゼ、エに改める案には反対する。しかしこのような問題は、多方面の学者・教育者などによって、客観的に決定されることがよいと思う。なお文部省案はダンチッヒ（Danzig）をグダニスクと、およびケーニヒスベルク（Königsberg）をカリーニングラードとしたことは、要するに公定地名に準拠したものであるが、これらの地名がドイツ人の居住地にあり、しかもこのような場合にはいずれに決すべきか、これもわが国でさらによく研究すべき問題である。

そしてこのような場合には、現地音といっても、そこの公定地名のことか、それともその土地の民衆のとっている称呼のことか、その辺もはっきりさせてから、地名正書法の原則を決めることが必要になってくる。鴨緑江をヤールー川としたり、黄金海岸をゴールドコーストとする案も賛成できない。揚子江、黄河をそのままにしたように、これらの名も日本語のコトバの中に、早くから日本語化されているからである。しかしヤールーやゴールドコーストは日本人以外にも通ずるから、むしろ慣習を捨てるのも一法だが、そうだとしたら揚子江、黄河もすべて現地音に統一したほうがいいだろう。また従来日本の地理学者が -wald という山脈の名を、現代の辞典からの「森」の意に解して、シュバルツバルトを黒森、チューリンゲンバルトをチューリンゲン森と訳してきたのは誤りである。それはこの語尾は現地では「山」の意に用いられているから、シュバルツ山脈、チューリンゲン山脈（あるいは山地）と表記しなければならない。

本章で最も問題となる一つは、中国・朝鮮の地名である。文部省の原則によると「中国・朝鮮の地名の呼び方は、カタカナで書く。ただし慣用として広く使用されているもの、その他必要のあるものについては、漢字を付記する」とあって、カナ書きが要求されている。日本の地名も「さしつかえのない限り、カナ書きにしてもよい」とあるので、外国地名に限った問題でもないが、ここで地名の表記は漢字か、カナか、についての根本的な問題を考えてみよう。

右に記したように、文部省はカナ書きを目ざしており、表音主義に傾いている。なるほど現代のマスコミの要請として、漢字を廃してカタカナあるいはローマ字にすることは、タイプライターによる事務能率を高めることに役だつけれども（読むほうは漢字かな交じり文に劣る）、次に考えられるような弊害が多くて、その実行の不能におちいることが思われる。これに対して表意派は、表音文字による表記が進歩的であると考えること自体が大きな偏見であって、文字の表意性こそ最も尊重すべきであるという。また欧米で略語がしきりと用いられるのも、一種の表意法と考えられるし、しいていえば発音そのままという表記をしている国は、世界中どこにもなく、それは文字から表意性を失えば、伝統や文化はなくなるからであると説いている。もしもこの表音と表意の両派のいずれかの側の主張どおりに強行されるとしたら、一般の使用に大きい支障を来たし、社会の正常な発展が妨げられることと思われる。

アルファベットは元来、東部地中海の古代通商民族の間に発達してきたもので、東洋の農耕民族の文字とは本質的にことなっているから、われわれは今後新しく商工業用の文字というものを作り出し、今のカナタイプをさらに一歩進めて、合理的な専門の通信事務用文字を創造することがよいと思う。そして一般国民に対しては、一〇〇〇年をこえる日本の歴史を通じて発達してきた、現代の表記法を基として、改良進歩をはかるというように、前者と区別して考えたらどうかと思う。とくに国民教育上、文字を表音的なものにばかり推し進めようとすることは、最も慎むべきことではなかろうか。

漢語とくにその地名に、同音異義のものがきわめて多く、したがってそれをカナで記すならば、大きな混乱を免れないであろう。今、文部省の「地名の呼び方と書き方」にあげられた、わずかの中国の地名だけについてみても、チョンという音が、承・正・成・中・鄭・沖に、チャン音が江・疆・張・長・昌に、チン音が慶・青・定・津・庭に現われているというわけで、要するに中国の地名は、わりあい少数の音でできているので、類似した地名の発音が多すぎて、われわれにはただちに判定ができにくいという困難性がある。また廬山のふもとにある「九江」という都会と、広州の街を流れている「珠江」の二つは、北京音でよむとチューチャンで同音となる。しかし現地音では前者はキュウキャンで、後者はジィコンである。七里重恵氏はこれらの地名例をあげて説明したうえで、「日本人には日本式でよいではないか。『九江』と書けば読み方は先方に任せよう」と結んでいる。

とにかく中国・朝鮮の地名を現地音で強制されたら、ほとんどの日本人はさぞ困るであろう。それは日本人の多くが、中国語や朝鮮語を知らぬからである。欧米の現地音の大部分は、英語を心得ている日本人ならば、ギリシャ語やスラブ語は別として、だいたいわかるのは、ヨーロッパのことばはお互いに姉妹語だからである。ところが日本語と中国語は、まったく系統のことなった語であるから、「フランス語を知らないドイツの生徒にフランス現地音の地名を課すことがむり」（これはドイツの地名学者フィッシャーの言葉）とされている以上にむりなことである。

そこでもし文部省が中国現地音カナ書きをとる方針を敢行しようとする熱意があるならば、少なくとも英語に追従するほどの中国語の教育を施すことをしなければならない。このさい、今後の日本の対外政策を、今までのようなアジヤについての無知からくる、アジヤとの協力の欠如の弊を改めて、アジヤとくに中国の理解に大きい力を注ぐべきで、そのためにも中国語教育を今までよりも重視すべきであると思う。この実施なくして、ただ地名のみを現地音としても、それは竹内輝芳氏のいうように「現地音カナ書きは、かつて読売紙・NHKなどで実行したが、ついにいずれも実行不可能におちいり、現行の漢音漢字の表記にもどっている事実がある」ことをくり返すだけであろう。カナ書きで覚えて、漢字をまったく見ないということは、中国やわが国の慣習上できることでないのだから（中国や日本が漢字を全廃することは近いうちにはあり得ないから）、発音と同時に漢字を意識しなければならない。

次に現地音ということが中国の場合には問題になる。それは中国の社会そのものが、ヨーロッパに匹敵するほどの規模であって、方言的にこみ入った複雑性をもつから、この国の標準語としての北京語も一方言にすぎない観があり、ほかに福建語・広東語・山東語・上海語等々がある。広東語の中にも三つか四つの小方言があって、それでさえ相互にほとんど通じないというのであるから、中国の地名を北京語で統一した場合、不合理が起こるのは当然である。

(二)　国内地名の正書法

わが国の国語の改革に関して上述したことから著者はけっきょく、(一)むずかしい漢字や旧かなづかいは、ある程度慎重に改善してゆくこと、(二)カナやローマ字ばかりにすることには反対し、むしろ新しく商工専用の文字を創り出すことを提案することになった。そうすることによって、たいせつな日本文化の保存と発達が可能になり、また実業界の発展にも支障が起こらないであろう。とにかく現行の国語改革の結果として、ひじょうな混乱がかもしだされていることは否定できない。そしてそれはしだいに、地名の世界にも及んでくるという状勢にある。市町村併合による新生地名や改名などに、もうそれがあらわれている。人名のように一個人の好みからや、ある時代の低俗な支持によって命名されることがあってはならない。地名は民衆の共有財産であるからとの理由で、地名の決定をその多数決にまつことを、最上の策であると考えるのは大きな誤りである。それは次に記す諸条件をみればわかることであり、また地名は人名のように簡単に改名したり変名したりしがたく、かつ後世に永く残されるものだからである。

命名の条件には、(一)佳字（品位を含む）であること、(二)他と区別ができること、(三)土地の個性（地理的・歴史的）を示していること、(四)読みやすく書きやすいこと、(五)覚えやすいことなどがある。これらのことをよく考慮したうえで、たとえば次の例のように、慎重になされることが望ましい。

トコナベ（常滑）はトコ（平坦な土地、隠岐方言）ナベ（ナメの古語。ナメは「土地の滑るところ」、長野・愛知・奈良方言）で考えられるが、この意味からすると、むしろ「床滑」と書くほうが合理的となる。しかし「床」よりは「常」のほうが佳字であり、長い伝統を背負っているので、常を床に改めることは躊躇されるであろう。

地名にはあて字が多いからといっても、語源不明の漢熟語が整理されるようには、単純になしえないところに、地名のもつ伝統の意味や、漢字のもつ品位の重要性がある。また漢語の地名をカナ書きにされた場合には、漢字を抜きにしてカナだけからは、なんのことかわからない暗号のようなものになること、および漢語のカナ書きは、和語のカナ書き以上に読みづらいものであることは、心理学的実験によって証明されている。地名には和語にあて字されたものも多いが、漢語にあて字された新田、別府、新宿、あるいは寺にちなむ地名など、この種の例はひじょうに多い。カナ書き地名は北海道を除けば、大きい地名には少なく、青森県の「むつ」市、滋賀県の「マキノ」町（旧大字名、牧野）とか、沖縄の「コザ」市（旧、中城《ナカグスク》）が注目をひくくらいである。これらの例では、「牧野」とか「中城」と書くことに、土地の人々が郷土の伝統に憎悪を感ずる（中国人は「支那」と書かれることをきらうように）というのではなく、カナ書きをモダンとのみ考えるところによるものであろう。

次に地名にはつとめて佳字や、格式ばった漢字が用いてあるから、現代的に考えると、多くの地名が無用の煩雑をくり返しているように思われることから、今後当用漢字に改められる場合に、改悪や好ましくない命名が行なわれる危険性が予想される。すなわち漢字制限による愚劣な新造語、たとえば、暗誦を暗唱、浸蝕を浸食、沙漠を砂漠としたような、漢字の表意性を無視した改革を、地名の世界にまで及ぼされないようにしなければならぬ。

「粕壁」を「春日部《カスカベ》」（埼玉県）としたのは、旧名に復した好例であるが、いちばん困るのは、二つ以上の市町村が合併して新地名を命名するときで、それぞれの地名の一部ずつの語を集めて、一つの地名をでっち上げる場合と、別に新しく命名される場合とがある。前者は後世不可解な地名を形成するから、極力この方法はさけたいものである。ただ「宇治山田」市のように、二つの合併する町の名を全部とる例は、冗長にすぎないほうがよい。このごろそれを「伊勢」市としたのは適切で、これに類した例には、鈴鹿市、長門市、伊予市などの多くがあるが、各地名の一部ずつの寄せ集め法にくらべると、はるかに好ましい。ただこれらの場合に心残りを感ずるのは、大地域の名を襲用することによって、その地名の立脚する場所の、それよりもっと切実な環境との関係のあることばを捨ててしまわなければならぬことで、それによってその集落の創設当時の文化史的意味が失われることである。

　併合による新地名の創造で、味気のない一つは、漠然とした普通名詞によることで、和歌山県の「海南」市、愛知県の「江南」市の例では、川や海の南ということだが、それでは平凡で個性の乏しい命名となる。

当用漢字による漢字制限を、地名に適用する場合には、日本の地名には同音異語のものが少なくないために、漢字の整理によって、地名の区別性が大いに減少することに、とくと留意しなければならない。「挙母《コロモ》」の場合、それを「豊田」市としたのは、一見して佳字であり、モダンであるようだが、他面で地名の伝統（この南の海を「衣《コロモ》ガ浦」といい、この地方を代表する名であった）を捨てて、そのうえ、この区別性を減退させる結果になったといえよう。というのは、「挙母」といえば天下一品で確認される名であるが、「豊田」ではほかにも同名があり、トヨタかトヨダかもはっきりしないからである。同一語根の地名に、何十通りかの漢字をあてている、日本の地名の理由はそこにある。ただ地名における漢字の乱用は改めねばならない。次にいくつかの例を掲げよう。それらに対してどんな文字をあてたらよいのか、それは読者の判断に任せよう。地名はどれも集落名、カッコ内は所在地図（五万分の一）名である。

尿前《シトマエ》〔焼石岳〕と〔鳴子〕（アイヌ語とすれば「山ぎわにある所」）、垢潜《アカヒソ》〔川俣〕（赤い水《ひ》垢《そ》のことか。ゆえに「赤川」とでもすべきもの）、昼寝〔森岳〕（八郎潟の北岸にあり「干《ひ》る根《ね》」の意か）、笑内《オカシナイ》〔阿仁合《アニアイ》〕（陸稲《おかしね》の転か）、十八才〔左沢《アテラザワ》〕（サカリらしい。「下《さが》り」すなわち傾斜地）、十八女《サカリ》〔阿波富岡〕（意味は同上）、酒利〔三重町〕（同上）、鬼死骸〔一ノ関〕（今はオニシガイと読むが、あるいはキシガイで、キシは「崖」、ガイは「峡《かい》」で、ここは水田のある谷盆地）、伯母様〔藤原〕（小峡間《おばさま》か）、掃除谷〔大用《オオユウ》〕（ソージは「細い水路」、きわめて狭い谷の中にある集落の名）、則《スナハチ》〔宇和島〕（スナハチは「摺鉢」、乾田のある谷頭の集落の名）、子落〔国分〕（コートらしい。「田畑のある小平地」の意）、蚊焼〔肥前高島〕（カヤケは「堤」のこと、小海港の名）

漢字で示される日本の地名は、漢字が表音文字でないため、発音を正確に読みとることが困難である場合が少なくない。むろんこれには慣れることはあっても、日本の地名の一つの欠陥である。それに漢字には音《おん》と訓《くん》があり、それがアトランダムに用いられ、よくあげられる例をひけば、神戸がコーベ、ゴート、カンド、カンベ、ジンゴなどに、吉川がヨシカワ、キッカワに、またナコ（ゴ）が、名古・那古・名子・奈古とも名護とも書かれている。こんなふうの例はひじょうにたくさんあって珍しくない。一面においてこの事情のあるために、ことなった漢字やことなった読みによって、地名相互の区別を立ててゆくことに、ひいてはまた日本の地名が主として、二字から成立するという簡潔性を保持することに役だってきたものである。けれども自給自足の経済が今よりもいちじるしかった過去においては、それで不自由を感じなかったであろうが、交通の発達とともに、それらの地名を整理して、日常生活に便利なものに改める必要がしだいに増してきた。ここでわれわれは、他面においてなんとかして地名のになってきた古来の文化史的意味、すなわち地名の表意性を失わないようにも努力せねばならない。

今まで日本の地名には、正しい書き方からいうと、ずいぶんかけ離れたものがあるように述べてきたが、合理的な高い文化［を］もっているといわれる、あのドイツにおいてさえ、次のような状況である。すなわちミラー氏によると、彼はドイツの一二万の地名を集めた書物の序文の中で「約一〇万の地名の修正を必要とした。さらに将来はあらゆる人々の忠言に従って本書を完全なものにしたい」といっている。してみると上述したような日本の地名の表記のしかたが、矛盾や煩雑さにとみ不完全であるということを、漢字の影響とばかりに負わせるわけにはゆかぬということが、このドイツの話によって理解されるであろう。さて日本の地名の正常な語形がなんであるかを、今どのようにして判定してゆくかということについて、次に例を引いて述べてみよう。

それには（A）各市町村で公定している地名を調べること、（B）文献による地名の変遷の研究、（C）地名の発音を音声的に考察すること、また（D）地名学の研究成果を用いて……などしてその地名は修正し決定されるのである。この修正は地形名や地籍名の場合に、その必要性が大きい。また古い地名は生きている言葉、すなわち方言や国語と結合した、正式の主要語としてとり扱われるときに、はじめて判明する。このような方法で調べた、「フジ」という地名研究の経験（第三章㈠）からいえば、フジという意味が、「急斜した地形」のことであるから、たとえば富士山の裾野にある「大淵」という地名は、川とは関係のない地形名であると判定することができたのである。だからこの地名は改めるならば、たとえば

「大皀地」あるいは「大俯地」「大伏」のようにして、なるべくフジの原義に即するか、接近した文字をえらぶようにするのである。

地図的地名学において方言のもつ役割は、（Ａ）方言的に正しい地名または地名の一部分と、（Ｂ）曲解された方言として通用しているものとの、区別を立てることに帰せられる。このさいわれわれは現在の方言をくわしく知るだけでなく、過去の方言を、地名として残されている語形の中にそれを認め、それらのすべての知識を使って、ある地名が命名されたときに利用された環境の性質を示す、いちばん原初の語形を捉えることができる。こうしてしっかり確認された語形によって、正しい地名かあるいはのちになって歪曲された地名であるかが、おのずから判明するのである。その例をあげてみると、

愛知県の「常滑」は現在トコナベ、トコナメの両様の呼び方が慣行されている。既述したようにトコナメは方言で「平坦で滑らかな土地」の意味であって、愛知県の常滑は地形的にそういう丘であり、地質的に粘土を産し常滑焼の産地である。またナベはナベドロを「泥土」の意〔新潟〕とすることや、音韻的にb＞mの子音交替が認められているから、トコナベ、トコナメの両語は、同じ語根型の地名であることが明らかである。このさい、トコナベ、トコナメのどちらが正しいかということは、どれもわが国の方言であるから決定しかねる。しかしここに重要なことがある。それはトコナベの語形がトコナメよりも古いことが、言語学者の研究で明らかにされていることである。同一の地点の名が二様に呼

ばれ、その一方が古型でほかが新型であることによって、この地の地名発生のときには、おそらく古型のトコナベであったろうことがいえるのである。さらに以上を証明する次の事情が存在している。それは『尾張名所図絵』の著者はもっぱらトコナベと読ませているが、吉田東伍の『大日本地名辞書』には、右側にトコナメ、左側にトコナベと振りガナを付け、前者を首位においていることである。もしこの両書の記述をそのまま信ずれば、江戸時代にはナベであったものが、明治以後はナベ、ナメの併用となったことになる。常滑の文献の初見は永正四年（一五〇七年）、室町時代の後期である。ある言語学者によると、ナメなどのmの用例は平安時代に頻度が高くなっているという。それにもかかわらず、この地ではナベをもって始まると考えられ、今でもナベとともにナメをもあわせ称せられているのは、方言の発達や変遷の分布には、地域差のあることを物語るものであろう。かつて著者が平凡社の『世界地名事典』で、常滑の地名を説明して、トコナメは誤りであるとしたのは、以上説明したような理由によるものである。それにまたトコナメよりはトコナベのほうが発音が明確である。それにもかかわらず公定地名にはトコナメをとり上げている現状は、あるいは漢字の発音に従うのをもって正しいとされている結果ではなかろうか。あるいは古語よりも現代語を採用したものともいえるのであろう。

次に今一つの例として、「鶴舞」を考えてみよう。名古屋市内に鶴舞公園があり、鶴舞町がある。この地名には現にツルマとツルマイの二つの発音が並び行なわれている。名古屋人の間では、ツルマのほうが優勢である。著者はかつてラジオで郷土史家たちが、ツルマかツルマイかで討論しているのをきいたが、結論が出なかったことを記憶している。ここの中央線の駅名はツルマイであるが、これはどこの例にもあるように、鉄道駅名は文字どおりに読みすぎて、せっかくの古くからの正しい地名を駆逐してゆくことはよくあることであるが、このごろ読んだ本には、オーストリヤにもそれがあるという。ついでに記しておくと、昭和二十三年［一九四八］運輸省、建設省、文部省［いずれも、当時］の三者が、鉄道駅名のカナ書き法についての会議の結果、複合名詞としての語源が確認されるという理由で、「沼津」を「ぬまづ」、「田鶴」を「たづ」と決めたことは、まことに結構なことである。

ツルの語源については諸説があるが、「ツル」の語根型の地名をたんねんに調べてみると、「水路をもつ平地」ということを知る。元来ツルの語は大陸方面からきた、「原野」の意味の言葉である可能性が最も強いと考えられている。そこでこの地名までも、そのまま原や野の意味だと解するむきが多い。しかし著者の考えはそれらとはことなり、むしろ「水路」のほうをとるのである。という理由は右に述べたように、「ツル」の地名は原や野に見いだされるが、かならずそこには水路が存在するからである。それゆえに仮にこのツルの言葉は、ツングース語に由来して、朝鮮を経てわが国に移入されたとしても、上代の日本人が地名に対して、この語を適用したころは、もはや原や野の義ではなくて、「水路」のことであったはずである。そう考えざるを得ないには、また別の理由がある。それは水路のツルと、動物の鶴と、また植物の蔓とがすべて細長いものの名称となっているからである。湿田の多い地方で、田舟を曳く水路のことを、タヅルミチというそのツルも、「連なる」のツラも「釣る」のツルも、やはり同一語根の言葉と考えられるのである。

さて名古屋市内の「ツルマ（イ）」の地名は、どんな地形に立脚するかというに、右の説明のために造られたといったような、典型的なツルの環境になっている。鶴舞公園の東の端に、「竜《タツ》が池」というのがある。この池はかつての灌漑《かんがい》用溜池であって、そこへ東方から用水路が注いでいる。この用水路の「竜が池」への落ち口から、約二〇〇メートルの間は、その御器所《ゴキソ》台地に発達した浸蝕谷の谷頭の部分であって、その谷幅はおよそ三〇メートルばかりで、谷の深さは数メートルある。この峡間の中を流れる細流のある地形、これを「水流《ツル》間《マ》」と解することができる。九州には「—水流《ヅル》」という地名が多いのもこれで、要するにこのツルマは「水路《つる》のある狭間《はざま》」を意味することになる。ツルマがこのように確認されるのに対して、ツルマイの意味はまったく不明である。『名古屋市史』の地理篇に「この辺むかしより田畑のみの地にして、鶴舞といへる字《あざ》ありしを、公園創設の時に、佳字としてえらびとられたり。鶴舞の名、初めはツルマと仮名書きにて書せしを、後に漢字を当てたるものにして、真の意義は詳《つまびらか》ならず、『九十九之塵《つくものちり》』に〈今に田ン所のあざ名にツルマと唱たる所あり〉とあり」と記述してあるのは正しいと思われる。

第八章　郷土の地名の調べ方

任意の地方について、そこの地名の起源に解釈を与え、またそれを基として、その地方の人間の歴史を明らかにするということは、愉快な仕事であり、地名学上にもたいせつなことである。この仕事がりっぱにできるかどうかは、その人の地名学の力によることであるし、またその国の地名学の進歩の程度にも関係するといえよう。

郡とか県とかには、たいてい郡史・県史というものがすでにできているし、このごろになって市制をしいたところは、市史を新しくつくるということが行なわれている。ところが一つの村や字《あざ》のように小さい地域になると、研究文献がないのがふつうである。そのためにこの郷土史を書こうとしても、また村の児童に教材として教えようとしても、ありふれた現状以外に研究資料がつかめなくて、どうにもならないということになる。また郡や県、あるいはそれ以上に広い土地を研究する場合にも、古代以前になると史料がひじょうに少なくなり、先史時代にもなれば考古学的遺物遺跡のほかには、ほとんど過去を知ることのできる材料は何もないということが多い。こういうときに地名がわれわれを大いに救ってくれる。それは案外、地名は正直な過去を語る土地に記された文字であるからである。けれども今まで行なわれてきた郷土研究をみると、その内容はおもに、面積人口についで産業交通とか、大まかな歴史や細かすぎて全体の見とおしのできぬ記録文書とか、伝説・方言の調査とかであった。ところがそれらの調査資料からは、価値のある人間の居住の歴史とか、郷土の環境変化とかについての知識はほとんど得られない。ときに小字地名を書き上げることがあっても、それに価値のある解釈や説明がつけてないようであった。

そうはいっても地名を調べてゆけば、郷土の研究はそれで万全を期せられるということはないのである。また地名によらなければ絶対、郷土は科学的に調べられないというものでもない。考古学や民族学・生物学・人類学などもこの目的にはたいせつな学問である。けれども地名という研究手段は、だれにでもまんべんなく全地域にわたってそれが採集されるし、その調査や分析に多くの労働力や実験装置などを必要としないという長所をもっている。つまりわりあいに手軽に研究ができるうえに、また次に述べるような、大きい効果があるという利点をそなえている。そこでわれわれは地名を中心として、考古学上の出土したものとか民俗資料とか、金石文とか方言などを併用して研究してゆけば、好ましい結果が得られるであろう。

それではこれから、研究例として中尾《ナカオ》（山村）と北方《キタガタ》（農村）と珠洲岬地方（漁村）をとって述べてみよう。

㈠　中尾（岐阜県吉城郡上宝村中尾）

まず地名の分布図を作ることから始める。「中尾」は一つの大字であり、戸数一八という、簡単な集落であるから、すべての地名を拾いあげることができる。この場合、村の土地台帳はその中の概観図（村の全図）が役にたつことはあっても、あまりくわしすぎるのでとり扱いに困るのである。村政の積極的なところでは、手ごろで科学的な地図が作られているのがあったり、山村の場合には、電力会社とか営林関係や河川関係の仕事のために、一万分の一以上のくわしい実測図ができている。そういったものを利用すると、地名調査の能率が高くなる。それらに地名の記入が少なくても、地名分布図を作る基図となるから便利である。中尾集落には役場がないが、区長さんの家でこの用がたせたし、この集落のやや下流のところの建設省河川課事務所で、実測図を手に入れることができた。万一これらの地図がどうしても入手できないときは、研究地域をなるべく小さくしぼって（「中尾」の場合ならば、平地の部分だけとし、山麓線でそれを切る）、みずから実測図を作らねばならない。

さて地図が手にはいったので、それを基図として地名を採録する段階になる。この地図の中へ小さい地名や、その地方だけで言っている私称地名などを盛り、土地の人から地名の発音をよく聞き取ることである。第27図では、地名を地籍地名、私称地名、山川の地名の三つに区別してみた。地籍地名とは土地台帳にのせられた、屋敷をも含めた耕地の名である。私称地名は地図には記されず、一部の土地の人が口伝えにとなえている地名である。山や川の名にも私称地名のものがあるが、それらはいっしょにして示した。

右のようにしてできた第27図を観察することにしよう。地籍地名の中に「下垣内《ガイト》」と「宮ノ前」がある。そして「沖野」の向こう側に「上垣内」がある。カイトは方言辞典には、「そと」、「戸外」、「庭」（飛驒方言）のことで、この地名の日本における形成は三〇〇―六〇〇年と著者は考えている（拙著『日本地名学』科学篇、一九四ページ）。しかしこの年代はカイト型の地名の大部分が成立した時期というわけで、その後もひきつづいて、この命名が行なわれるという考え方が、むしろ一般性のある解釈であるから、この「中尾」の土地にあるカイトは、はっきり三〇〇―六〇〇年に限定するわけにはゆかない。つぎに土地の人の話に耳を傾けよう。「西谷」という家の過去帖には「天正九年卒《そっ》す」と記され、この家は落武者の後と称している。また天正十二年［一五八四］焼岳が大噴火をして、その泥流が北西麓の「白水谷《シロミズ》」を埋めて、今日の中尾村の平地を造ったという、この土地の言い伝えがある。地震学者大森博士は、この泥流が天正十三年の飛驒地震によって生じた山崩れに原因するのではなかろうかといわれた。それゆえに天正ごろ（十六世紀後半）には、この地に居住があったことは確かである。そしておそらくこの土地柄として、火山噴火・地震、それに豪雨による山崩れなどの天災がくり返され、たいへん不安定な生活場所であったことを想像するこ

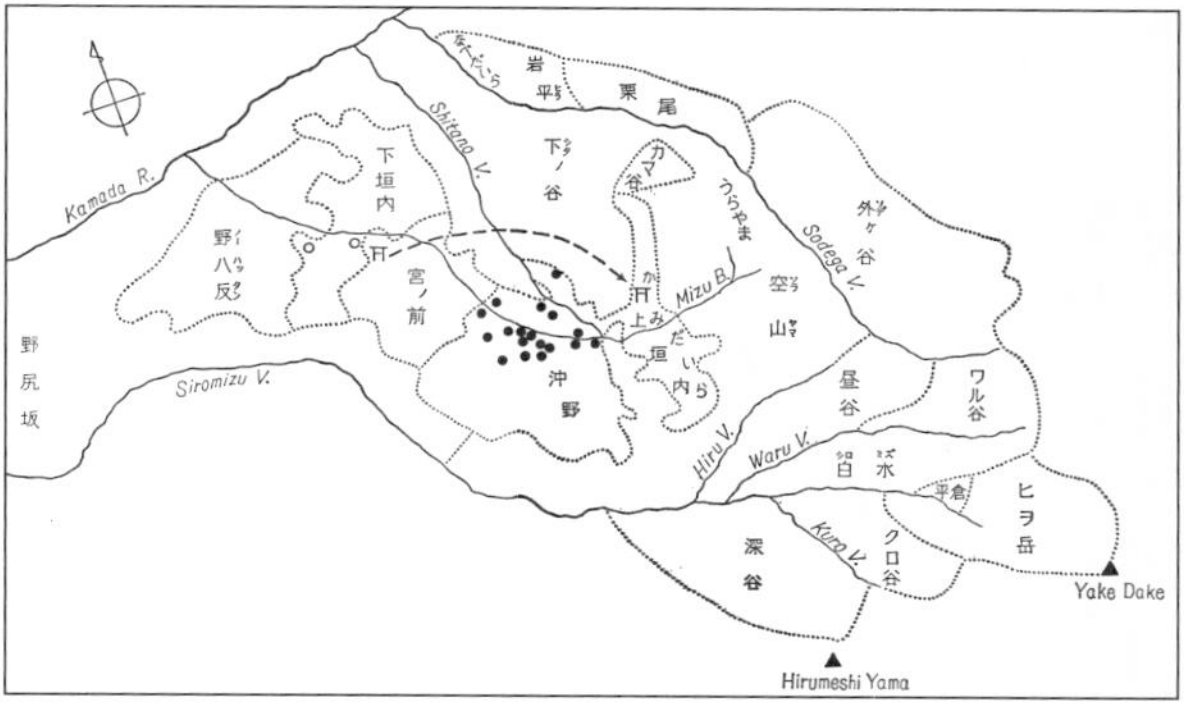

第27図　「中尾」集落付近の地名

（河川の線）	河　　川	●	住　　家	ローマ字	山・川の名
…………	地籍の境界	○	遺物出土地	R.	川
―――→	神社の移転を示す	漢　字	地籍地名	V.	谷
▲	山　　頂	平仮名	私称地名	B.	洞

（集落以外の所は縮小率大）

とができる。しかしこの集落の核心部は、はじめは「下垣内」「宮ノ前」であったことが、地名分布の上から知られる。それは「宮ノ前」には、日露戦争まではここに神社があったからで、今は第27図に示すように、「上垣内」に移されている。それまでは「下垣内」に鎮守があったことが確実である。「下垣内」は「上垣内」との間に「沖野」があるということによって、次のような歴史を推定することができる。

「沖野」のオキは「家の前方の広い田畑」とか「集落から離れた広いところ」をいう地名として、西南日本に多い地名であるから、第27図で「下垣内」と「宮ノ前」の接するあたりが村の中心地で、おそらくそこをはじめはただ「垣内」と呼んだのであろう。その集落からみれば、「沖野」は広々とした耕地や原野であったから起こった地名であるが、「沖野」や「上垣内」方面へ集落が発展したため、そこを新しくカイトと呼ぶようになって、カイトを上と下に区別していうようになったのであろう。ついに明治になって、鎮守もこちらに移転をしたわけである。そして「下垣内」のカイトは、昔そこに屋敷があったことを、「宮ノ前」のミヤはそこに神社があったことを記念しているのである。ここが村の古い核心であったことの証拠として、「下垣内」からは素焼きの香炉が出土し、また臼も発見されている。

ではこの人口の変動（戸数の消長）について、村ではどのように伝えているか。区長さんの話では、現在一八戸（八五人）、明治初め—大正初めに一二戸（五〇—六〇人）であったが、享保十八年［一七三三］の大飢饉前までは二四戸もあった。そのころは「上垣内」「沖野」「下垣内」に農家があったが、この大飢饉で病死者が多く出たうえに、それにひきつづく大火災で、ほとんど村が荒廃したという。「沖野」の中央（現在の集落の中心）の道路沿いに、享保十八年の地蔵尊と、その右側に元禄十六年（一七〇三年）、左側に享保八年（一七二三年）の供養塔が立っている。この供養塔が、享保十八年の大飢饉の前一〇年と三〇年であることからすれば、このころには災害がこの地に頻発したことを物語っている。この地蔵尊の隣の辻に、灯籠が建っていて、それに文長九年と彫ってある。文長の年号はないのだから、それをかりに天長とみれば、これは八三二年のことで、平安前期になる。これは時代がはるかに古代へとんでいるので疑わしい。これはカイトの地名が三〇〇―六〇〇年と考えられることとあわせて、今後の問題として残されることである。

次に「中尾」の意味を考えてみよう。はたしてそれは文字どおり「尾根のまん中」とか「中の尾根」であろうか。地形図で見ると、たしかにそう考えられる位置にある。しかしこの土地を踏んでみると、この村の立地する環境は、むしろ「山間の盆地」という感じである。それほど地面が平らかで、まわりの山を高くめぐらしている。そこで「中尾」は、第三章(二)で述べた、ナコ地名型に属するものと解するのが適切である。この地方は平地の乏しい山地続きであるから、平地が珍しくまた貴重であって、「平地」が命名の起因となったのである。ナコ（ナコウ）に「中尾」の漢字があてられて、集落の名となり、東側の梓川の谷から「中尾」集落へ越す峠として、中尾峠の命名がみられたのである。というのは中尾峠は、それ自体の地形から考えるときこの文字からは解けない名であるからである。

これまで述べたことをまとめて、「中尾」の人間居住の歴史をふりかえってみると、次のようにいうことができるであろう。焼岳の北西のふもとに、「白水谷」を埋める泥流の堆積物の上に、人が集落をつくった、考えられる最古の場所は「下垣内」であった。ここはいちばん地面の傾斜もゆるく、平地も広い所で、生活の場所としては最高の条件をそなえていた。はじめは屋敷のあるところであったので、「垣内」と呼ばれていた。この集落の東側に鎮守の神を祀る村の創設されたのは、早ければ大和朝の中期から平安の初期（おそらく今まで土器・石器類の出土がないことから、この望みはうすい)、おそくても室町末から安土桃山時代であった。思うにここの「垣内」という場所に、定住集落が成立するまでには、山崩れ・火山灰・泥流・飢饉などの天災のくり返しによって、なんども村が荒廃したことであろう。この「垣内」を基点として、しだいに上方に向かって開拓が進められ、江戸時代の中期になると、「下垣内」「沖野」「上垣内」にわたる大きい集落に成長していた。ところが享保十八年の大飢饉の襲来は、流行病の誘因ともなり、大火災も手伝って、ついに村民の離散をまねき、人口は半減した。この時から後は、「下垣内」と「宮ノ前」はまったく荒廃したが、「上垣内」と「沖野」には農家が残り現在に及んでいる。

ここでなぜ、農家が上流にある「上垣内」と「沖野」に偏在するようになったかについて考えてみよう。上述の大飢饉は旱魃《かんばつ》によるものとみられ、河水面は平野面より数メートル以上も低くなっていて、また土壌は水をしみこませやすい性質であるから、水不足はこの村では下流ほど大きかったはずである。それゆえこのような非常時を考えなければ最良の生活場所であった「下垣内」も、長い間の歴史の経験から、ついに居住があきらめられて、集落は荒廃し、過去の出土品と、地名にそのなごりを止めているにすぎないものになったのである。

その他の種々の地名の説明は省略し、また右の最古の居住中心地の時代を決定するには、炭素14法や花粉分析法、あるいは土壌分析法などの他の学科によらねばならぬことを記して、つぎの第二の例にうつろう。

(二) 北方（現在一宮市北方町、旧葉栗郡北方村、第28図は昭和七年当時の北方村を示す）

この村は濃尾平野のほぼ中央の、木曾川が急に東から西南に、流向をかえる南側の地方にある。ここには考古学的遺物や遺跡は何一つ出ていないし、『和名抄』の郷名もない。江戸時代に今の東海道本線の鉄橋のたもとに、北方陣屋《キタガタ》という代官所が置かれた以外は、歴史上のいちじるしい記事もない。そこでここの村史を書けば平凡なものになったり、それ以上のことを記そうとすれば、冗長になったり、こじつけとなるおそれがある。しかしふつうこのような町村のほうがむしろ多いのであるから、ことさらに平凡な北方村のような例を用いて、ここに述べることには、別の大きい意義がある。

まずわれわれは、この村の小字《こあざ》地名を調べることから始めよう。第29図で「—郷」の地名だけをとって、それに着色してみる。するとこれらの「—郷」の地名は、第28図の地形図上で、エビの形にみとめられる微高地帯（地理的にいうとこれは「自然堤防」）の上に連なっている。その東のほうをエビの頭とみれば、西端で尾が二つに分かれた形で、大きく曲がった胴体の部分（A）は、今の木曾川に平行に流れた昔の河道沿い、二つの尾（B）は北から南へ蛇行した大昔の河道に沿って、自然に形成されたものである。このAとBが「畑下《ハタカ》」で

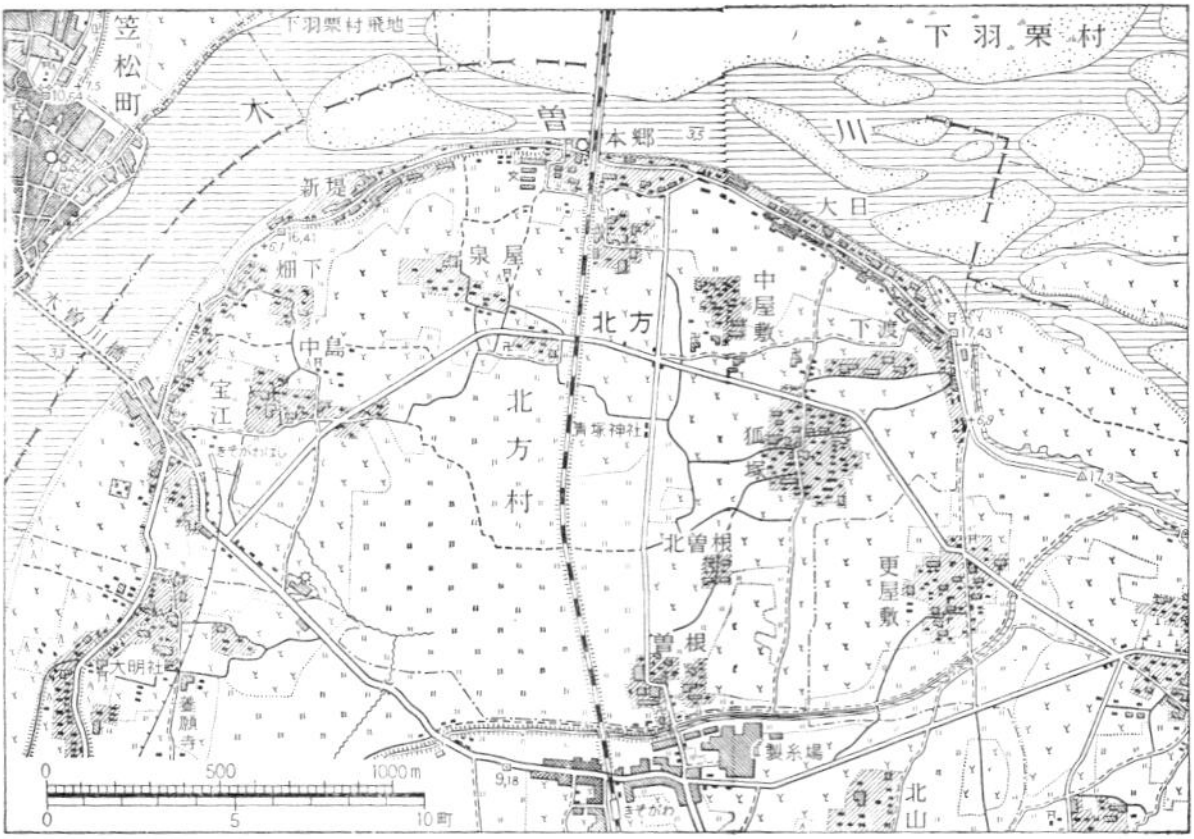

第28図　北方村の地形図

結合して、本村の屋敷や畑の多い自然堤防が成立し、そのほかの部分が低湿地で、稲田に利用されている。この地形(自然堤防)と地名(「―郷」)の一致という事実は、この村の人間居住の模様を、はっきりわれわれに示してくれる。ではこの微高地帯に「―郷」の地名が発生した時代はどうか。「―郷」の村ができたのは、中世の郷村制の発達によるものである。というのは歴史の辞典をみると「中世の荘園制の解体にともない、身分的に独立をかち得た農民は、残存勢力(領主)や大名の支配を排除し、名主を中心として自治的な団結を結んで、地縁的な郷を形成した。こうして成立した村落を郷村と呼ぶ」とある。この地名型の中には、「中屋敷」「新屋敷」などの「―

屋敷」がある。これは本書、第六章の第8表13にあるように、その年代は一二五〇年前後である。これと上述した歴史辞典の説明にある、郷村制の発達とを考え合わせると、これらの地名型（「―郷」、「―屋敷」）が、およそ一一〇〇―一二〇〇年ごろの成立とみられ、それはすなわち平安末期から鎌倉初期を中心として、さらにその前後にもわたって発生したものということに決まってくる。

　以上の説明で、本村の集落名のうち、次の四つを除く、すべての発生の時代とその地形的位置が明らかになった。四つとは、大日《ダイニチ》、曾根《ソネ》、新堤《シンヅツミ》、宝江《ホウエ》である。**大日**には大日社があり「延保六年九月六日何処よりか仏像流着す」といわれるが、「延保という年号は存在しないから」これは「永保」の誤りであるとすれば、一〇八六年となる。今、羽黒山の大日坊が仁寿二年［八五二］、千葉市の大日寺が天平宝字元年［七五七］など（その他ここには略）の創建の時期を総合すると、わが国の大日堂の建立は七〇〇―八五〇年になる。洪水がしきりと起こった北方村の地域では、のちに記す「妙性坊《みょうしょうぼう》」のように、漂着による寺の建立が珍しくなく、右に述べた一〇八六年は、この七〇〇―八五〇年よりも二〇〇年ほどおくれていても、大日仏の漂着による二次的成立ということから、それは妥当な年数と考えてよいであろう。ここに仏が漂着したので村ができたのでなく、ここの位置は、木曾川の扇状地の末端にあたるところで、わりあいに河道が固定していたから、それよりも一〇〇年あまり早く集落が成立したと考えると、九五〇年ごろとなる。

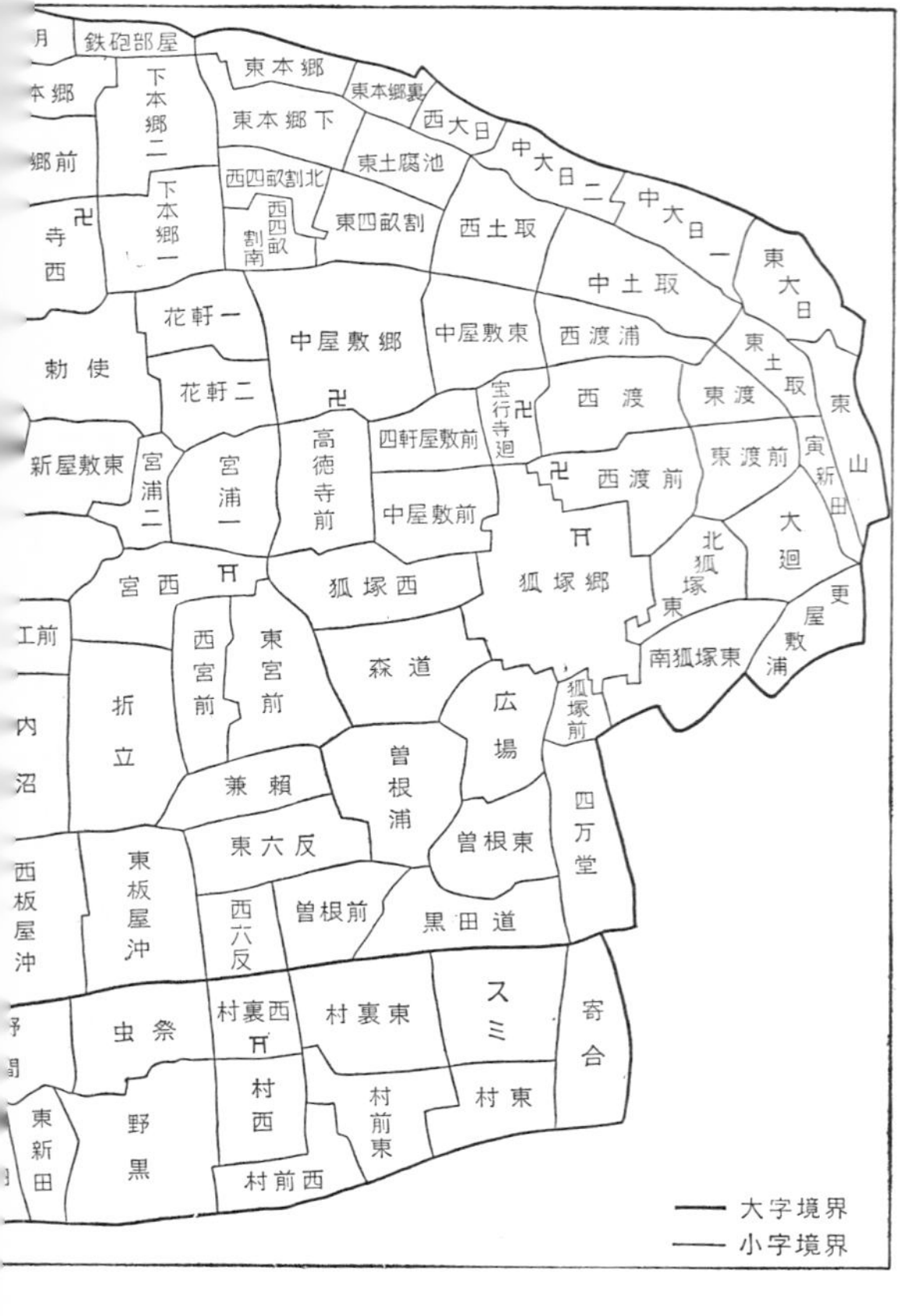

鉄砲部屋
東本郷
東本郷裏
西大日
中大日二
中大日一
東大日
下本郷二
東本郷下
東土腐池
西四畝割北
西四畝割南
東四畝割
西土取
下本郷一
寺西
中土取
花軒一
中屋敷郷
中屋敷東
西渡浦
東土取
勅使
花軒二
宝行寺廻
西渡
東渡
東山
新屋敷東
宮浦二
宮浦一
高徳寺前
四軒屋敷前
西渡前
東渡前
寅新田
中屋敷前
大廻
北狐塚東
宮西
狐塚西
狐塚郷
更屋敷浦
西宮前
東宮前
森道
南狐塚東
折立
広場
狐塚前
曽根浦
兼頼
四万堂
東六反
曽根東
西板屋沖
東板屋沖
西六反
曽根前
黒田道
虫祭
村裏西
村裏東
スミ
寄合
村西
村前東
村東
東新田
野黒
村前西
大字境界
小字境界

第29図　北方村の地籍名

宝江は自然堤防の東側に、「康保二年〔九六五〕熱田宮より勧請す」という青衾《あおぶすま》神社の記事（服部松太郎『北方村史稿』）から、九〇〇—一〇〇〇年の創建と考えられる。**新堤**は上述の自然堤防A・Bのつなぎ目のところで、微高地のいちばん少ない場所であったので、天正十四年〔一五八六〕の大洪水（この洪水で以前は美濃側の境川を流れた木曾川が現在の流路に決した）で、ここに新しく人工堤防が築かれこの地名を得たのである。ゆえにこの地名の成立を一五九〇年ごろとすることができる。最後の**曾根**は、豊前、越中の二例と、後述する大垣市北方の例から考えて、鎌倉—室町の時代と思われるが、別に全国のソネの地名の分布が江戸中心になっているし、江戸時代を主とする「—新田」の地名と、その分布がよく合致していることから、江戸時代までを含めて、この北方村「曾根」の創建を一五〇〇—一七〇〇年とみることができる。さてこれまで述べたことをまとめてみると、およそ上の第10表のようになる。

北方村の中の、おもな地名について、次に考察してみよう。本村で最古の地名を代表する**大日**と**宝江**は、自然堤防上にある。汽車の鉄橋より上流の集落は、「御囲堤《カコイ》」（「犬山」から「弥富」までの尾張側に、慶長十四年〔一六〇九〕尾張藩主が造らせた堤防）の内側（北側）の低い自然堤防上（川面と堤防上の道路との間の一段低くなった細長い平地）にその主要部があり、鉄橋より下流には、そのような集落をのせている土地がない。これは「大日」が御囲堤の築かれる前から存在した自然堤防の上に、いち早く成立した集落であることを物

集落名（地名型）	創設年代	時　　代
大　　日	950	平安前期
宝　　江	900～1000	〃
～　　郷※	1100～1200	平安末～鎌倉初期
新　　堤	1590	安土桃山時代
曾　　根	1500～1700	室町後期～江戸中期

第10表　北方村（現，一宮市北方町）の地名層序
※　狐塚，中屋敷，本郷，新屋敷，泉屋，畑下，中島の七つの集落がこれに属し，本郷以外は語尾の「郷」を除いて今日通用している。ただし，本郷が「本江」の地名にみられる意味であれば別に扱わねばならぬ。

語るものである。「宝江」の名義はハエで、それは「小平地」を意味することは、「東尋坊《トウジンボウ》」（トージンバエ）、「犬吠岬」（イヌバエザキ）と同類である。小字地名の「宝江」と「中宝江」の土地が、ハエすなわち「小平地」で、洪水の危険の多いこの地方では、小高い小平地がなにより居住に便利なところであったことが想像される。「大日」の南側に沿う**西土取《ツチトリ》**、**中土取**は、築堤のために土を取ったところで、**東渡**、**西渡**はその東南にあり、**下渡《シタワタリ》**という集落になっている。これは「大日」と「狐塚」との間の橋渡し、または渡船場の意である。**東土腐《ドブ》池**から「東土取」にいたる低湿地（昔は沼地）に、渡船か木橋かがあったと思われる。

それからこの村で最大の発達をした集落は**狐塚**であった。第28図に明らかなように、ここは最も広い土地の高燥なところで、居住と耕作にいちばん好条件をそなえていたからである。それはここには有力な社寺があること、戸数の多いことからもうなずける。ここで「狐塚」

を「本郷」とくらべてみることが必要になってくる。第28図の地形図をみると、「本郷」には役場や学校の記号があり、いかにもここが古来の村の中心である本郷であるようにみえる。また代官所があったことから、ここに**鉄砲部屋**の字名《あざな》が残っていることも、この集落の地位を高いものに思わせる。けれども本郷が近世この栄えをもったのは、ここが村全体の重要ないわゆる本郷であったという歴史的背景からではなく、岐阜との交通上の要路にあったことにかかわっている。

それにひきかえて、農村としては、せまい自然堤防上に立地する「東本郷」と「西本郷」と、それに「下《シタ》本郷」との三つに小さく分裂しており、広い耕地に恵まれず、河港としての機能も「大日」に勢力を奪われていた。「狐塚」の南に**黒田道**があるのは、「大日」の港で陸上げした薪炭などを、荷車で南方の「黒田」の町に運んだためで、その道は「車道《クルマミチ》」とも呼ばれていた。これらの地名によって、河港としての「大日」のおもかげを知ることができる。「本郷」を知るうえに最もたいせつなことは、「本郷」全体に共通にもつ氏神がないことで、堤防上にある「神明社」は無格社で、しかも「西本郷」だけの氏神であり、他の二つの集落は神社がなく、青塚神社を氏神としていることである。また北方村では最も高い地位を占めている、「下《シタ》本郷」にある「河野妙性坊《かわのみょうしょうぼう》」は、あの天正十四年の大洪水によって、少し上流の岐阜県側の河沼《カワヌ》郷の「笠田」集落から漂流してきたもので、この地に元来あったものでないし、その時代も古くはない。結局「本郷」は由緒あるものを古くからもっていないので、北方村の「本郷」、すなわち中心的な元村であるということにはならないのである。そこで「本郷」はむしろ、北陸地方に多い「本江《ホンゴ》」で、それは「小丘」を意味する地形語であるとみたほうがよいであろう。おそらく小さい自然堤防の上に成立したので、「本郷」が三つに小さく分かれて存在していると思われる。

話を元にかえして**狐塚**とは、その氏神と崇める青塚神社と関連して考えられる。「弘仁十三年［八二二］五月、青虫稲を蝕し、禾穀《かこく》悉《ことごと》く損ず……氏神として青塚社と称す」（服部松太郎『北方村史稿』）から、この青塚神社は虫祭りの場所で、「狐塚郷」の西の果てに造られたものである。この神社が北方村一円の氏神となっていることは、「狐塚」が本村におけるる文化的地位の高かったことを示すものであるが、ここで盛大に行なわれたであろう虫祭りは、おそらく石川県鹿島郡で青《あお》二十日《はつか》と称して、旧の五月二十日に苗の青色を帯びたころにする、虫除けとも通ずるもので、同時にこのような場所は、ここに田の神を迎えて祭る場所であって、そこに狐が時おり現われるという口碑が伝わったりすることも、よその「狐塚」で知られている。「狐塚」の郷の内外には、土盛りされた塚とか堆石《たいせき》とかはのこっていない。しかし別に村葬地を狐塚といって、そこに守手すなわち墓守がいたという例は山城国狭山荘、その他中国地方の類似した数例が知られているし、本村の「狐塚」にも最近までそのような役柄の家があったので、「狐塚」の名が村葬地から来たとも予想される。いずれにしても虫祭り場と墓地とが郷の西境にあったと思われる。そしてその土地を狐塚と呼んだのであろう。

　上述の青塚神社のアオツカは、アオハッカのつまった名であることに誤りないであろう。「狐塚郷」の南に**四万堂**があるが、今はこの郷の北のはずれにある宝行寺《ホウギョウジ》の前位置で、この寺の旧名でもあるというが、あるいは地万灯《じまんどう》といって、七月十四日に地上で火を焚くことかもしれない。その西隣の**広場**はなにをしたところか不明である。

　珍しい地名の一つに**畑下**《ハダカ》がある。旧名は「鼻下」（『北方村史稿』）であるところからみると、自然堤防上に例の多い「竹鼻」（高端《たけはな》）とくらべて、「端下《ハナカ》」と解される。「畑下」の北西の**倉骨**（萱《かや》ぶき屋根の棟を押える、堅魚木《かつおぎ》に似た木をクラホネという）は、ここに多い飛砂を押さえる設備があったもので、それでも砂が田畑を埋めて困ったらしく、**吹埋**《フキウメ》の字名が残っている。この砂丘の進出が自然堤防と結びついて、御囲堤の下側の湿地が埋められているから、「跨《また》る」ことを「はだかる」というように、「畑下」となったのかもしれない。またバナカを「中央」の意とする陸中の方言をもっても、考えられないこともない。「畑下」と「宝江」の中間に、**東矢田**《ウシダ》、**西矢田**がある。これは諸国にある「牛田」や「内田」のように、「入り込んだところにある田」であり、その南の**黒髭**《クロヒゲ》は「黒冷《ひ》え田」で、土の色が黒っぽくて（西風で田の中に落葉がはいるし、排水がわるいので）、昔は山林であった西側の砂丘の陰になって、午後は陽がささないためであろう。その南につづく**西流**は、地面がいちように西に傾いていることにより、一枚屋根の傾いたのを「片流れ」という表現に似ている。「宝江」の東に、**辰巳《タツミ》郷**、**東郷**があるが、集落の名はそれとは別に、**中島《ナカジマ》**と呼んでいる。最後に**曾根**であるが、ここも小字には「曾根」がないことで「中島」と似ている。

曾根は明治三十九年［一九〇六］黒田町から、北方村に併合された。ソネは「磯根」「岨根」「底根」といった意味で、水面や表土の下部に、岩や礫、砂などのあるところで、礁の名や旧河床の部分をいう名として、各地方に多く見いだされる。ここは昔の木曾川の旧河床（黒田川といったらしい）で、第28図でよくわかるように、「更《サラ》屋敷」の東側から、曾根の南を通る低地帯がそれを表わしている。そこを一部埋め立てて、製糸工場が建てられた。このような河床であったので、この村の開墾がいちばんおくれたのである。

大垣市の北のほうに、伊勢の神領であった中世の「中川荘」があり、そこには「領家」、「北方」、「曾根」の集落がある。そこの「曾根」には、「曾根明神」が祀ってある。神明社の勧請がとくに盛んであったのは、室町時代の後期であり、偶然のことではあろうが、この中川荘と北方村の場合は事情がたいへん似かよっている。北方村の「曾根」にも神明社があり、北方村「西本郷」にも神明社があるが、これらの集落は伊勢領であったか、あるいは少なくとも土地が開墾されて新村創立ののち、伊勢神宮の御師《おし》の宣布によって、その信仰圏に加えられ、神明社はのちにしだいに村の鎮守となったものであろう。

「曾根」の北境には二メートルの高さに太い角柱が路傍に立てられ、「立て棒」と人々は呼んでいた。それより北は**北曾根**の集落であるが、ここは「狐塚」からの移住者で、ただ位置の上からの地名であって、「曾根」とは関係がない。「曾根」の西部には虫祭の字名《あざな》があり、そこの田の中に、一里塚に似た島状の丘に杜《もり》があって、烏の宿になったのが最近まであった。北方村の中部から南部にかけては、ヌマ（沼・沼田・内沼）、ノマ（野間）、イケ（池田）、スリバチ（スリバチは「淵」の埼玉方言）など、低湿地にちなんだ地名が群がっている。そこを古川という小川が流れ、用水路と区別するために命名された、昔からの川であることを示している。

最後にもう一つ北方の地名がのこっている。この地名は諸方に例は多いが、わかっているようで、わかっていない地名である。「北方」があって、「南方」がない場合も多い。ここを北潟（上記の低湿地を）といったということは伝わっていないが、熱田神宮の東の入海をアユチ潟といった例もあるし、否定する材料も存在せぬ。「河谷に沿う高い土地」をキタ（木田・喜多・城田などと書く）ということによるかもしれない。他のいくつかの例では、北原とか北畑とかキタのつく地名は、たいていは小さい集落であって、社寺にもしっかりしたものがないという傾向がある。ということはそこがわりあい、開拓が新しいことを物語っていることになる。北方村も全体が、そのまわりの村にくらべて新しそうである。奈良時代以前と思われる集落は存在しないであろう（第10表）、「北方」の名が『和名抄』に記してないのはそのためであり、それはこの地方がとくに木曾川が乱流して、洪水の起こることがしばしばであったことによるのである。北方村は尾張の国の北端にある。おそらくは天正の大洪水で現木曾川筋が今のところに定まってから、尾張の北端のゆえに「北方」と呼ばれるようになったものであろう。「北方《キタガタ》」を「北の方《ホウ》」という意味で考えられる例も、他国にはいくつも見いだされる。要するに今、この地の「北方」の意味を決することはできない。

(三)　珠洲岬地方（石川県珠洲郡）

この項の記述は、ただ一度の旅行の見聞に基づいていることをご了解ねがいたい。ここへ旅したのは、(a)スズ岬のスズがマライ語であるかどうか、(b)本州の一部ではあっても、北方に長く突出していて地方色が濃いといわれていること、(c)ことに先端は海洋性が強いと思われるので、海洋民族の特色として地名の豊富なこと、などを確かめようと思ったからであった。そして次に記すようにこれらはだいたい認められる結果になった。

珠洲岬というのは北から**禄剛崎**、**金剛崎**、**遭崎**、**長手崎**とある、それらの総称になっている。「珠洲」の名は古くから存在し、今の**山伏山**を旧名で「珠洲嶽」といい、そこに須々神社（式内社）があり、『和名抄』の珠洲郡の地であった。そして最近まで「珠洲郡」であったものが今は「珠洲市」となり、岬名までスズが適用されたが、岬角は元来、「珠洲岬」とはいわず、この半島の尖端部をスズと呼んでいたのである。「何々岬」という地名は「何々崎」や「何々鼻」などの型よりも新しく、明治以後のものとみてよい。この現象はここだけに限らず、全国一般についていえることである。そして新しい型の岬角地名ほど、海の沖に近いほうに存在する傾向がある。

スズの名義については諸説があるが、著者は、マライ語Susur（端・縁・ヘリ・外端・端縁に近く沿う部分・岸・裾・スカート）ではないかと思う。そう考えられる理由は、この岬のあたりは、『和名抄』に「日置郷《ヒキ》」といったところであり、ヒキは拙著に「日置部についてはあまり文献にあらわれたものをみない。ただ垂仁紀にこの品部があげてあるから、古い起源をもっているものといえよう。松岡［静雄］氏によれば、それはキ族という民団の名らしいという。また同氏はそれを日本の古語と見なし、ヒキは引田・引津・引手山の例をあげて、それは『低い』意味であり、紀には侏儒《こびと》をヒキヒトと読ましてあるというから、もし氏のいうようにキ族ありとせば、彼らはアイヌの伝説の中に現われてくるコロポックグルとされているネグリートの一部のものではなかったかと思う。それはその分布からみても海岸地方に多く……」と考えられるからである。

この地名は今は存在せず、いわゆる荒廃地名であるが（ただ北岸にある折戸に日置神社・日置中学・日置農協の名があるだけで、日置神社も明治四十一年命名されたもので、それ以前は八幡その他の数社を合祀したもので、はたして『和名抄』の郷名から由来するかどうかは不明である〈和田俊二氏の言〉）、著者はこの地名の示すように、この地方の住民がいったい短身であるかどうかをきいてみたのに対して、和田氏は次の二点を示された。一つは金沢大学の古屋教室で調べた石川県全県の統計では、北部ほど短身で体重は大きくなっていること、またこの郡で調べられた各中学校別の身体検査の統計（昭和二十六年）では、一年生では大差がないが、三年生になると大谷中学と日置中学、すなわち北部の中学校での身長が低くなっていることを知った。これらの事情から、スズがマライ語である公算が大きくなったような気がする。スズの「端」の意味は、現在スソ「裾」に変化して日常われわれの言葉となっているとみることができる。地名の恒常性によって、スソの古語が地名スズとして今日まで保持されてきたと思われる。

次に注目されるのは、珠洲岬の南方の海岸に北から、**粟津**、**宇治**、**伏見**が山麓と台地麓に、海に面して並んでいることである。これを和田氏に尋ねたところ次のように教えてくださった。**狼煙町**《ノロシマチ》（珠洲岬の東北端）に、長慶天皇の直裔と称する角田家があり、その菩提寺が「粟津」にある。そのことがあるいは京都方面の地名を、ここに移したことになにかの縁があるかもしれないが、むしろこのあたりの集落は十七世紀に、加賀藩三代のとき、この地に製塩が奨励されたときに発達したものであるから、近世の成立にかかることになる。さかのぼって中世末の『諸橋文書』には、「粟津」から「伏見」に至る弧状の海岸は**浜田**と記されてある。ただし中世の文書に「伏見」の名が見いだされる。要するに確実なことは、なおわからない。

この地方は第三紀層からなる隆起海蝕台地が、浸蝕をうけてから一時沈降し、その浸蝕谷が入江となって、今の伏見川の沖積低地などができたもので、その外縁に新しく海岸砂丘が発達したものである。「宇治」と「伏見」の集落は、その砂丘と台地の中間の低地にある。このような地形環境から、「粟津」、「宇治」、「伏見」の名義が解けそうである。あえてこれを京都方面の地名との相似的配列とするには及ばないであろう。それにはまた対《つい》の地名が少なすぎることも考慮される。

まず**粟津**であるが、アイヌ語のアパは「入口」、日本語ではアワに「多い」「浅い」などの意味があるが、ここでは後者のみが現地形によくあてはまる。大島正健氏によると「アワ（淡）もその本義は色の薄きをいうことなれば、アサキと縁故あるごとし」と述べている。方言「あわら」（湿地・沼地）から転じたアワは「池」（山形方言）であることを考えると、アワは湿地や沼地のことである。ここの図にみるように、粟津はそういう地形のところにある。次に**宇治**の名義は、「内《ウチ》」、「落《オチ》」（＝合流点）→ウチが考えられるが、前者が適当であろう。というのは「宇治」の集落は上述のように、砂丘と台地の間に位置しているからである。**伏見**には「見下す」、「伏水」、「宇治見からの転」などが考えられているが、ここでは前の二つに可能性があるが、確実なことはいえない。

各地の地名の発達の比較をする場合に、対面積の密度を見ることは有益なことである。これはことに私称地名、すなわちその土地だけで生活上用いている地名の採集には、現地におもむくのがいちばんよい。

第30図　珠洲岬南方の海岸

地名	中尾	珠洲岬	白川	
			加須良	芦倉
地籍名	8	6	11	16
私称名	1	65	?	?
計	9	71	11＋?	16＋?
密度（毎方キロ）	15.5	15.5	61＋?	160＋?

第11表　地名の密度

白川村（飛騨）では地籍地名だけで、私称地名を調べることができなかった。上の第11表に示した地名密度を計算するには、宅地と耕地のある地域だけをとって、この地名と面積を出して計算した。そうでなくて村の総面積を用いると、村によって山岳地域の広狭に大差があるので、統計上の意味が減殺されるからである。

この表をみると、「中尾」と「珠洲岬」とが密度では等しいが、地籍名と私称名の数関係が逆であること、白川村の二例では、ひじょうに高密度であることが明らかである。地籍地名の多くは、町村の土地台帖に記してある地名であって、形式的には官制地名であるが、土地の人、とくに農地で働いている百姓たちでさえ、十分にそれを記憶していないのがふつうである。この官制地名が私称地名と一致することもあるが、たいていは別々になっている。珠洲岬地方にネグリートの一種のものが入植したと考えられるということは、「一般に海洋民族は多くの地名をもっている」という法則と一致するごとくである。白川村なども私称地名はさして多くはないと予想される。

第九章　地名研究の参考書

地名の名義と、地名のもっているいろいろな文化的意味を、また地名を学問として、正しく深く知るための参考書、むろんそれは一挙には不可能としても、しだいにわれわれを、そのような理解と認識に導いてくれそうな書物、それを著者の体験から割り出した、そのいくつかの論評として次に掲げてみよう。＊印は趣味として、あるいは入門書として利用するに適当と思われるものを示す。それらの配列は発行の年次の順による。

A　単行本

一　金田一京助『言語研究』　河出書房　一九三三

本書の一部にアイヌ語の地名が説いてある。アイヌ語の地名である、ナイ、ベツ（川）、ポロ（大きい）などの意味と、それらの地名が秋田・岩手両県以北に多いことが述べてある。本書がアイヌ語地名を説く他の本とくらべて、とくにすぐれているのは、言語学的に正しく見きわめられていることで、世のいわゆるアイヌ語論者がおちいりやすい（また他のある言語をもってする場合も同様に）なんでもアイヌ語で考えすぎる弊を戒めている。とくに富士山のフジが、従来考えられ信じられてきたのに対して、そのようなアイヌ語ではないことを明らかにした。ただし「ナイ」「ポロ」の地名が津軽海峡以南まで、すなわち大和語地名の中まで考えすぎになっている。これについては第四章(二)に明らかにしておいた。

二　柳田国男『地名の研究』　古今書院　一九三六［講談社学術文庫　二〇一五］

今からみると、訂正されねばならぬところが、いくつもあるといわれているが、地名というものの考え方、日本の地名の研究方法についての、本質的な問題について述べ、あるいは暗示してある点において、一面趣味的に記されながら、他面学的に高いものをもっている。後世にいたるまで、熟読玩味されてよい価値をもつ良書である。

三　金沢庄三郎『日鮮同祖論』　汎東洋社　一九四三

朝鮮語から来たと思われる日本の地名について説明してある。概観すると朝鮮説にちなむ可能性が述べてあるにすぎず、日本の地名や朝鮮の地名を、逐一点検するという労がとってないようにみえる。少なくともそういうことが書いてない。したがってそれはわれわれに残された課題と考えられ、今後の研究の出発点として利用しうるであろう。

四＊　金沢庄三郎『地名の研究』　創元社　一九四九

日本の地名が歴史的に、概念的に述べてあり、いちおうわれわれの地名常識を養うのに、好ましい資料となる。

五＊　山口弥一郎『開拓と地名』　日本地名学研究所　一九五七

多数の地名を地理的に記したもの。家名との関係や名義が重点的にといてあるが、わからぬことは不明とし、こじつけがないのがよく、前書と同様、地名常識に役だつ。

六　鏡味完二『日本地名学』科学篇　日本地名学研究所　一九五七

日本の地名を山・峠・川・海岸などの自然地名から、各種の文化地名にいたるまでを、系統的に述べ、それらの日本の地名に、学問的輪郭を与えたものである。これによって日本の地名の個々の性質を知り、また地名学とはどんな学問であるかが理解できる。

七　鏡味完二『日本地名学』地図篇　日本地名学研究所　一九五八

前項の科学篇の付図を兼ねながらも、独立した地名地図帖ともなっている。三二七図からなり、その多くは地名の語根型によって作図され、それに簡単な解説がつけてある。

八*　中島利一郎『日本地名学研究』　日本地名学研究所　一九五九

任意に日本の地名の若干をとって、種々の言語の辞書から適訳を見つけ出し、現地での見聞とあわせて、地名の名義を解こうとしたもの。ことに広くアジヤの諸言語から名義を解こうと努力した点では、わが国最高のものであろう。ただ惜しむらくは、独断が諸所に見いだされ、再検討を要する。ここでわれわれの注意を要することは、（a）辞書で地名の言葉を引き当てただけからは、なんらの確論に達しえぬこと、（b）現地での見聞が不確かなものであること、である。ただし（a）（b）は地名の研究では当然なさるべき一部の仕事ではある。日本にはこのような地名に関する類書がひじょうに多いことは遺憾である。

九* 松尾俊郎『地名の研究』 大阪教育図書 一九五九

内外の地名の正しい書き方、日本の地名の名義についての概念、地名の教え方、についての教師向きの解説書。

B 辞 書（準辞書）

一〇 バチラー『アイヌ・英・和辞典』 教文館 一八八九

内容が豊富で、便利な辞書である。ただしなにぶん古いので、新しい二三、二四の辞書で補正しなければならない。

一一 永田方正『北海道蝦夷語地名解』 北海道庁 一八九一

古い本であるが四八四ページからなる、ほぼ六〇〇〇個の地名について、語義と発音が記され、国別に配列してある。同氏は北海道庁の役人として、この仕事に当たられて全道をつぶさに調べて歩かれたという。アイヌ語学者知里［真志保］氏は、本書の誤りを指摘しているが、それにしてもこれほど大部なアイヌ語地名辞書は、ほかにはないので貴重である。巻末にはジョン・バチラー著「アイヌ地名考」が付録として五四ページ加えられている。

一二 吉田東伍『大日本地名辞書』五巻 冨山房 一九〇七

北海道と沖縄を除く日本（ゆえに大日本というのはいかが？）の地名、社寺名を、当時利用のできたほとんどすべての資料を用いて、それに著者の意見をもまじえて説明したものである。これに［一三四ページにわたる「汎論」と］二八八ページの「汎論《ママ》索引」をつけ、汎論においては氏の考える地名学を語り、索引にはすべての地名にふりがなをつけている。五十音順に並べてあるが、旧かなによっている点はやや不便を感ずる。量質ともに日本の地名辞書としては、今でも最高のものである。［「北海道・樺太・琉球・台湾」を含む増補版全八巻　一九七一］

一三　小川琢治『日本地図帖及索引』　成象堂　一九二四

基本図を五〇万分の一で統一し、要部はそれ以上の大縮尺で示す。地形は海陸とも段彩式による美麗正確な表現で、この点多くの分県地図の類を凌いでいる。索引は「日本地図帖地名索引」と「市町村大字読方名彙」の二巻からなり、どちらにも地名の発音を記した。地名研究には、前項「吉田東伍の辞書の索引」とともに重宝である。

一四　松岡静雄『新編　日本古語辞典』　刀江書院　一九三七

『日本古語大辞典』の縮小版で、いわば「日本古代地名の要素」といった辞典。地名の名義、地名の変化などを調べるのに役だつ。

一五　佐佐木信綱『万葉辞典』　中央公論社　一九四一

同　『万葉集事典』　平凡社　一九五六

一六　民俗学研究所『民俗学辞典』　東京堂　一九五一

一七　中野文彦『大和地名大辞典』正篇　大和地名研究所　一九五二

約一二万という、奈良全県下の小字地名の集大成である。それを地域的に配列して、すべてに読みがながつけてある。仕事そのものが大したことであるうえに、このような出版がまた容易ならぬことである。小字地名集は他県にも二、三その例はあるが、本書は空前の模範というべきものである。七年後に、『大和地名大辞典』続篇が出た。これらによって、㈠小字地名の記録保存、㈡地名の研究資料としての提供、という二つの目的が達せられた。

一八　水路部『日本沿岸地名表』　水路部　一九五二

一万あまりの沿海岸の地名が、アルファベット順になって、それらのローマ字、日本字、経緯度、関係海図番号、関係書誌番号が示してある。地名の発音がわかること、地形図にない地名が調べられること、縮尺不統一な海図の地名索引として役にたつことなど、地名研究のよい資料となる。地名集録の範囲が、日本の戦後の四つの島の付近に限られ、「種子」、「屋久」以外の琉球列島さえ除かれているのは惜しいことである。

一九*　東条操『全国方言辞典』　東京堂　一九五一

少数の例外をのぞけば、方言は地名の母体である。この両者は研究上相伴うべき運命にある。本書には五十音順に、約三万六〇〇〇の方言が収録されている。地名をなす語の意味を考えるうえに、いちおう調べる必要のあるのは方言である。方言は地名より移動し変化することが多かったので、地名のある場所に、かならずしもその機縁となった方言が存在するとは限らない。それゆえに遠隔地の方言で解釈しても、さしつかえない場合が多いであろう。いちおう、方言によって地名の意味がわかったときは、土地環境（地形や位置など）にその意味が合致するかを、調べてみることが必要である。

*二〇　東条操『分類方言辞典』　東京堂　一九五四

前項の『方言辞典』とは逆に、言葉の意味を基として、それをいう方言の語形を見いだす辞典である。このほうはわりあい、地名の研究には利用が少ないが、むしろ巻の後半部を占める、二五〇ページあまりの「全国方言辞典」の補遺篇が有用である。

二一　正宗敦夫『倭名類聚鈔』三巻　風間書房　一九五四

事物の名前、とくに地名を書き記したものであるから、このごろヨーロッパで盛んになってきた、「名前の学問《ナーメンクンデ》」（命名学）である。日本にも古い平安初期に、すでにこのような業績があったことは、特筆すべきことである。また一〇〇〇年をこえる過去の地名が、克明に記されているから、それによって地名の変遷または持続性を考えるうえの好資料でもある。

二二　大塚史学会『郷土史辞典』　朝倉書店　一九五五

ふつうの歴史辞典よりも、郷土的な地方的な歴史辞典であることは、地名そのものの発達史の性質に、より近いものであるところに本書の価値がある。

二三　知里真志保『地名アイヌ語小辞典』　楡書房　一九五六

一六九ページに、写真スケッチを豊富にとり入れた、趣味的な小辞典。新鮮さと正確さが生命である。趣味的であると同時に科学的であり、とくに地名を語の要素に分けて説明した点は見事である。ただし惜しいのは内容が少ないことである。おそらくポケット版にして携帯の便を考えためでもあろう。

二四　知里真志保『アイヌ語入門—とくに地名研究者のために—』　楡書房　一九五六

アイヌの地名命名の傾向、正しいアイヌ語地名とそうでないものについて述べ、アイヌ研究を正常の位置に戻そうとした本である。「とくに地名研究者のために」という副題がついている。

二五　民俗学研究所『綜合日本民俗語彙』五巻　平凡社　一九五六

土地で行なわれている生活用語である民俗語を、各種の文献から集録したものである。方言辞典とともに、地名の意味を考える場合の宝典である。一七五九ページにわたって、約五万の語彙が収められてある。各巻のところどころに挿図があり、索引篇には語彙の分布図が五つある。このように多数の語彙をもってしても、なお解けない地名が少なくない。地名研究の結果は、逆に本書に対して、新しい語彙を付け加えることにもなるであろう。

二六　中野文彦『大和地名大辞典』続篇　日本地名学研究所　一九五九〔第一七項参照〕

C　雑誌

二七　『地名学研究』　日本地名学研究所　季刊（一九五七—一九六二）

五年にわたり、二一号まで発刊された。本誌は日本はおろか外国にも例のない、地名専門の雑誌である。

おわりに

本書の出版は地名の研究に一生を賭した父の年来の夢であった。地名については古くから論ぜられてきたが、学問体系としての「地名学」の発展はごく近年のことである。この若い学問が学界の限られた世界を超えて広く認識されること、そして、われわれにとって身近な、しかも尊い文化遺産である地名が正しく把握されて使用されること、これを父は切実に願っていた。ゆえに本書の出版が本決まりとなり、稿を託した父の喜びは大きかった。不幸その後、病に倒れて、はからずも遺著となってしまったのであるが、いよいよ本書の世に出るときを迎え、私は感激の深いものを感ずる。

欧米においては、地名や人名の研究はすでに、Onomasticsとか Namenkundeとか呼ばれて「名称」(Name)と「命名」(Naming)の科学として大きく成長しつつあり、研究機関、雑誌、文献など目ざましい充実ぶりを示している。わが国における斯学《しがく》の水準を高め、かつ「地名学」に対する認識が深まるよう、本書もその一助とならなければならない。

読者諸賢のお力添えによって「地名を解明する科学」としての新しい地名学が成長してゆくことを、また根拠の乏しいなぞ解きを乗り超えた、ほんとうの地名のおもしろさが地名の科学的認識から再発見されていくことを、私は念願する。

一九六四年一月一日

鏡味明克

本書の一四〇ページ、ならびに一五五ページの掲載図は、建設省国土地理院の承認を得て、同院発行の二万五千分の一および五万分の一地形図を複製したものである。
（承認番号）昭三九・第四三三号

―**zyuku**　～ジュク　(1)陵の守戸に発する後世の浮浪民の集落．(2)町．とくに江戸中心に発達した．〔本宿・村宿・新宿・原宿〕

Zyûmonzi　ジューモンジ　辻（道路の十文字になった）．〔十文字・十文字峠・十文字辻〕

(ザワメキ)・沢帯（ザワミキ)・座女木など〕

Zemi ゼミ 狭い所（※Semi).〔助（ゼ）命・院瀬見（イゼミ)・赤斎美・大瀬耳納（オーゼミノ）峠・小蟬〕

Zeni ゼニ (1)狭い所（※Semi).〔銭洞・仙仁・銭原・銭ヶ花・銭掛・銭掛峠・銭川ノ湯〕(2)貨幣.〔銭座・銭塚・銭壺山・瀬耳上(ゼニカミ)・銭神（～ガミ)（カミはカメか)・銭亀・銭亀崎・銭瓶・銭瓶峠（銭を入れたカメの発掘)〕

Zige ジゲ 自己の集落.〔寺家・寺下（～ゲ)・寺上（～ゲ)・時花・自下・地下〕

Zii— ジイ～ 残雪の形から種蒔爺さんを思わせるによる.〔爺岳〕

Zin ジン (1)小平地（小谷盆地・熔岩台地・山腹の小平地・自然堤防上などにみられる).(2)兵事,武士の役人の詰所.〔陣・陣原・勝陣山・陣山・陣ノ辻・陣ノ尾・陣内・陣ヶ田尾・陣場山・陣ヶ森・本陣山・陣屋・陣笠〕(3)「神」(省).

Zinde (Zinden) ジンデ（ジンデン） 湿地に多く，山腹や谷壁にもみられるが，その下にはたいてい低湿地がある.〔神出・神田(ジンデ)・起田（ジンデン)・神殿,（神殿（コードン・コドノ))〕

Zinego ジネゴ 燕麦，カラス麦.〔次年子・笹（ジ）根子・笹（ジネ）子〕×

Zingo ジンゴ (1)神戸（※Gôdo).(2)※Singô．音よみにしたもの.吉備地方に多い.〔神戸（ジンゴ)・新子（ジンゴ)〕×

Zinpo ジンポ 低湿地にみられる地名.〔沖湛甫・中湛甫・神保・神保原（ジンボハラ)・ジンボ小屋〕

Zizô ジゾー 地蔵にちなむ．吉備地方に多い.〔地蔵峠・地蔵堂・地蔵河岸（～カシ)・地蔵院・地蔵崎〕

—zono ～ゾノ 「主作物以外のものを植えた所」,「屋敷内の蔬菜園」．西南日本，とくに九州に多い.〔桃・松・梅・桜・茶・桑・杉・萩・樟・藍などの栽培種をとって～園と，またそれに大・小・上・中・下を冠した～園があり，なお御園・園田・尊田もある〕

Zore ゾレ 崖の崩れ落ちた所.中央日本に多い.〔蔵連・～嵐(ゾレ)・～沢上（ゾレ)・柿其(～ゾレ）峠〕

Zusi ズシ (1)小路，集落.(2)荘園の図師.(3)雑使（※Zassiki).〔逗子・都志・図師・厨子〕

Zyabami ジャバミ 大蛇.〔蛇喰・蛇バミ〕

Zyakuzi ジャクジ 峠，追分，渡船場などに道祖を祀り，石神（ジャクジ）の石碑を建てたことによる.〔石神・石神井（シャクジイ)・石神井川,（若（ジャク）ノ内)〕

Zyanuke ジャヌケ 山抜け（※—nuke).〔蛇抜・蛇ケツ谷〕×

Zyô ジョー (1)条里制.〔五条・七条〕(2)畑.〔中条・北条・定本・城ヶ谷・城内（～ナイ)〕(3)山.〔早山ヶ城・天狗ヶ城・竜ヶ城〕

「砂地」の意. 裏日本に多い.〔米子・米子山・米子頭山・米郷・依那古〕

Yonai　ヨナイ　他人の出し分を背負いこむこと, 補助分担すること, 加勢労働をすることなどの方言として存在する (「余納」と考えられる). 東北地名に多いが, 九州にもある.〔米納 (ヨナイ)・米内沢・米内沼・与内畑・余内〕

Yonekura　ヨネクラ　豊作祈願の祭場.〔米倉〕

Yoneyama　ヨネヤマ　※Yonekura.〔米山〕

Yonezuka　ヨネズカ＜〜ヅカ　※Yonekura.〔米塚〕

Yoriai　ヨリアイ　村寄合, 辻寄合のおこなわれた場所.〔寄合・寄合渡〕

Yorii　ヨリイ　城下. 関東北部に多い.〔寄居・寄井・寄居大久保〕

Yôro　ヨーロ　ヨーラ (ソロソロの意の九州方言) より,「緩斜地」または「緩流」. 西南日本に多い.〔養老・用路・用呂・丁 (ヨーロ)・与保呂・養呂地, (漸々 (ヨーヨー)・常路 (ジョーロ) 井・与良木・夜這路峠 (ゆるい峠))〕

Yosa　ヨサ　砂地 (※Isa(1)). ×〔与謝・依羅 (ヨサミ)・依佐美・吉佐美・与佐森〕

Yôzyaku　ヨージャク　土豪の手作地 (用作の意).〔用作・用尺〕

Yude　ユデ　井堰 (※Ide).〔弓手原・湯出谷・湯出ノ迫 (サコ)〕

Yuge　ユゲ　弓作りの部民.〔弓削・弓削島・弓削田, (弓師・弓弦部)〕

Yui　ユイ　労働交換, 助け合い.〔結・湯日・由比・由井〕

Yura　ユラ　(1)砂地. (2)洞穴 (※Ira).〔由良・由良山・由良ヶ崎・油良〕

Yusa　ユサ　砂地 (※Isa(1)). ×〔由佐・結佐・遊佐 (ユザ)・湯坐〕

Yûzyaku　ユージャク　※Yôzyaku.〔夕借・勇若・遊雀・抽尺・用作 (ユージャク)〕

Z

Zaike　ザイケ　社寺の荘園内にあって供物を納めていた名主級の家. 奥州〜東部中国に分布.〔在家・半在家・中在家・宮在家〕

Zaku　ザク　(1)石地. (2)石崩地.〔座倉 (ザクラ)・避 (サク) 石・作 (サク) 田〕×

Zare　ザレ　(1)崖崩れした所. (2)小石の多い所. 四国と九州に分布.〔座連・佐礼・作礼・佐連・〜石流 (ザレ), (シャレ越：崩岩の下をこす峠・赤砂礫 (〜ジャレ) 峠)〕

Zaru　ザル　(1)※Zare.〔笊淵・座留・笊ヶ森〕(2)礫土であるため水の滲透すること.〔笊籠 (ザル) 田・笊田・葮 (ザル) 田〕

Zassiki　ザッシキ　奈良〜桃山の郷にいた雑使.〔雑色・雑敷・蔵舗・蔵敷・像色〕

—zato　〜ザト　条里制による地名 (「栄える所」の意といわれている). 裏日本に分布が少い.〔大里 (〜ザト)・里相 (〜アイ)・里垣内〕

Zawameki　ザワメキ　河谷や海岸の水音 (※Sawameki).〔座目木

谷太郎・屋太郎・弥太郎山・弥太郎坂〕

Yatate ヤタテ 老木の幹から鏃がでる由来の伝説のある所（矢を射立てた意）.〔矢立山・矢立峠・矢楯〕

Yati (Yazi) ヤチ（ヤジ＜ヤヂ）⑴《ア》泥. ⑵《ヤ》湿地, 谷. 東北地方に非常に多い.〔谷地・谷内（ヤチ）・八（ヤ）知・八道（～ジ）・家地・矢地・矢次・矢治・野地・養地・屋治・萢（ヤチ）〕

Yato ヤト ※Yati. 武蔵と相模に集団分布.〔矢戸・谷戸・谷当（ヤトー）・八戸・屋戸・高八堂〕

—yatori ～ヤトリ《リ》占居(200年前零落士族の農業開拓集落).〔崎原屋取・国（クニ）吉屋取・座間味屋取〕

Yatu ヤツ ⑴※Yati. 関東に多い.〔谷津・扇ヶ谷（ヤツ）・矢津・八津田・谷（ヤツ）田川・八（ヤツ）田・八代（ヤツシロ）・山王谷（～ヤツ）・桜井谷（～ヤツ）〕⑵八（数詞）.〔八（ヤツ）ヶ嶽・八面（ヤツオモテ）山〕

Yatuda ヤツダ 谷間の田.〔八（ヤツ）田・八津田・谷（ヤツ）田・八田野（ヤツタノ）〕

Yatusiro ヤツシロ ⑴※Yasiro. ⑵※Yatu, ※Siro.〔八代・奴白（ヤツシロ）〕×

Yawata ヤワタ ※Hatiman.〔八幡〕

Yazawa ヤザワ ※Yatani. 東北日本に分布.〔矢沢・八沢・谷（ヤ）沢〕

Yazirô ヤジロー 湿地（※Yati）. 東北日本に分布.〔弥次郎・弥治郎・弥次郎右衛門〕

Yazuka ヤズカ＜～ヅカ 岩（ヤ）塚か. 石を積重ねた塚.〔八（ヤ）塚・岩（ヤ）塚・矢塚〕

Yodo ヨド ⑴河水の淀んだ所, 排水のわるい低湿地.〔淀・余土・与等津〕⑵※Yogo（余戸）がヨドに転.〔淀原（石見国）・余土（伊予国）〕

Yôgai ヨーガイ ⑴警戒を要する交通上の要地. ⑵谷底, デルタ, 山麓, 海岸など「低地」にも多い地名. 奥州の中央に集団分布.〔要害・要害山・要谷（～ガイ）〕

Yogo ヨゴ ※Amarubeの「余戸」を音読したものへの宛字.〔余戸・余五・余郷・四（ヨ）郷・養郷・夜後〕

Yôkamati ヨーカマチ 八の日にひらく市場.〔八日町・八鹿（ヨーカ）町〕

Yokohama ヨコハマ 「海岸に直角になった砂丘」または「そこだけが, 付近の海岸と方向をことにする海岸」.〔横浜〕

Yokoi ヨコイ 横堰（川をとめて水位を高くした所）.〔横井・横井戸〕

Yokosuka ヨコスカ 「海岸に直角の砂丘」. 知多半島～霞ヶ浦の海岸湖岸に分布.〔横渚（～スカ）・横須賀〕

Yona ヨナ ⑴《リ》砂. 海岸と台地にある地名.〔与那・与那浜・世名城〕⑵《ヤ》火山灰.〔米原（ヨナバル）〕×

Yonago ヨナゴ ⑴※Inago. ⑵ユナ（砂）の転. いずれにしても

Yahara　ヤハラ　※Yano.〔矢原・八（ヤ）原・野（ヤ）原〕

Yahata　ヤハタ　八幡神（武の神）. 全国にあるが，とくに東日本に多い.〔八幡・八幡野〕

Yahazu　ヤハズ　「矢筈」の象形語. 北海道以外に広く分布.〔矢筈山・矢筈岳・矢筈岳（ヤハンダケ）・矢筈島・矢放（〜ハズ）峠・矢矧（〜ハズ）山・弰（ヤハズ）山〕

Yakawa　ヤカワ　※Yazawa. 東部瀬戸内に多い.〔矢川〕

Yake　ヤケ　(1)地質や水利の関係で「作物の日焼けするところ」. ×　(2)焼畑.〔焼野・夏焼・夏明・夏秋・大秋（オーヤキ）・焼山〕(3)火山にちなむもの.〔焼石山・焼岳〕全国に分布.

Yakusi　ヤクシ　「薬師」寺にちなむ. 中国地方に空洞をもつ広い分布.〔薬師・薬師谷・薬師堂・薬師寺・薬師山・薬師峠〕

Yamabusituka　ヤマブシツカ　各地を徘徊した山伏にちなむ（小字（コアザ）名に限られるようである）.〔山伏塚〕

Yamagata　ヤマガタ　山の方，山手. 全国に分布.〔山形・山方〕

Yamaguti　ヤマグチ　山（または森林）への入口（宰水神が祀られる）. 西部中国と四国に空洞をもつ広い分布.〔山口〕

Yamane　ヤマネ　山麓.〔山根〕

Yamanokami　ヤマノカミ　「山ノ神」「里ノ神」信仰にちなむ地名. 表日本に多い.〔山ノ神〕

Yamato　ヤマト　(1)山のある所. (2)山の間，山地への入口. (3)《マ》都（ヤマツアン）あるいは関門（ヤマタ）など異説が多い.〔大和・山門・山途（〜ト）・山都〕

Yana　ヤナ　(1)柳.〔柳谷・柳原〕(2)簗（ヤナ）.〔矢名・矢那・八名・谷那・柳沢・簗瀬・簗場・八那池〕

Yano　ヤノ　湿原，西南日本に多い.〔矢野・矢野口・養濃（ヤノ）・八野（ヤノ）・八島（ヤノシマ）・矢幅（ヤノハバ）〕

Yanome　ヤノメ　河畔の小平地. 東北地方に分布.〔矢目（ヤノメ）・矢ノ目・矢野目〕

—yasiki　〜ヤシキ　「屋敷」（場合によっては裕福な）の意から「村」のこと. 近畿・中国に空洞をもつ周圏分布.〔中屋敷・新屋敷・更屋敷〕

Yasiro　ヤシロ　(1)社，神域. (2)ヤ（湿地）シロ（※Siro(2)）. 関東以西に分布.〔八代・矢代・屋代・八ヶ代・八代田・矢代町・矢代郷・弥四郎，(八代（ヤカシト）・八代（ヤヒト））〕

Yasu　ヤス　(1)ヤ（沼地）ス（州）から「沼地」. (2)雑木林.〔安（ヤス）・安川・野洲・夜須・安江・保（ヤス）田・安田・安原・安井〕

Yasuzuka　ヤスズカ<〜ヅカ　※Yazuka.〔安塚〕

Yataka　ヤタカ　高い所.〔弥高・弥高山〕

Yatani　ヤタニ　水っぽい谷. 西南日本に分布.〔矢谷〕

Yatarô　ヤタロー　湿地（※Yada）. 東北日本に分布.〔矢太郎・

Utu ウツ ※Uto. 分布は全国に及ぶ.〔宇津・宇都山・内（ウツ）江・内海（ウツミ）〕

Uturo ウツロ 崖（※Uto).〔宇津呂・宇津呂谷・ウツロ尾〕

Uzi ウジ＜ウヂ (1)鹿や猪の一定の通り道,「菟道（ウヂ）」が元か. (2)「内」の訛.×〔猪ノ氏・猿氏・宇治・宇治会（～アイ)〕

W

Wada ワダ (1)「河の曲流部などの，やや広い円みのある平地」で，そこが必ずしも田であるを要しない. (2)同上の形の入江. 全国各地に存在する地名.〔和田・輪田・和太・早渡（ハヤワダ)・戸渡（トワダ)・外割田（ワダ)・日和田・黄和田・木和田・檗窪（キワダクボ)・猿和田・日影和田〕

Wakka ワッカ《ア》水.〔稚内：ワッカ（水の）ナイ（谷)〕

Wani ワニ (1)船. 鮫，鱶，鰐，およびその象形語.〔鰐（ワニ）浦・鰐川〕(2)ハニ（埴）の転.〔和珥（ワニ)・和邇（ワニ)〕

Waseda (Wasada) ワセダ（ワサダ） (1)早稲を植える田. (2)本田に対して，2～3日前に家人で植えてしまう田. (3)用水路のとどかぬ山間の田（方言ワサ). 南奥～関東中部に分布.〔早稲田・早稲（ワセ）谷・早稲原・稲早（ワサ）谷・早稲（ワサ）隈山〕

Watado ワタド 渡河点.〔渡戸・綿戸〕

Watari ワタリ 渡し場.〔渡・亘・亘理・曰理（ワタリ)・曰（ワタ）利・渡里・渡利〕

Wen ウェン《ア》悪い（嶮岨な場所，飲用にならぬ水，事故のあった所).〔植苗（ウェンナイ)：ウェン（悪い）ナイ（川)・植別（ウェンベツ)・ウェントマリ〕

Y

Yaba ヤバ (1)弓の道場. 都市や大きい神社の近くにある.〔矢場〕(2)狩場. 田舎にある地名.〔矢場・矢場山・矢場ノ谷・矢場ノ尾〕

Yabe ヤベ (1)※Yabu. (2)※Yahagi.〔矢部・八戸（ヤベ)・屋部（ヤベ)・野倍・野部〕

Yabo ヤボ ※Yabu.〔野保・八保・谷保〕

Yabu ヤブ (1)ウブ（スナ）神の前身らしい「ヤブ神」. (2)竹藪.〔養父・夜夫・荊上（ヤブカミ)・破間（ヤブマ）川・藪神・藪ノ内・藪下〕

Yada (Yata) ヤダ（ヤタ） 水田（※Yati). 関東～四国・中国に分布.〔矢田・谷（ヤ）田・野駄・家田（ヤタ)・八田・屋田〕

Yagi ヤギ (1)川や池の畔で，岩や木の陰に魚場のある所（方言ヤゲより). (2)「山間の狭い小谷」に見られる地名. (3)佳字「八」は上代《ヤ》の命名癖による. (4)柳. 全国的分布.〔八木・矢木・養宜（ヤギ)・養基（ヤギ)・谷起（ヤキ）島〕

Yagura ヤグラ (1)石垣. (2)岩窟，洞穴.〔矢倉・矢倉岳・矢倉宮・矢倉沢〕

Yahagi ヤハギ 矢を作る部民.〔矢作・矢矯・矢矧〕

生野〕(2)湿地.〔潤井（ウルイ）・宇留井・瓜生（ウリュー)〕

Usa　ウサ　(1)砂地（※Yusa).×(2)《マ》必要物.(3)宇佐八幡による伝播地名.〔菟狭・兎才（ウサイ）田・宇佐・宇佐山・宇佐見・宇佐美・宇佐木〕(4)兎の象形語.〔羽佐島〕

Usi　ウシ　(1)《ア》……がそこに群在する所. 北海道の東半部に多いが, 奥羽にもみられる.〔※Notoの項を参照〕(2)《ヤ》山稜.〔美ノ牛・牛神・牛縊・牛首〕(3)《ヤ》牛の象形語.〔牛沼・牛山・牛ヶ沢・牛臥山〕(4)ウチ（内), フチ（縁）の訛.〔牛込（内込)・牛久保（縁クボ)・宇志（湖の縁にある)・牛川（縁川)〕(5)ウシ（川水の堰に木を組み石積したもの). ウシギ（堤防を守る丸太).〔牛踏〕

Usigome　ウシゴメ　内込（ウチゴメ）の意. 関東南部に集中分布.〔牛込・牛込台・牛込原〕

Usikai　ウシカイ　内峡（ウチカイ）の意.〔牛飼・牛貝・牛買田・牛貝田・丑カイ田〕

Usikubi　ウシクビ　(1)牛首状の「狭長な尾根」.〔牛首・牛頸・丑首・牛縊（～クビリ)・牛首山〕(2)「牛の頭と首」の象形語.〔牛ヶ頸・牛ヶ首・牛ヶ首島〕

Usuki　ウスキ　(1)笊.(2)臼杵（ウスキネ). 以上の象形語.×〔臼木・臼杵・臼杵俣・臼杵谷・臼杵山〕

Uta　ウタ　(1)《ア》砂, 砂浜（※Ota).〔歌登：ウタ（砂）ヌプリ（山)・歌志内：ウタ（砂）シ（小さい）ナイ（川)〕(2)《ヤ》泥田.〔歌・歌浜・歌姫・宇多津・兎田・鵜田・宇田・大田（ウタ)・右田原〕

Utari　ウタリ　沼地, 入海.（※Uta).〔鵜足・菟足〕

—uti　～ウチ　(1)山谷の小平地. 北海道以外に非常に多いが, 福島東部～関東東北部にとくに密集.〔山内・竹内・大内〕(2)フチ（縁）の訛り.〔松内（松林のフチ)〕(3)ある場所より上流, 山奥などをいう.〔池内・坂内・浦内〕

Uto　ウト　(1)低くて小さい谷. 袋状の谷.〔有道・有戸・宇登・宇頭・宇堂・宇土・宇戸・宇藤・宇筒舞・宇都・有東木・凹道（ウドー）坂・内扇（ウトゲ)・内尾（ウト）串・鵜頭・鵜峠（ウドー)・善知鳥（ウトー)・海渡（ウト)・大通越（ウトシ)・右渡（ウド)・打当内・唄（ウト）貝・蘭木（ウドギ)〕(2)連峰, 鈍頂の山や丘.〔善知鳥・善知鳥山・烏兎山・宇道（～ド)・諷坂（ウトーザカ)・宇度木・宇藤木・釜ヶ宇都・大都（ウト)・猜（アベ）ヶ宇都・宇都川内（ウトンコチ)・大戸越（ウドンコシ)・有渡〕(3)崖.〔宇土・宇都・宇頭（ウトーゲ）ノ滝・宇戸崎・宇都良・木屋宇都・大戸（ウト）ノ瀬戸・ウドノセ鼻・ウドウチ・鵜渡根島・鵜図島・鵜渡瀬・椌（ウト）木〕(4)洞穴.〔鵜戸・鵜戸崎〕

Utô　ウトー　※Udô.〔有藤・鵜頭・宇藤・善知鳥（ウトー)・有東・有問・謡（ウトー)・唄（ウトー)・宇頭〕

御手洗（～チョーズ）池，（手洗（タライ）・手洗（タライ）川・落内（チョージ））〕

Tyôzya チョージャ 「金持ち」の伝説（土器，石器，焼米など出土するものもある）にちなむ.〔長者・長者ヶ原・長者町・長者山・長者屋敷・長者原山〕

U

Uba ウバ 山姥や姥神の伝説のある所.〔姥（ウバ）ヶ谷・姥石・姥岩・姥穴・姥ヶ懐（～フトコロ）・乳母（ウバ）ヶ淵・山姥ノ洞・右左（ウバ）口峠・姥神峠〕

Uda ウダ (1)砂地. (2)泥田.〔宇田・宇陀・宇多・右田・入生田・鵜田・兎田〕

Udo (Udô) ウド（ウドー） 洞，河谷. 全国に分布.〔宇道（ウド）・凹道・有渡（ウド）・宇藤・藪野（ウドノ）・鵜渡根島・鵜殿窟〕

Ukai ウカイ 鵜飼.〔鵜飼・宇甘（ウカイ），（鵜養（ウヤシナイ））〕

Umawatari ウマワタリ どぶ川で馬でなければ渡れない所.〔馬渡・馬渡谷〕

Umaya ウマヤ (1)馬小屋（貴族・武家などの）. (2)駅場，駅船のあった所.〔駅家（ウマヤ）・馬屋・駅里（ウマヤ）・厩橋・厩坂〕

Umazi ウマジ 「狭い土地」の意で，そのような谷，とくに谷頭，ときには海岸にもみる地名. 広い分布をするが，四国に多い.〔馬路・馬次・馬地・馬ヶ地〕

Ume ウメ (1)埋.〔梅田・梅ヶ谷〕(2)梅.〔梅林・梅野・梅ノ木坂・梅ノ木塚・梅ノ木辻〕

Una ウナ (1)山嶺. (2)ウンナンサマ（田の中の神）.〔雲奈・宇南田・雲南田・海上（ウナカミ）・宇奈根・宇奈月温泉・日宇那・麻宇那〕

Uno ウノ (1)大きい野.〔宇野・大野原（ウノバリ）・鵜ノ木（※Ki）・宇ノ島・鵜ノ渡路（ドロ）〕(2)鵜.〔鵜ノ浦・鵜ノ小島・鵜ノ糞（クソ）鼻・ウノトリ岩〕(3)卯の花（植物）.〔卯花山〕(4)※Unomati.

Unomati ウノマチ 卯の日におこなった市.〔卯ノ町〕

Ura ウラ (1)《モ》Nura（湾）より，入江（湖）や海岸の名となる.〔霞ヶ浦・阿漕浦・浦戸〕(2)尖端，川の上流. (3)畑. (4)北東.〔浦賀・浦上・浦野・浦田・浦島〕

Ure ウレ 奥の方（※Ura）. 高い所.〔嬉野（ウレシノ）・宇礼保・嬉（ウレシ）垣内・嬉河原・宇霊羅山〕

Uri ウリ (1)瓜の象形語（小さい谷や川の曲った所にみられる）. (2)※Uryû.〔宇利・宇理・瓜渓・瓜連（～ズラ＜ヅラ）・瓜生・瓜破・瓜内・瓜島〕

Urusi ウルシ (1)漆（京から地方へ搾業者が入込んでいた）.〔漆屋・漆山・漆峠・漆生（ウルシオ）・漆林〕(2)漆黒色.〔棋（ウルシ）田・漆田・漆ヶ谷戸・漆川・漆垣内〕(3)《リ》砂（ウル）.〔嬉（ウルシ）ヶ沢・ウルシ谷〕北海道以外に分布.

Uryû (Urui) ウリュー（ウルイ） (1)※Uri.〔瓜生（ウリュー）・瓜

〔壺屋・壺谷（〜ヤ)〕

Tue　ツエ　崩崖.〔津江・杖谷・杖木山・杖立山・杖峠・杖立峠・杖植（〜タテ）峠・杖突峠・ツエノ峰・大崩（〜ズエ＜ヅエ)・崩（ツエ）ヶ谷〕

Tuka　ツカ　(1)古墳，その他物を埋めた所.(2)小丘や円丘.(3)畑の単位面積（5畝).全国にみられるが，山地よりは平野に多く，またとくに関東に多い.〔大塚・玉塚・狐塚・富士塚〕

Tukari　ツカリ　《ア》の手前，の此方.〔津軽〕

Tukuda　ツクダ　中世領主の直轄田.〔佃・佃島・津久田〕

Tukusi　ツクシ　杭，直立するもの.北奥に多い地名.〔津久志・尽（ツクシ)・竹斯（ツクシ)・筑紫・土筆森・突紫森・就志森・築紫森・筑紫森・大尽（〜ヅクシ）山・御宿（オツクシ）山〕

Tuma　ツマ　隅.〔妻田・妻籠・爪（ツマ）木・津万・都麻・都万〕×

Tunagi　ツナギ　駒を繋ぐ所.東北地方にとくに多いが，九州その他にもある.〔繋・繋温泉・小繋峠・小貫（〜ツナギ)・貫木（ツナギ)・綱木・妻木・馬繋（〜ツナギ)〕

Turu　ツル　水路，水路のある低地.中国の中部に少いが，全国的に分布する.〔水流（ツル)・釣・都留・津留・鶴川・城坪（ショングツール）(朝鮮)〕

Tusima　ツシマ　(1)※Tu.(2)《マ》ツシム（鹿).×〔津島・対馬・対馬瀬鼻〕

Tutida　ツチダ　※Toda.〔土田〕

Tutumi　ツツミ　(1)堤.(2)溜池.〔津積・管見（ツツミ)・堤〕

Tuzi　ツジ　(1)山，丘.(2)石垣（方言ツジ).〔多（オ）ヶ飯辻（山の名)・辻（那覇市内)〕

Tyarasse　チャラッセ　《ア》すべりおちる.〔白糸（チャラセ）滝（知床半島)〕

Tyasi　チャシ　《ア》砦，館.〔チャシコツ：砦のコツ（跡)〕

Tyatya　チャチャ　(1)《ア》老いた，親しんできた，古い.(2)《ヤ》父，母.〔チャチャヌプリ（爺爺岳)〕

Tya・usu　チャウス「茶臼」の象形語.山名に多い.北海道以外の全国に分布.〔茶臼山・茶臼台・茶臼ヶ陣山・茶磨（チャウス）山〕

Tyaya　チャヤ　旅人の休む茶屋.〔茶屋・茶谷・茶屋池・茶屋ヶ坂・茶屋越〕

—tyô　〜チョー　(1)耕地面積による地名.〔〜町・〜町田・〜町畑・〜町歩・〜町掛・〜町原・〜町開・〜町野・〜町沢・〜町谷・〜町地・万丁・〜町免〕(2)山頂.〔局ヶ頂・天気頂〕

Tyôgatake　チョーガタケ　残雪中に蝶の形が現れるもの.〔蝶ヶ岳（信州)〕

Tyôsen「尖った峰」の名×.〔頂仙岳・朝鮮ヶ岩〕

Tyôya　チョーヤ　祠.〔庁舎（〜ヤ)〕

Tyôzu　チョーズ　※Syôzu(2).〔手水（チョーズ）川・御手水（〜ズ)・御手洗（〜チョーズ)・

脈上に一列になって分布する傾向がある.〔鳥（トリ）越・鳥ノ越・鳥（トリ）越峠・鳥越山・鳥越（トゴエ）〕

Torii トリイ ⑴鳥居. ⑵戸（ト）（狭間）入（イリ）の訛×，そのような地形にある例が多い.〔鳥居・鳥居町・鳥居本・鳥居峠・鳥井・鳥井畑・鳥井河原・鳥井戸・鳥井ヶ峠（～タオ）・花表（トリイ）〕

Toriuti トリウチ ⑴※Torigoeの地形にある地名で，鳥をとる意.×〔鳥打・鳥打場・鳥打峠・鳥打嶍（～タワ）〕⑵入口.×〔鳥内・鳥ノ久保〕

Toro トロ ※Doro.〔土呂・登呂・当呂・都呂・戸呂・打（ト）呂・土路・登路瀬・長瀞・長淀（～トロ）・洞（トロ）川・長渡路・上長殿（～トロ）・長外（～ト）路・燈籠（トロ）見坂〕

Tosaka トサカ 「鶏冠」の象形語.〔鳥（ト）坂・鳥（ト）坂峠・鳥坂（トッサカ）・鳥坂（トッサカ）山・鶏冠山〕

Toti トチ ⑴栃の木（どんぐり）. ⑵すっぽん（方言トチ）. 西南日本，とくに中国や北九州に多い.〔栃生川・栃木・栃窪（スッポン形の盆地）〕

Tottori トットリ ⑴「鳥取部」という部民の名. ⑵滞る，トボトボ歩き（沢や山の名）. この地名は全国に行きわたっているから，なお他にも意味があるかと思われる.〔鳥取・鳥取沢・砥取・砥取山・都鳥（トドリ）・戸鳥・十十里（トトリ）・土取〕

Toya トヤ ⑴山の鞍部. ⑵山中で鳥をとる人の小屋. ※Torigoeの地形にみられる地名. ⑶出屋敷，新屋敷. ⑷草刈場. 日本の中央には少く，九州や東北地方に多い.〔戸谷・鳥屋・十矢・十谷・鳥谷（トヤ）・土谷（トヤ）・土（ト）屋・十夜河原・当夜坂・戸矢倉山・高登屋山・遠矢（トヤ）ヶ原・塒（トヤ）塚・都谷森山・十八（トヤ）原〕

Tôzin トージン 明人や韓人にちなむ.〔唐仁（～ジン）・唐仁原・唐人屋・唐人町・唐人瀬・唐人水・唐人沢・唐人山・東尋坊（＝唐人踏（～バエ））〕

Tu ツ 「交通位置」のツから，舟着場や港の意となる.〔津・大津・直江津・那ノ津〕

Tubaki ツバキ ⑴椿.〔椿・椿原・椿ノ宮・椿森〕⑵崖（ツバケル「崩れる」）.〔椿山・椿島・椿沢・生（ハイ）椿・椿石・椿世（ツバイソ）・椿坂峠，（坪景（ツボケ）峠）〕

Tubakura ツバクラ 崩岩（※Tubaki⑵, ※Kura⑴）.〔ツバクラ（断崖の名）・燕岩・燕岳（ツバクロダケ）・燕峠・燕巣山〕

Tubata ツバタ 沿海地，海ばた.〔津幡・都幡〕

Tubo ツボ ⑴条里制の「坪」(1町歩). ⑵庭. ⑶淵，穴，くぼみ. ⑷茸の定って採れる所. ⑸町村の一小部. 北海道以外の全国に分布，関東北部にとくに多い.〔坪・一ノ坪・市坪・大坪・坪内・坪穴・坪田・壺・壺坂〕

Tuboya ツボヤ 陶工のいた所.

バヤシ))〕

Toga　トガ　(1)《ア》沼の上（カミ），沼岸.〔斗賀・戸賀〕(2)《ヤ》尖り.〔戸狩（トガリ）・尖（トガ）野・土狩・栂（トガ）牟礼(山名)〕(3)川沿いの野.〔戸賀野・尖（トガ）野・外（ト）ヶ野〕

Togami　トガミ　スッポン（トーガメ）の象形語.〔戸上山・砥上・土甘（トカミ）・戸神・砥神島・鳥神岡（トガメオカ）・富神岬・十神山・爺（ト）神・渡神山〕

Tôge　トーゲ　峠.〔峠・手向（トーゲ）・東掛（トーゲ）・東毛（トーゲ）・藤下（トーゲ）・当下・東家・戸毛（トーゲ）・塔下・都花(トゲ) ノ山〕

Tôki　トーキ　唐来（カラキ（コ））（※Karako）で，帰化人.〔唐木・唐木田・唐木山・東木・西(東) 陶器〕×

Toma　トマ　《ヤ》苫（菅茅），あるいはそれを編んだ人の居住地.〔苫田・苫島・鳥羽（〜マ）・当間(朝鮮語チョム（苫）によるらしく，朝鮮にも，都麻（トマ）・都万・道麻峰あり)〕×

Tôma　トーマ　(1)沼，泥.(2)平地.(3)岩壁.(4)《ア》沼.〔当麻・藤間・当間・透間・通間・当摩・十万・十万田・苫米地（トマベチ)・田馬（トーマ)〕

Toman　トマン《ア》《ヤ》湿地，泥炭地.〔斗満・道万・堂満・東満・土万・道満峠〕

Tomari　トマリ　船留.※―domari.〔泊・泊浦〕

Tomeyama　トメヤマ　特定の樹木の伐採を禁止した山（奈良時代以後).〔留山，(留岡)×〕

Tonai　トナイ　《ア》ト（沼）ナイ（川).〔戸内・外（ト）内島・東内打（トーナイウチ)・大斗内〕

Tonbara　トンバラ　腹部（ドンバラ）に当る所.〔頓原〕×

Tonda　トンダ　(1)堤，岸（方言ドンダ).(2)※Toda.〔富田（トンダ)・富田林・富田（トンダ）川〕

Tone　トネ　(1)山背，峠（方言※Sone).(2)庄屋（刀禰).奥羽〜関東，九州に多い.〔刀根・大刀根島・刀根山・利根・利根川・戸根川（トネゴー)・戸禰・十根・十根川・十年畑〕

Tonno　トンノ　山腹の野.〔頓（トン）野・富野（トンノ)・殿野・塔（トン）ノ奥（オク)・殿垣内(トンノカイト)〕

Tonome　トノメ　巴（トモエ）形の土地（湾，自然堤防などの).〔戸野目・殿名（〜メ)，(富海（トノミ)・外海（トノミ)・外行（トナメ)・豊南（トナミ)・利南（トナミ)・礪波・苫編（トアミ)・巴浦)〕

Toomi　トオミ　展望のきく場所，山.そこは必ず平坦地で，山ならば平頂.円頂・鈍頂である.〔遠見・遠見山（〜峠・〜鼻・〜崎・〜岳・〜ヶ城・〜番山・〜ノ壇山・〜番岳)，(遠見番（トメバン）山・東浪見（トラミ)・遠命峠・遠目木山)〕

Torigoe　トリゴエ　(1)尾根の中で定って鳥の群の通過する低まった所の地名.(2)戸（ト）越（ゴエ).裏日本に多く，とくに佐渡では山

Tenzin テンジン 「天神」にちなむ．全国にひろく分布．〔天神・天神田・天神原・天神山・天神ヶ瀬戸〕

Tenzyô テンジョー 高い所，頂上．〔天升作（丘陵の頂の畑地）・天井岳・天上山・大天井ヶ岳〕

Teramoto テラモト 門前（※Monzen）．〔寺下・寺ノ下・寺元，（寺下（テラシタ）・仏ノ下）〕

Terauti テラウチ ⑴「寺内」の意（※Dôuti）．⑵「平らな入り谷」の地形．〔寺内〕

Tesi テシ 《ア》簗（ヤナ）．〔天塩：テシ（簗が）オ（そこにある）〕

Tiho チホ ⑴乳頭形のもの（チボの方言）．⑵霊秀（チホ）の美称とする説．〔千保・知保・智保・知舗・高千帆・高千穂・地芳峠〕

Tikama チカマ 近い所．〔千竈〕

Tikappu チカップ 《ア》鳥．〔近文（チカブミ）：チカップ（鳥の）ウニ（すまい），コウノトリなどがここでひなを育てるからこの名がある〕

Tikepu チケプ 《ア》断崖．〔地球（＜チケプ）岬〕

Tinu チヌ 桜鯛（チヌ）．〔茅渟（チヌ）海〕

Tipu チプ 《ア》舟．〔チピヤンウシ：チピ（舟を）ヤン（陸へ上る）ウシ（所）〕

To ト ⑴《ア》沼，湖．〔苫小牧（トマコマイ）：ト（沼）マクン（後にある）ナイ（川）・常呂（トコロ）：ト（沼を）コル（もっている）〕⑵《ヤ》場所．〔折戸（下りる所）・切戸・技戸〕⑶狭い所．〔瀬戸・川戸・越戸・戸谷・峡所（カイト）〕

Tô トー ⑴峠（※Tao）．⑵尾根，山頂．〔杉ノ当（〜トー）・多武（トーノ）峰・越道（コエトー）峠〕⑶各地にいた藤原氏の説．〔加藤（加賀の藤原氏）・伊藤（伊勢の藤原氏）・遠藤（遠江の藤原氏）〕

Toba トバ ⑴谷口（トマの転，トマは家の入口にかけるむしろ）．⑵渡船場．⑶流木を揚げる所．⑷ぬかるみ，などの方言ドバの転．〔鳥羽・戸波・騰波・樋場（トバ）〕

Tobe トベ 沼地（方言ドベ）．〔戸部・砥部・富（ト）部・戸辺〕

Tôbosida トーボシダ 朝鮮から伝えられた大唐米，すなわち赤米を作る田．〔唐干田・赤米（トーボシ）田・斗星田・遠星河原〕

Toda トダ 湿田，湿地（方言ドタ）．〔土田（ドタ）・戸田・富田〕

Todo トド ⑴アシカ（青森・岩手）．イルカ（佐渡）．〔魹（トド）崎・海馬（トド）島〕⑵椴（トド）松．〔椴山・椴法華（トドボッケ）〕

Todoro トドロ 滝．〔土々呂・轟滝・登戸呂・トドロ谷〕

Todoroki トドロキ 河流か滝の音，中国の中部に空洞のある分布．〔轟・轟木・動（トドロ）木・等力（トドロキ）・等々力（トドロキ）・廿六木（トトロキ）・十々六木・轟滝，（驚・轟（トドロ）・轟（ドメキ）・働々・動々・百々（ドードー）・兎渡谷（トドロク）・百々目木・行々林（オドロ

をなす小平地．中部と西部の瀬戸内に少いが，鹿児島～青森に分布．〔田代・田代岳（頂の近くに湿地あり）〕

Tatara　タタラ　炉師，鍛冶．〔鞴（タタラ）浜・鑪鞴（タタラ）山・多田良・多多羅・多多良岳〕

Tate　タテ　奈良朝以後の屯田集落．関東～奥羽に多く，北陸と渡島などに若干分布．〔大館・函館・館林・沼館・城之古（タテノコシ）・帯（タテ）壁・外楯（トダテ）・下立（オリタテ）・左足（コイダテ），（館（タチ））〕×

Tateyama　タテヤマ　(1)西日本に多い「城山」（※Siroyama）に対し，東日本では「館山」が存在する．〔館山・楯山・館ヶ森山〕(2)嶮しい山．〔立（タテ）山・廻館（マツタチ）山・高館山〕

Tawa　タワ　峠．中国東部に多く，東は福島県まで及ぶ．〔屾・多和（以上集落名）・田和倉峠・安道（アダワ）峠・杉ヶ屾（タワ）・槇ケ峠（タワ）〕

Taya　タヤ　(1)開墾地においた管理人の家．(2)別棟の小屋（田小屋・産屋・忌屋など）．(3)旅屋（とくに伊勢御師の），社寺田の田屋守．全国にあるが，裏日本に多い地名．〔田屋・田家・田谷・田舎（～ヤ）・他屋・多屋〕

Tedori　テドリ　(1)やかん，てつびんの象形語．(2)ポットホール（甌穴）の薬罐状の地形．全国に分散する地名．〔手取・手取沢・手取川・手取島・鯛取（テトリ）（僻地の山村の谷にある地名）・鯛取（テトリ）山・帯取〕×

Teko（Tego）　テコ（テゴ）　山窩の娼婦．〔手児・手児坂・手越・手子林・手子生（テゴマル）〕×

Tema　テマ　砂地の湿地にある地名．〔手間・手間入・呈妹（テマ）〕×

Tendai　テンダイ　頂上．〔天提（テンダイ）・天台山〕

Tenma（Tenman）　テンマ（テンマン）　(1)大阪の天満宮を雷神信仰の中心としてひろがった地名．東部瀬戸内に多い．〔天満・天満山〕(2)駅制によるもの．〔伝馬町〕(3)谷の上部へ上りつめた所，山の中に入りこんだ谷．〔天間・天万〕(4)頂上，頂の地面（方言テンバ）．〔天間・天間沖〕

Tennô　テンノー　(1)天王信仰（牛頭天王，素盞鳴尊）にちなむ．(2)※Tenzyô×　九州と北海道以外に分布．〔天王・天王寺・天皇・天皇田・天皇原・天皇山・天王山・天野（テンノ）山〕

Tenpaku　テンパク　「山ノ神」に似た天白神，または星神「天白」（水害から守る神）．〔天白・天伯・天白様・天白原・天白川〕

Tenpi　テンピ　峰．〔天妃（～ピ）山・天秤（テンピ）・天秤坂・デンビン山〕

Tensu　テンス　頂上．〔天子（～ス）ヶ岳・半天子（～ス）山〕

Tenziku　テンジク　(1)山頂．(2)インド（三河国の「天竺」はコンロン人が綿を伝えたという）．全国にわたってあり，山の名が多い．〔天竺・天竺堂・天竺川（～コー）・天竺森・天竺岳・天竹・転軸山〕

Takenouti タケノウチ (1)「高い山で囲まれた内」または「高いところにある谷の中」で，山麓，山腹の谷あるいは渓口などに存在する．(2)竹矢来のある刑場など．〔竹ノ内・竹之内〕

Taki タキ (1)断崖，山 (※Takko)．〔多芸（タギ）野・田儀・多岐・丹木（タキ）・田北（タキタ）・滝田〕(2)滝．〔滝沢・滝尻・滝下・滝ノ宮〕

Takko タッコ (1)高い所．〔田子・田高（タコー）・田高良・田幸・田郷・田光・多功・多古・高向（タコー）・高岡（タッコ）・達子・手子・竹生（タコ）・滝子・達居（ダッコ）森〕(2)エミシ族の都の説．〔手古・多古，(太子（ダイゴ）・醍醐)〕

Tama タマ (1)山頂，頂上（方言ダマより）．(2)水，淵，湿地．〔玉・多摩・多万・多麻・多磨・田万・田間・玉名・玉浦・玉川・玉置（タマキ）・玉野〕

Tamatukuri タマツクリ 部民の名．関東に多い．〔玉造・玉作，(玉取・玉取山)〕

Tan タン 台地．〔丹下・丹野・丹三郎・丹ノ尾〕

Tana タナ (1)割合狭く，やや凹凸のある山腹のゆるやかな所（まれに平頂峰，小狭間の名）．全国に分布．〔多那・多奈川・多奈・田奈・田名・丹奈・丹那・～棚・～棚山〕(2)高山の段状の岩場．〔膳棚・天狗棚〕

Tanbo タンボ (1)湿地，沼地．(2)溜池．(3)畑．(4)凹所，穴，淵（方言タンポ）．〔湛保（タンボ）・丹（タン）坊・丹舟（タンボネ）〕

Tanne タンネ 《ア》長い．〔丹根萌（～モイ）：タンネ（長い）モイ（入江）・種差：タンネ（長い）エサシ（岬)〕

Tao タオ 峠 (※Tawa)．〔田尾・峠（タオ）・大多尾・大峠（～タオ）・槇ヶ峠（タオ）・大田尾越〕

Tara タラ (1)《ヤ》《マ》平らな．〔多羅尾・多良・多良木・多良林・尾多良・多良田・田良尾・耽羅（タンラ）(済州島の旧名)・大平（～ダラ）・太良峠〕(2)断面の滑らかな緩斜面．〔田羅・多良・太良路・太良木・太良ノ庄・田良原・田良木・小田良・大多羅・多良岳・俵原（タラバイ)〕西南日本とくに九州に多い地名．

Tarô タロー (1)小平地．(2)「立派」をいう説．〔太郎・田老（タロー)・太郎生・太郎丸・太郎岳〕(3)タアルジ（田主）の転．〔太郎治・太郎寺〕近畿には少いが，九州～奥州中央部に分布．

Tarômaru タローマル ※—rô-maru．〔太郎丸・太郎丸嶽〕

Taru タル (1)渓谷が段階をなしていて，雨時に滝となる所，谷川の滝ある所．(2)滝．〔樽沢・樽見・樽谷・樽井・大樽滝・樽口・垂川・垂木・垂玉・垂水（タルミ)・垂見・垂井〕

Tarumi タルミ (1)滝（古語）．(2)峠（タワミより）．〔垂水・垂見・樽見・樽見峠・大タルミ・多留見峠〕

Tasiro タシロ (1)タ（田）シロ (※Siro) で，「田をこしらえた所」すなわち「新田」．(2)高山の湿地

（～タイ）〕(3)台地．河段丘，海岸段丘，自然堤防などの平坦地．〔平（タイ）・手結（タイ）（海岸段丘）・田結・田井・太井・田居・太（タイ）・川（セン）代・千（セン）代・千体（～タイ）・国府台・達古袋（～タイ）・襞帯（ホロタイ）（河段丘）・成妙（ナルタイ）・小鯛（平頂丘の下）・鯛ノ鼻（平頂の岬）〕(4)山間の低湿地（※Hukuro）．〔袋（タイ）・萩袋（～タイ）・母袋（モタイ）〕(5)鯛．〔鯛ノ浦・鯛ノ島〕

Taihu　タイフ　神事芸能者．〔大夫・太夫・太夫峠・大夫崎・大武（タイブ）崎〕

Taima　タイマ　低湿地（※Tai (4)）の谷，またははざま．〔当間（タイマ）・対間・大麻（タイマ）・太間（タイマ）・太間地〕

Takaba　タカバ　(1)領主が鷹狩をした特定の鷹場．〔鷹羽ヶ森・高羽（～バ）ヶ岳〕×　(2)高所．〔高庭（タカバ）・高場〕

Takada　タカダ　(1)高所の田．(2)高畦をつくる深田．〔高田〕

Takagi　タカギ　(1)高地に構えた居住地．(2)上代の塞．表日本に多い地名．〔高城・高木・高儀・竹城（タカキ）・多加木・喬木（タカギ）〕

Takakura　タカクラ　(1)高い所（台）．(2)高麗＞高倉．東北日本に多い．〔高倉・高座（コーザもある）・高蔵・高鞍〕

Takanosuyama　タカノスヤマ　鷹が巣を造りそうな山（江戸時代は立入禁止）．タカス山は別項参照．〔鷹之巣山・鷹巣（タカノス）山〕

Takasago　タカサゴ　砂丘の上．〔高砂（～サゴ）・高サゴ〕

Takasima　タカシマ　高い島．〔高島・鷹島〕

Takasu　タカス　高い所（谷頭，台地，自然堤防，尾根など）の上の集落名，また山名にも多い．全国に分布．〔高巣・鷹巣・鷹栖・鷹子（～ス）・高祖（～ス）・高須・高洲・高栖〕

Takasuyama　タカスヤマ　高所に要害のある山．〔高栖山・高祖（～ス）山〕（※Takasuを参照）

Takatiho　タカチホ　高い山頂．〔高千穂峰・高千穂野（タカジョーヤ）（山名），（高千森山・千穂ヶ峰・黒頭峰（ツホー））〕

Takatori（Takatto）　タカトリ（タカット）「高い所」でタカットーが原意であろう．北海道以外に広く分布．〔高取・鷹取・鷹取（タカットー）山・高戸山・高堂山〕

Takazyô　タカジョー　(1)鷹師．〔鷹匠（東京の小川町の旧名）〕(2)高い城．〔高城〕

Take　タケ　(1)崖（ダケより）．〔岳・岳湯・武山・多景島・田下（～ゲ）〕×　(2)山名の語尾．〔～岳〕

Takeda　タケダ　(1)※Takada．(2)※Takiの(1)．河岸段丘，山麓，自然堤防などのやや高い所に存在する地名．西南日本に多い．〔竹田・猛田・武田・高田・萵（タケ）田・健（タケ）田〕

Takegahana　タケガハナ　高地の端（ハナ），崖の端にある地名．全国にある地名．〔竹ヶ鼻・竹ヶ鼻和・竹ヶ花〕

イ))・勝生・勝部・勝風（〜ブ）・庄部・庄府・庄布川・生部・正部・正部谷（田・家）・青部×・相婦・小分（〜ブ）谷，(醤油谷)〕

Syôda ショーダ (1)※Syôzi・da. (2)勝田（※Katuda）の音読．〔勝（ショー）田・正田・庄田〕

Syôgun ショーグン 昔の武将にちなむ．〔将軍塚・将軍野・将軍沢〕

Syômyô ショーミョー 近世陰陽道の総帥安倍晴明にちなむ．〔晴明塚・晴明町・正明市（ショーミョーイチ）・相名峠〕

Syônai ショーナイ 荘園にちなむ．〔庄内・荘内〕

Syôzi ショージ (1)※Syôzu（この例が多い）．(2)精進．(3)岩壁や尖峰に付けられた名．〔障子・障子岩・障子岳・四王司山・精進（〜ジ）・聖神場・正神峠・庄司・庄路・庄治垣内（〜チ）・庄地・庄寺・西正寺・正地・正路藪・中正路・正寿（ジョー）地・性司・小司畑・野谷荘司山・小路（〜ジ）谷・門少路・生子（ショジ）屋敷・清地（ショージ）・高清水（〜ショージ）山・勝地（ショージ），(帖地・正信・正子（ショーゴ))〕

Syôzu ショーズ (1)水車．(2)※Syôbu（この例が多い）．九州に多い地名．〔清水（ショーズ）・清水岳・清津野・正津谷・菖津・虫（ム）生津・武正水・生水（ショーズ）・寒水（ショーズ）〕

Syuku シュク ※—zyuku．〔新宿・原宿・今宿・夙〕

Syuzenzi シュゼンジ 鋳貨．〔鋳銭司（山口県の例）・修善寺〕×

T

Taba タバ 山頂〜山腹の平坦地．〔丹波・丹波山・多摩（タバ）川・多波（タバ）川〕

Tabe タベ (1)屯倉（※Miyake），田荘（※Tadokoro）の部民．(2)泥地（方言ダベより）．〔田部・田辺・多部田〕

Tabuse タブセ タ（田）フセ（生（オ）フシ）で，「田のある所」の説．〔田布施・田伏・塔世（トーセ）・答西（トーセ）〕

Tada タダ ※Tataraの縮小語．〔多田・多太・多駄・直（タダ）・太多（タダ）・駄太（タダ）〕

Tado (Tato) タド（タト） (1)昔の製鉄にちなむ．(2)田堵×．〔多度・田富（〜ト）・田後（タト）・田戸・田渡・田土〕

Tadokoro タドコロ 上代の地方豪族の所領．瀬戸内地方に多く分布．〔田所・田処・田床〕

Taga タガ 高所（方言タカ）．〔多賀（〜ガ）・多賀坂・多可（〜カ）・田可（〜カ）・田河（〜カ）〕

Tahu タフ 湿地，淵（方言ダブ）．〔多布・塔（トー<タフ）・塔（トー）辻〕

Tahusi タフシ ※Tabuse．〔答志（トーシ，トーセ<タフシ）・田節（〜フシ）・手節（タフシ）崎・旅伏（タブシ）山〕

Tai タイ (1)海底の高み．〔大和堆・武蔵堆〕(2)山，高原，山腹の平坦な所．〔上台・大台ヶ原山・迷（マヨ）ヶ岱（タイ）・沼平

(スカ)〕
Sugi　スギ　(1)※Suki(砂礫地).(2)植物の「杉」.〔椙(スギ)山・杉沢・杉坂・杉谷・杉田・杉野〕
Sugô　スゴー　比較的小さい谷.北海道以外の全国にある.〔須郷・須合・須後・須川・須河・菅生・巣子・巣郷・巣河(〜ゴー)・数河(スゴー),(双(スコ)畑・相撲ヶ原・菅行(スギョー)・修行)〕
Suguri　スグリ　《チ》村長,上代帰化人に賜った姓.〔村主(スグリ)・村主(スグロ)・勝(スグリ)・勝呂(スグロ)〕
Suka　スカ　砂州のある所.ほとんど全国に分布.〔須賀・横須賀・高須賀・梅須賀・蜂須賀・須加院・横渚(〜スカ)・洲河場〕
Suki　スキ　(1)砂礫地.(2)《チ》村.〔須木・須岐・主基(スキ)・周木・周枳(〜スキ)・木次(〜スキ)〕(3)《ア》芦(アシ)(シュプキ).〔須築(スッキ),(寿都川:原名シュプキ)〕
Sukumo (Sukubo)　スクモ(スクボ)　(1)ス(岩)クボ(窪)から,傾斜の急な谷.〔須久保・須雲川・宿毛(スクモ)・須久毛・粭田(スクモダ)〕(2)長者が籾がらを夥しく積んだとする伝説の塚.〔スクモ塚〕
Suma　スマ　(1)《ア》岩.〔島古丹(シマコタン)(スマコタン):スマ(岩)コタン(村)〕(2)《ヤ》砂浜の遠浅になっている所.〔須磨・須万〕
Sumiyosi　スミヨシ　住吉神社(航海安全の神)にちなむ.仁徳朝摂津の墨江に津を設けてから住吉の佳字に改め,ここに神が祀られた.この地名は全国の海や河湖の岸に見いだされる.〔住吉・住吉野・住吉崎〕
Sunawati　スナワチ<〜ハチ　擂鉢(スナハチ)形,皿状の地形.〔則〕
Suwa　スワ　(1)谷,湿地.(2)「諏訪神社」,「周防」による伝播地名.全国にわたって分布.〔諏訪・諏方(スワ)・須波・周防・千須和・足羽(アスワ)・岨(スワ)ノ崎,(次場(スバ))〕
Suzu　スズ　(1)《マ》端(ハシ),《ヤ》穂.〔珠洲岬〕(2)清水,湧水.〔鈴・五十鈴・鈴川・鈴原・鈴木・鈴鹿・美篶(〜スス)・須々・数須(スス)・清水(スズ)・煤谷(ススガヤ)〕(3)鈴.〔鈴ヶ滝・鈴ヶ岳・鈴ヶ峰・大鈴山・鈴置島・鈴子・錫ヶ嶽〕
Suzuka　スズカ　(1)川上にある家.(2)※Suzu.〔鈴鹿・鈴鹿山・須受我(スズカ)嶺〕
Suzuki　スズキ　(1)すすき(植物).(2)※Suzu,※Ki.〔薄(ススキ)・薄川・鈴置(スズキ)・須々岐・鈴木〕
Syari　シャリ　《ア》湿原(※Saru).〔斜里〕
—syô　〜ショー　〜荘・〜庄は荘園の地名.富山〜名古屋線以西に多い.〔新庄・院庄・庄内〕
Syôbu　ショーブ　(1)細流(この例が多い).(2)菖蒲.北海道以外の全国に多い.〔菖蒲・菖蒲池(沼・沢・田・迫・作・野・根・尾・越・峠)・勝負・勝負谷(平(タ

ーゴ)・相河(ソーゴ)・寒河(ソーゴ)・十河(ソゴー)・十郷(ソゴー)・曾郷〕

Soma ソマ 木樵(キコリ). 中部地方以西に分布.〔杣川・杣山・木山・杣尾・杣田・杣野・杣(ソバ)地・寺杣(〜スマ)・北杣・杣木俣・杣宇都〕

Sônai ソーナイ 《ア》ソー(滝)ナイ(川). 北海道〜北奥に分布.〔惣内,(庄(ショー)内・柾内・倉内)〕

Sone ソネ (1)局地的に砂地. 石地をなす痩地の所.〔曾根・曾禰・雑根・中埣(〜ソネ)・大埇(〜ソネ)〕(2)海中の礁名.〔中曾根・メバル曾根〕(3)山の背.〔曾根川(集落名)・曾根山・片曾根山・高岨・加治我岨(〜ソネ)・杌ヶ脊(〜ソネ)〕

Soni ソニ ※Sone.〔曾禰〕

Sono ソノ 多くは※—zonoとして存在(Sonohu>Sonôもある).〔園・薗(ソノ)・苑・園生・草野(ソーノ)・曾野・曾納〕

Sore(Sôre) ソレ(ソーレ) 焼畑. 中部地方西半部に分布.〔草連・沢連(ソーレ)・〜雙連・〜草嶺・〜曾礼・〜反(ソレ)・〜其(ソレ)・〜夫(ソレ)〕

Sori(Sôri) ソリ(ソーリ) 焼畑. 東北日本に多い.〔曾利・宗利・雙里・双里・草里・反里・沢里(ソーリ)・塩利・総利・祖利・蔵利・草履・雪車(ソリ)・雪(ソリ)・〜反(ソリ)・〜直利(ソリ)・曲(ソリ)〕

Sowa ソワ 傾斜地, 山腹.〔曾和・曾和関・曾羽(〜ワ)峰・岨後(ソワゴ)山〕

Sowai ソワイ 暗礁.〔百間ゾワイ・カタビラゾワイ・西ノソワイ・大ソワイ〕

Sôzen ソーゼン 年一回馬の爪などを切る(爪揃(ソーゼン))行事およびその場所, 馬の神(ソーゼン様)を祀る所の名. 東日本に多い.〔相染・相前岳・蒼前・送仙山〕

Sôzi ソージ ※Sôzu.〔相(ソー)地・惣地・増氏・浅地・茂曾路・掃除谷〕

Sôzu ソーズ (1)※Syôzu. (2)水車.〔草津(ソーズ)・草水(ソーズ)・僧津・惣津・宗津・僧都(〜ズ)・相津・総津・早水(ソーズ)・寒水(ソーズ)・沢水(ソーズ)・清水原(ソーズバル)・清津野・早津江・財津・沢津・大総頭(〜ソーズ)〕

Sôzya ソージャ 平安末に一国内の神々を合祀した社(のち一村にもおこなわれた).〔総社・惣社・奏社〕

Su ス (1)砂浜. (2)暗礁.〔洲崎・清洲・須田・須津・須成(スナリ)〕

Sudô スドー 溝, 通路.〔須藤・須藤堀・須戸川〕

Sue スエ (1)部民である陶業者にちなむ. 西南日本に分布.〔須江・須衣・須衛・須恵・末・陶〕(2)端.〔末野・大末・須江(扇状地の末にある)〕

Suga(Suka) スガ(スカ) ※Soga. 北海道以外の全国に分布.〔須賀・須加・須可・須我・菅(スガ)・清(スガ)・周賀・修家

奥尻（イクスンシリより）：イクスン（向う側にある）シリ（土地）〕(2)地積の単位（初島で0.75坪）.〔芋畑（〜ジリ）・大根尻〕(3)終点.〔川尻・野尻〕

Siro　シロ　(1)城塞.〔古城・城山〕(2)丘上や山腹の平坦地.〔富士城・城ノ内・馬代・目代〕(3)茸のよくでる所，魚群の場所.〔白藪（〜ヤブ）×・網（ア）代・鰹代（カツジロ）〕(4)白色.〔白子・白沢・白滝・白根山〕

Siroko　シロコ　※Sirako.〔白子〕

Siroumadake　シロウマダケ　苗代時に残雪中に現れる黒い馬の形にちなむ.〔白馬岳〕

Siroyama　シロヤマ　城山．北海道以外の全国に非常に多いが，関東と奥州には少い（それは城山に代る〜館・〜館山の地名があるから）.〔城山・城ヶ峰・平家ヶ城山・高見ヶ城山〕

Sisi　シシ　鹿，猪，まれに熊のこと.〔獅子島：(鹿児島県）もと鹿が多かった・神々廻（シシバ）・神々廻木戸〕

Sizu　シズ　※Simizu.〔静・志津川・志津見・清水（シズ）川・高清水（シズ）・清水（オシズ）・酒々（シス）井・出津（シズ）〕

So (Sô)　ソ（ソー）　(1)《ア》滝，暗礁.〔壮瞥（ベツ）(洞爺湖の排水口にある)：ソー（滝）ペツ（川)〕(2)種族名「ソ」説.〔囎唹（ソオ）・阿蘇〕

Soba　ソバ　(1)※Saba(1).(2)山の中腹，森林のある所.(3)蕎麦.〔蕎麦・蕎麦地・蕎麦沢・蕎麦ノ目・蕎麦粒山・蕎麦ヶ岳・祖母谷・祖母山・曾場・曾万布（ソバフ)・岨（ソバ）谷・峙（ソバ）原・蕎麦畑……(1)の例が甚だ多い〕(4)側面，傍（ソバ).〔片側（〜ソバ)〕

Sobu (Sohu)　ソブ（ソフ）　(1)水さび.(2)昔の製鉄所.(3)《チ》Sohuru（都（ミヤコ)).〔祖父江（ソブエ)・赤祖父川・祖父岳・蘇夫岳（ソブダケ)・添（ソー)・添上（ソーノカミ)・添下（ソーシモ)・層富（ソフ)〕

Soda (Sôda)　ソダ（ソーダ）　湿地，沼地（方言ソータ).〔曾田・寒田（ソーダ)・曾田（ソタン）池・蔵（ゾー）田〕

Sode　ソデ　(1)山林の出張った所.(2)外側（ソトより転).〔曾手・袖湊・袖渡・袖浦・袖崎・袖師〕(3)袖切りのタブー.〔袖切坂・袖切松・袖モギ〕

—soe　〜ソエ　(1)《リ》支配する.〔下里添・西里添〕(2)《ヤ》沿っている，加える.〔牧添・山添・川添・野副（〜ゾエ)〕これらの地名は琉球〜九州に分布.

Soga　ソガ　(1)砂地.(2)サガ（坂）より．日本の中央に多い.〔曾我・蘇我・宗我・宗岳（ソガ)・素賀国・崇賀（ソガ)・曾我野，(草加)〕

Sôgatake　ソーガタケ　雪形で山腹に，僧の形が現れ，やがて尺八を吹く姿になり，馬を曳く形に変るという.〔僧ヶ岳（越中)〕

Sogi　ソギ　傾斜地（方言ソギは「斜」).〔曾木・北曾木・小曾木・枌所（ソギショ)，(曾家（ゾケ))×〕

Sogô　ソゴー　※Sugô.〔沢川（ソ

倉（クロ）科〕⑵浅い皿状の小盆地（シナウは撓む意）．〔品野・科野・山科・山階・階見・品川・級ノ木・仕七（シナ）川・平等（ヒラシナ）〕

Sinden シンデン ⑴江戸以後の開拓村．この地名分布は江戸中心に，非常に多い．〔「新田」のほかに，「人名＋新田」の例が多い．西南日本には「新田（シンタ）」もある〕⑵神田（※Kanda）．〔神田・神伝田〕

Singô シンゴー 本郷（※Hongô）に対する追加開墾地．〔新郷・神戸（ジンゴ）〕×

Sinkai シンカイ 開墾地．関東以西に分布．〔新開・新戒羅・新貝・新改・新涯・新粥〕

Sinmei シンメイ 伊勢信仰に因む．岡山～関東中部に多い．〔神明〕

Sinpo シンポ 本保（※Honpo）に対する追加開墾地．〔新保・神保，（今保）〕

Sinra シンラ 新羅の帰化人にちなむ．〔新羅・神楽（シンラ）・志村（シムラ）・新村（シムラ）・信羅・志楽（シラク）〕

Sinti シンチ 開墾地．おもに表日本に分布．〔新地〕

Sinzyô シンジョー 本荘（※Honzyô）に対する追加開墾地（初期荘園時代）．〔新荘・新庄・新城・神照（シンショー）・真庄〕×

Sio シオ ⑴楔形の谷の奥（この例は多い）．⑵川の曲流部．⑶撓んだ土地（北信にみられる）．〔塩沢・四王寺（シオジ）・塩田・塩野・塩尻・四方（シオ）田・入之波（シオノハ）・志雄・塩原・潮・子浦（シホ）〕⑷牛尾菜（シオデ）（山の野菜）．〔シオデ沢〕⑸食塩，海水．〔塩浜・塩屋・塩釜・潮ノ岬・汐留川・潮見坂〕

Sioziri シオジリ ※Sioの地形のいちばん奥．〔塩尻〕

Siragi シラギ 新羅人，白木神にちなむ．〔白木・白城・新羅・志楽（シラギ）〕

Siraki シラキ ⑴※Siragi．⑵白い土地（※Ki）．西南日本に分布するが，九州にいちじるしく集中．〔白木・白木山・白木木場・白木尾・白木原・白木河内・白木谷〕

Sirako シラコ 白っぽい土地．〔白子・白子田・白子森（山名）・白子沢・白河（シラコ）〕

Siraru シラル《ア》岩，磯，潮．〔白老（シラオイ）（シラルオイより）：シラル（潮）オイ（陸上へ，でてくる）ところ・白糠（～ヌカ）（シラルカより）：シラル（岩礁の）カ（上手）〕

Sirasu シラス ⑴河原．〔白洲・白須・白砂（シラス）〕⑵「白い」意．〔白沙（シラス）岩・白須山・シラス台地〕

Siratori（Sirotori） シラトリ（シロトリ） ⑴白鳥伝説のある所．⑵白．⑶※Sidoriの宛字（少数例）．鳥の象形語によるもの．全国に広く分布．〔白鳥・白鳥池・白鳥尾・白鳥岩〕

Siri シリ ⑴《ア》土地，所，山，断崖．〔後志（シリベシ）（シリベツより）：シリ（山）ペツ（川）・

さを示すもの.〔千丈滝・千丈幕〕

Seri　セリ　(1)端，隅，奥.(2)小石の多い所.〔芹川・芹田・芹谷・芹沼〕(3)芹.〔芹生〕

Sese　セセ　細流.〔瀬々串・渠川(セセナギ)・膳所(ゼゼ)〕×

Sessyô　セッショー　(1)狩人.〔殺生小屋〕(2)殺害.〔殺生石〕

Seto　セト　(1)海峡.(2)谷間，狭い通路．関東以西に多い.(北海道の「瀬戸牛」は別語)〔音戸瀬戸(海峡)・瀬戸(集落名)・勢門・瀬門・風戸(セト)・勢度(セト)・西刀(セト)・世戸入・脊戸尻，(狭戸(セバト)・迫戸(セバト))〕

Si　シ　《ア》(1)本当の.(2)大きい.〔標津(シベツ)：シ(大きい)ペツ(川)・士別(前に同じ)〕

Siaku　シアク　開墾地(シアケの転).〔塩飽〕×

Sibaura　シバウラ　芝原.〔芝原(シバウラ)・芝浦〕

Sibutare　シブタレ　湿地.〔渋垂〕

Sida　シダ　芝.〔志田・信太・志太〕

Sido (Sito)　シド(シト)　(1)湿地(※Sidoro).(2)川の下流，水口から遠い田.〔志度・志戸川・市東(シトー)・志戸田・志戸平・褥抜(シトヌキ)・糙脱(シトヌキ)・志度野岐・志戸米〕×

Sidori　シドリ　(1)倭文織(綵織(シズオリ))に従った上代の部民.〔倭文・委文・志鳥・志鳥谷・紙工(シトリ)，(白鳥)〕

Sidoro　シドロ　(1)※Sidori.(2)沼地，湿地.〔志戸呂・志都呂・茂土路・志土路〕

Siga　シガ　※Suka＞※Sika＞Sigaと考えられている．海岸，湖岸，川畔にみられる.〔滋賀・志賀・志我・志珂・磯(シ)賀・資河(シカ)島・之(シ)可浦・世界(シガ)〕

Sige　シゲ　「茂み」の意から「開拓の遅れた傾斜地」などをいう.〔茂畑・川茂・茂名・繁(シゲ)〕

Sigi　シギ　シゲ(茂)の転.〔信貴山・信貴畑・鴫・鴫山〕×

Sika　シカ　干潟(※Suka)，砂州.〔鹿田・磯賀(シカ)・之可(シカ)浦・鹿野(シカノ)・志方・師勝(シカツ)〕

Sike　シケ　湿地.〔志家・滋野・重(シゲ)原〕×

Siki　シキ　(1)「城」(キ)「一定の区画地」の説.(2)川底，砂礫地.〔志貴・志木・師(シ)木・磯城(シキ)・士基・志紀・志岐・支岐・敷島・敷名・信喜(シキ)・食(ジキ)〕

Sikotu　シコツ　(1)《ア》大きい窪地.〔支笏(シコツ)湖〕(2)《ヤ》険阻な岩面.〔死骨(シコツ)崎〕

Sima　シマ　(1)島，岩礁.(2)田のある所，川沿いの耕地.(3)村.(4)林苑.〔島・島々・島尻・八十島・志摩・四万・志万〕

Simaziri　シマジリ　《リ》クニガミ(※Kunigami)に対して，それと反対側，(主として南)をいう.〔島尻〕

Simizu　シミズ　泉.〔清水・冷水(シミズ)・志水〕

Sina　シナ　(1)シナノキ製の布(その種類により，次の地名ができた)説.〔更科・生科・生品・

村はのち郷・里となる.〔大里・里根（サトネ）・里見・中郷（～サト)〕

Sat サッ 《ア》水のかれている.〔札幌：サッ（乾いた）ポロ（大きい）ナイ（川）より・札比内：サッ(乾いた）ピナイ（小石川)〕

Sawa サワ (1)谷川. (2)雨が降ると水の流れる森林のある窪地.〔水沢・沢井・塩沢・沢上〕

Sawameki サワメキ 河谷や海岸の水音.〔沢目木・更目木・座（ザワ）目木・沢帯（ザワミキ),（蔵貫（ゾーメキ)・蔵貫浦・蔵々（ゾーゾー)・蔵々瀬戸)〕

Saya サヤ (1)小川・水溝（※Sawa).〔佐屋・三家（サヤ)・鞘戸・小夜戸・道祖（サヤン）瀬戸〕(2)※Sano.〔佐野（サヤ)・財（サヤ）ノ峠〕

Sayado サヤド ※Saitô.〔道祖（サヤ）土・砂屋戸・済戸（サヤド)〕

—se ～セ (1)礁名.〔鯨瀬・メバル瀬・鯖瀬〕(2)河の浅い所.〔川瀬・杭（クイ）瀬川〕

Seba セバ 狭間.〔瀬波・瀬場・洗馬（セバ)・汗馬沢・狭戸（セバト)〕

Sego (Sêgo) セゴ（セーゴ）(1)山の背.〔清後・清子・清郷内〕(2)集落の一部.〔清後・清合〕

Seki セキ (1)関所.〔関ヶ原・関宿・関本〕(2)堰，溜池.〔関谷・関沢・井関・関戸〕

Seko セコ ※Sako. 西南日本に多い.〔瀬古・瀬居・是行・施行（セコ)・迫（セコ)・世古〕

Semi セミ 狭い所.〔瀬見・蟬谷・蟬山・千見・瀬尾（セビ)・勢見山・清見・勢実・野瀬見・仙見谷，（汗見)〕

Sen— セン～ (1)瀑（上越地方).〔アミダガセン・東セン・西セン〕(2)わさび（方言センナ).〔仙納原・専ノ沢〕(3)千（数詞).〔千条ノ滝・三千石・千石・仙石・千石原・千国・千町（～ヂョー)・千刈田・千貫田〕(4)線.〔線ヶ滝・千ヶ滝・仙峨滝〕

—sen ～セン 山（仙).〔大山（～セン)・那岐野山（ナギノセン)・霊山（～ゼン)・仏ヶ仙・花知仙〕

Senba センバ 狭い場所.〔仙波・千葉・千波・千把野・船場（センバ)・戦（セン）場・合戦場・古戦場（小さい狭い谷)・仙婆巌（～ガヤ)・千葉崎（センバノハナ)・千葉（センバ）山〕

Senda センダ 千駄木，千駄萱（～ガヤ）を焚いて雨乞をする所.〔千田・千駄木・千駄ヶ谷・千田萱（～ガヤ)・扇田〕

Sendai センダイ 台地，河段丘，自然堤防上などにみられる地名.〔川代・川内（～ダイ)・仙台・仙代・千（セン）代・千台・千体（～タイ)〕

Senzoku センゾク (1)山頂で千束の柴を焚く雨乞.〔千足山・仙足，（千咲（センザク）原)〕(2)「山麓などの傾斜地」にみられる地名.〔洗足・千足・千作〕

Senzyô センジョー (1)※Tenzyô.〔仙丈岳・船上（センジョー）山・仙千代ヶ峰・奥千丈・千城谷・善正坊〕(2)小平地.〔千畳敷〕(3)高

地形に見いだされる地名．関東～奥羽に分布．〔散居・山居・山居山（集落名）〕

Sanmai サンマイ (1)叡山の三昧院に発して，各地に造られた三昧堂（死者追善）に因むもの．(2)墓場．〔三昧堂・三昧田・三枚洲・三枚橋〕

Sannai サンナイ 鉄師に従属して製鉄にしたがった人々．〔山内・三内・山南（サンナン）〕

Sano サノ 狭い平地．北海道と中国の中部に少いが，他は全国的に分布．〔佐野・佐濃・狭野・佐里（サノリ）・佐野田・佐野峠・佐爬・井佐野〕

Sanu (ki) サヌ（キ） 狭い土地（※Sano）．〔狭野（～ヌ）・狭沼（サヌ）・左野（～ヌ）・佐貫・讃岐〕

Sanya サンヤ (1)雑木採集場（山番）．関東に多い．(2)山野（サンヤ）を開墾した所，また共有地．〔散野・山家・山野・山谷・山屋・三谷・三家・三野〕

Sanzyo サンジョ 集落．〔三条・三女（サンジョ）子・三庄・散所・山所・山荘・産所・算所，（算用師）〕

Saotomeyama サオトメヤマ 田植のころ山の斜面に現われる雪形．〔早乙女山（大日岳付近）〕

Sappinai サッピナイ《ア》サッ（乾いた）ピ（小さい）ナイ（川）．〔佐比内・小（サ）比内〕

Sara サラ (1)乾いた所．(2)浅瀬（方言ザラ）．(3)新しい．(4)製陶地（皿山）．(5)原野（サワラ）．〔佐良・馬佐良・佐良山・讃良（サラ）・皿・皿山・皿川・皿田・更木・更屋敷・更科・猿尾（サラゴ）・含羅林山，（雙羅）〕

Sarata サラタ (1)乾田．(2)新しい．〔皿田・更（サラ）田〕

Saru サル (1)《ヤ》※Zare＞Saru．〔猿山・狙半内（サルハンナイ）・猿倉・猿田・去田〕(2)《ア》湿原，泥炭地．〔猿別〕(3)《ヤ》旅芸人に因むもの（※Sarukai）．〔猿飼〕

Sarugababa サルガババ 山地や砂丘上の小平坦地．〔猿ヶ馬場〕

Sarugo サルゴ 平安以後の猿楽（サルゴー）に因む．〔猿楽田（～ゴデン）・猿楽免・猿子渡〕

Sarukai サルカイ 東日本には馬の病気を治す猿引がいた，それに因むらしい．〔猿飼〕

Saruwatari サルワタリ 崖下で川を渡る所．〔猿渡〕

Sasa ササ (1)酒．(2)川の堰（ザザ）．(3)笹．(4)雀部（ササキベ）（賄を司る職）．〔佐々・佐々木・笹・笹島・佐生（サソー）・佐佐布・雀部（ササキベ）・私部（キサキベ）〕

Sasara ササラ (1)竹籤（ササラ）をならして歩いた修行僧．(2)獅子舞，越後獅子．(3)岩礁．〔佐々羅・讃良（ササラ）・佐良木（ササラキ）〕

Sâsi サーシ 日向地，傾斜地．〔差出・サシクボ・サシ垣内（ガイト）・サシ尾〕×

Sasu サス (1)焼畑．〔佐須・指（サス）川・熊指〕(2)砂州．〔佐須奈・刺（サス）鹿〕×

Sato サト 大化の里（6町四方）・

(1)傾斜地（下（サガ）リ）.(2)台地から低地に，また親村から下流の地への分村.〔盛・十八女（サカリ）・小野下リ・名永下リ〕

Sakasita サカシタ　中国と四国に少く，その隣接地である九州と近畿中部に多い.〔坂下〕

Saki サキ　(1)狭間．千葉，福島東部に集団分布する（岬角地名は除く）.〔咲・佐喜・佐木・佐紀・狭紀〕(2)先端.〔崎田・長崎・崎山鼻〕

Sako サコ　(1)狭間，小さい河谷.(2)湿地.(3)砂地.〔迫・岶（サコ）・峪（サコ）・窄（サコ）・作・浴（サコ）・白（サコ）・坂・阪・砂（サコ）・砂古・砂子・砂香・砂郷・佐子・佐古・佐護・栄・栄生〕(4)雑戸（ザッコ）（塚の守戸・紙工・鍛冶など）.〔雑喉場（ザコバ）〕×　岡山以西の中国と九州に多い地名.

Saku サク　(1)《ア》夏.〔積丹（シャコタン）（サクイペコタンより）：サク（夏の）イペ（魚の）コタン（村）〕(2)《ヤ》狭間（※Saki).〔咲・作・迫・谷（サク）・裂・佐久・佐久間・作（サク）谷・作（サク）田〕

Sakuda サクダ　山間の田.〔作田・裂田，（作田（サクデン））〕

Sakura サクラ　(1)※Saku.〔社倉（サクラ）・佐倉・佐久良・桜田・桜内・桜窪・大桜〕(2)桜.〔桜町（隣に「花見」あり）・桜ヶ谷・桜木町〕

Sakuri サクリ　長くくぼんでいる所，谷.〔双栗（サクリ）・サグリ〕

Same サメ　(1)サ（沢）メ（※―me)，沢目や沢辺を開墾した所．関東～奥羽に多い.〔沢目（サメ）・醒（サメ）川・鮫洲・佐目・佐女島〕(2)鮫の象形語.〔鮫・鮫埼・鮫ノ浦〕(3)白地に赤味をもつ岩石.〔鮫川・醒川・醒井〕

Sami サミ　※Sabi.〔三味・佐味・佐美・沙美・沙美峠〕

Sana サナ　昔の製鉄に因む地名.〔佐那・佐奈・佐名伝・猿投（サナゲ）・真田（サナダ）・貞（サナ）田・狭名田・金鑽（カナサナ）・真面（サナツラ）〕

Sanagi (Sanage)　サナギ（サナゲ）　※Sana.〔佐鳴（サナギ）湖・猿投山・真城（サナギ）山・佐柳島（サナギジマ）〕

Sanbe サンベ　猿.〔三瓶山：旧名はサムヒ山・サンベイ下シ〕×

Sanbô サンボー　(1)田の神.(2)日蓮宗の本尊.〔三方山・三方岳〕×(3)方角.〔三方崩山・三方岩山〕

Sanda サンダ　没収あるいは農民の死亡逃亡によって耕作者のいなくなった田地（9世紀以後).〔三（サン）田・三陀山・散田・寒田（サンダ）〕

Sanemori サネモリ　害虫（サネモリ）送り.〔実盛・実森・サ子モリ〕

Sange サンゲ　※Negoyaに似た「城下」．九州にとくに多い地名.〔山下・山花（サンゲ）・産下〕（南九州では山下（ヤマゲ）の例もある）

Sanka サンカ　郷の連合体の地名（※Goka).〔三箇〕

Sankyo サンキョ　分家や，高い

(ロンデン)・論電ヶ谷地・論手,(坉田(ドンデン)・頓田・道田(ドデン)・道田(ドーデ)・綸出(ドンデ)・ドンデン池)〕

Ronzi　ロンジ　小盆地(秋吉ではドリーネ),谷頭,小さな谷などにみる地名.「炉ン地」の意か.〔論地・論地畠,(頓地,ロンジの訛)〕

Ru　ル《ア》足跡,道.〔留辺蘂(ルベシベ):ル(路)ペシ(それに沿って下る)ペ(水),ゆえに「山をこえて向う側の土地へ降りてゆく路のある川」となる〕

—ryô　〜リョー　荘園関係の地名.〔神領・寺領・府領・国領・南部領・平沢領〕(※Hôryô,※Ôryôなどは省く)

Ryôke　リョーケ　(1)※Honzyo(本所)に対して,その保護者が一般の勢家である場合に,彼らを「領家」といい,その荘官の「領家職」の居住した所がこの地名になったもの.〔領家・領下・竜毛(リョーゲ)〕(2)陵家,陵戸.〔良家〕

Ryûô　リューオー　「竜王」は雨乞の水神で,雨の少い瀬戸内に多い地名.〔竜王・竜王谷・竜王山・竜王岬・竜王鼻・竜王岳〕

S

Saba　サバ　(1)砂礫土.(2)サバエ(田の神).〔鯖・鯖江・鯖神・鯖地・鯖山・佐波・佐波木・佐波令,(山波(サンバ)・曾波之神)〕(3)鯖.〔鯖瀬・鯖根〕×

Sabe　サベ　※Same.〔山辺里(サベリ)・サベット〕×

Sabi　サビ　※Sobu.〔佐比・座比(サッピ)・佐備・鉏(サビ)海・早飛沢(サビサワ)・小比(サビ)内・佐飛山・錆沢・蛇尾(サビ)川・三蛇山・サビ峠・サビヤ山,(篠尾(ササビ))〕

Sade　サデ　山の急斜面.〔坂手・祚田(サデ)・佐手・佐手ヶ坂・サテ山〕

Sado　サド　堰.〔佐渡・佐藤・佐戸・佐都・佐土原〕

Sae　サエ　(1)山の上の方,奥山.(2)狭い谷間.〔佐江崎・才柏(サエガシ)・田ノ際(サエ)・家ノ際・クラ際〕(3)※Saedo.(4)※Saeki.

Saedo　サエド　道祖(サエ)神を祭る所.〔佐江戸・道祖(サエ)土〕

Saeki　サエキ　佐伯部(エゾの俘囚の諸国に移配されたもの).〔佐伯・佐伯本・佐伯峠(〜タワ)・佐伯湾〕

Saiden　サイデン　神田.〔斎田・才田・祭田・際田〕

Sainokami　サイノカミ　峠の神.〔妻ノ神・才ノ神・塞ノ神・賽神沢・境(サイノ)神・幸(サイ)ノ神・斎ノ神〕

Saitô　サイトー　道祖神を祀る所(※Saedo).北海道以外の全国に分布.〔斎藤・最戸(サイト)・西戸(サイト)〕

Sakahira　サカヒラ　坂,傾斜地.〔坂平〕

Sakamoto　サカモト　坂の下.中国,四国に多い.〔坂本・坂元・坂下・阪本〕

Sakari (Sagari)　サカリ(サガリ)

山奥の谷. (2)やや大きい谷，または盆地. 〔大内・大内田〕

Ôzi オージ ※Onzi. 〔大路・大地（オージ）・大内（オージ）・王寺・邑地（オージ）・庵治（オージ）〕

P

Panke パンケ 《ア》川下（シモ）（の）. 〔パンケナイ：下川〕

Para パラ 《ア》広い. 〔幌筵：パラ（広い）モシル（島）〕

Penke ペンケ 《ア》川上（～カミ）（の）. 〔ペンケナイ：上（カミ）川〕

Petpet ペッペッ 《ア》小川がごちゃごちゃ集っている所. 〔別別川・美々（ビビ）（ペッペッより）・弁辺（ベンベ）（今は豊浦と改名）〕

Petu ペツ 《ア》川. 〔ポンヌンベツ：ポロ（大きい）ヌン（野）ペツ（川）・紋別：モ（静かな）ペツ（川）〕

Pi ピ 《ア》石，小石. 〔札比内：サッ(乾いた) ピナイ（小石川）〕

Pinne ピンネ 《ア》男の，雄の. 〔敏音知（ピンネシリ）：ピンネ（男の）シリ（土地）〕

Pira ピラ 《ア》崖. 〔フレーピラ：フレー（赤い）ピラ（崖）・平賀（ピラカ）：ピラ（崖）カ（上）〕

Pon ポン 《ア》小さい（大きいは※Poro）. 〔小沼（ポント）・奔別（ポンベツ）〕

Poro ポロ 《ア》※Horo. 〔幌内：ポロ（大きい）ナイ（川）〕

R

Raizin ライジン 雷神信仰に因む地名. 〔雷神山・雷神森，（雷電（ライデン）山）〕

Rakuiti ラクイチ 免税で自由に商売の許された市場. 〔楽市〕

Rep レプ 《ア》沖. 〔礼文島：沖島のこと〕

Risiru リシル 《ア》高い土地. 〔利尻〕

—ro（—rô） ～ロ（ロー） 水門，峡谷. 方言ドー(信州では渡（ド）の字を当てる）より. 〔大呂・下呂・中呂・上呂・上路（アゲロ）・久津呂〕

Rokuro ロクロ ※Kiziya. 〔轆轤・呂久呂・六郎地山・六呂田・六鹿・六路原・六呂師・六沢（ロクソ）・鹿路（ロクロ）・鹿狼山〕

—rômaru ～ローマル (1)いくつかの丸い丘，山脚. 〔太郎丸・五郎丸〕(2)円頂峰の対地名. 〔太郎丸嶽と次郎丸嶽〕(3)氾濫原，自然堤防，小谷盆地，崖錐，扇状地，台地，海岸の小平野など，一般に低地に見られる. 〔太郎丸・次郎丸・治郎丸・三郎丸・四郎丸・五郎丸・九郎丸・十郎丸（太郎丸最も多く，五郎丸これにつぐ）〕西南日本，とくに北九州に多い地名.

Ronde（Ronden） ロンデ（ロンデン） (1)堤防（方言ドンタ）. (2)泥地（※Donta），ドンタを論田と書いてロンデ，ロンデンと読んだもの. × 低湿地や谷頭に見られる地名. 北海道と近畿以外にひろく分布. 〔論田（ロンデ）・論田

⑵※Oda＞Onda.〔隠田・恩田・鬼田（オンタ）・音田・御田〕

Onzi（Onti）　オンジ（オンチ）　日陰地，湿地.〔恩地・恩智・恩志・隠地・音地・御池（オンチ）〕

Oppa　オッパ　浜辺.〔追波湾・追浜・越浜（オッパマ）〕

Orito　オリト　物洗場，下り口.〔折戸・ヲリ渡・織戸・折堂〕

Oro　オロ　⑴《ア》…の所.〔能取（ノトロ）：ノト（岬）オロ（の所）〕⑵《ヤ》崖，日陰.〔尾呂・於呂・小（オ）呂・大（オ）呂・芷（オロ）・落地（オロチ）・芷場・鬼露野（オロノ）・込（オロ）ノ口・小路（オロ）口・浦芝原（オロシバル）・遠（オ）路島〕

Orosi　オロシ　崖.〔下石（オロシ）・石下（イシオロシ）・尾呂志・下嵐江（オロシエ）・矢下（～オロシ）・打下（～オロシ）・壺下（～オロシ）・大根下（～オロシ）山・卸木・馬下（マオロシ）・牛（ウシ）下・牛落（～オロシ）鼻・折瀬（オロシ）崎・浦芝原（オロシバル）〕

Ôryô　オーリョー　⑴山奥の地.⑵村・字・谷の範囲.〔王領・王竜寺（オーリョージ）〕

Osa　オサ　⑴稲田，田の一区画.⑵谷から峰までの高さ.〔長田・他（オサ）田・遠佐・日（オ）佐・遠（オ）佐〕

Ôsaka　オーサカ　⑴峠の上や下にある地名.〔大阪・越坂（オッサカ）・大坂・逢坂・逢坂峠〕⑵大洲処（オースカ）（※Suka).〔大坂間（デルタ上，川畔にある)〕

Osakabe　オサカベ　刑務に従ったもの.〔刑部・押部・小坂部，（坂部・佐下部・長部田)，オサベ・オシカベともよむ〕

Ôse　オーセ　川の早瀬.〔大瀬・邑（オー）瀬・大瀬川原・大畝（～セ)〕

Ota　オタ　《ア》砂，砂浜.〔小樽：オタ（砂の）ル（路)〕

Ôta　オータ　⑴大きい田.〔大田〕⑵※Aota＞Ôta.〔青田（オータ）・太田〕

Otagi　オタギ　山城の「愛宕」の旧名（名義不詳）で，その伝播村名.〔愛宕（オタギ）・男抱（オダキ）山・小滝（オダキ）山〕

Ôti　オーチ　※Onzi.〔邑（オー）智・邑知・祖（オーチ）・大市（オーチ）・大地〕

Otiai　オチアイ　川の合流点.近畿と南九州，北海道を除く全国に多く分布.〔落合〕

Oto　オト　⑴音.〔音沢・音谷〕⑵乙に曲った崖，海岸など.〔乙津・乙浜・乙丸・小道（オト）木・小戸〕⑶《ア》砂，砂浜（※Ota).×〔乙部：オト（砂）べ（ある所）・音別：オト（砂）ベツ（川)〕

Ôto　オート　入口.〔大戸・大音（オート）・大門（オート）崎・大杜（オート)〕

Otowa　オトワ　⑴峠（オオタワの転).⑵滝（タワすなわち鞍部から落ちるから).〔音羽・音石（オトワ）・乙葉（～ワ）川〕

Ottisi　オッチシ　《ア》陸繋島.〔落石：オッ（うなじ）チシ（中くぼみ)〕

Ôuti　オーウチ　⑴深く入りこんだ

Obata オバタ ※Kobata.〔小幡・尾畑・小（オ）畑・小俣（オバタ)〕

Oda オダ ⑴狭い耕地. ⑵砂地(※Uda), 泥田.〔織田・小田（オダ)・乎（オ）田・小（オ）田・小田原〕⑶尾根の田.〔尾田〕

Ôde オーデ 遠くへの出村.〔大出〕

Odô オドー 山頂.〔大（オ）堂・大堂（オードー）ヶ峠・尾土（〜ド)・尾戸（〜ド)・大戸（〜ド)・大殿（〜ド)〕

Odoriba オドリバ 国府の遺蹟地にみられる地名.〔踊場〕

Oga オガ ⑴きこり, 大鋸. ⑵岡, 尾根, 山の背.〔男鹿岳・男鹿内・男鹿浦・小鹿島・尾賀・遠賀（オンガ)・大神（オーガ)・太神（オーガ)〕

Ogi オギ ⑴※Hoki. ⑵オ（小さい）キ（※Ki). ⑶湿地.〔小木・荻浜・荻町〕

Oguni オグニ 地形上まとまった小さい別天地（小国のコは佳字でないからオとよんだもの).〔小国・雄国・尾国〕

Ogura オグラ ※Kokura.〔小椋・御座・小倉・御蔵入〕(木地屋が小椋姓であるのは, コクラ（小高い台地）に住んでいたからであろう)

Ogyû オギュー 小さい谷頭.〔荻生・越久（オッキュー)・荻布・小久田（オキューダ)・大及（オギュー)〕

Ohari (Owari) オハリ（オワリ）広い開墾地.〔大張野・尾張・小（オ）針・小（オ）張・小墾（オハリ）田・小治田〕×

Ôita オーイタ 大きい田.〔碩田（オーイタ)・大分・大井田〕×

Oiwake オイワケ 道路の分岐点. 北海道東部と四国以外に広く分布.〔追分・追別〕

Oka オカ ⑴《ア》後, 跡.〔可笑内（オカシナイ)：オカ（後, 跡）シ（小さい）ナイ（川)〕⑵《ヤ》尾根, 上.〔岡・丘ノ上・岡田〕

Oki オキ ⑴海, 浜. ⑵広々した田畑, それがある方向. ⑶奥.〔沖田・沖山・中沖・沖島・於岐（オキ）ノ島〕⑷湿田（オキダ※Ogi).〔沖田〕

Okkiri オッキリ 堤防の決潰した所. 関東に多く南奥に及ぶ.〔押切〕

Ômi オーミ ⑴オー（大）ミ（水), 川畔の袋地. ⑵谷奥, 湾の奥（原意はオクミか). ⑶※Amami.〔近江・大味・多（オー）実・邑（オー）美・相見・大見・尾見・於見・青（オー）海・大海・海（オミ）田・麻績（オミ)〕

Onbô オンボー 火葬する役人.〔隠坊・隠亡・熖房・於保〕

Onigoe オニゴエ ⑴※Nigoeの転. ⑵オニ（狼).〔鬼越・鬼越山, (鬼坂)〕

Onizuka オニズカ<〜ヅカ ⑴鬼の伝説ある塚. ⑵石室や石棺のある古墳.〔鬼塚〕

Onne オンネ《ア》老いている（大きい).〔温根別：オンネ（大きい）ベツ（川)〕

Onta オンタ ⑴隠れ田（落人の田, 隠蔽して年貢を納めぬ田).

Nono　ノノ　巫女.〔野々宮・野々村・野々市・野々島・野々浜〕

Noro　ノロ　(1)淀んだ所，砂泥地.(2)緩斜地.(3)《リ》巫女.〔野呂・野呂山・野路・能呂・野呂内〕

Norosi　ノロシ　烽火をあげた所.〔狼煙（ノロシ）・狼烟山・ノロシ山・能呂志・烽火山・烽火ノ鼻，(火立ヶ岡・火上山・火山・火ノ山・火ノ岳・火島・飛岡・鳶岡)〕

Not（Nokke）　ノッ（ノッケ）《ア》岬，あご.〔野付牛：ノッケ（岬）ウシ（場所)〕

Note　ノテ　入会山，深山，猪鹿などの通り路.〔能手・野手・野手崎・野手島〕

Noti　ノチ　湿地（※Yati).×　中国・四国・九州東半に多い.〔野地・野地温泉・野馳（〜チ)〕

Noto　ノト　(1)《ヤ》ノド（咽喉）と同じく「狭い通路」.(2)《ア》ノッ（あご，岬).〔能登国：岬はスズで，能登郡（和名抄）は半島の基部にあるから，狭い通路（邑知潟地溝の）または「沼所（ヌト)」とも考えられている.能登川・能等香（ノトカ）山・能登原・納戸地〕

Nozoki　ノゾキ　(1)小盆地の入口，断崖の上から遠方や深い盆地底を覗きうる所.(2)検地の際，のぞかれた社寺領.〔及位（ノゾキ)・除野（ノゾキ)・除（ノゾキ)・莅（ノゾキ)・覗（ノゾキ)・覗石〕

—nôzyô　〜ノージョー　農場.北海道の開拓村に多い.〔愛知農場・三木農場・吉沢農場〕

Nuke　ヌケ　山抜け，山崩れの跡.〔抜谷・大抜・上抜ヶ谷〕

Nupu　ヌプ　《ア》野.〔ヌプカペツ川：ヌプ（野）カ（の上の）ペツ（川)〕

Nupuri　ヌプリ　《ア》山.〔登別：ヌプリ（山）ベツ（川)〕

Nuta　ヌタ　湿地.※Nitaとともに近畿中心の周圏分布をなす.〔奴田・怒（ヌ）田・沼田（ヌタ)・渟（ヌ）田・赤汢（ヌタ)・垈（ヌタ)・藤垈・奴（ヌ）田野・饒藪（ヌタヤブ)・蒁（ヌタ）尾・白似田（〜ヌタ)・新田（ニヌタ)〕

Nutap　ヌタプ　《ア》川の彎曲内の土地，川沿いの平地.〔大曲（タンネヌタップ)：タンネ（長い）ヌタプ（彎曲した川間の土地)〕

Nyû　ニュー　赤土.〔丹生・丹生川・入（ニュー）川・入野（ニューノ)・壬生（ニュー)・仁宇〕

O

O　オ　(1)《ア》川口，陰部.〔興部：オ（川口が）ウ（お互いに）コツ（くっついている）ペ（もの）より「下流での合流」の意〕(2)《ヤ》峰.(3)《ヤ》麻.〔麻（オ）山・雄山・麻（オ）郷〕×

Oba　オバ　※Uba.〔尾羽（オバ)・小（オ）場・小波（オバ）瀬・尾鷲（オワセ)・姨捨〕×

Ôba　オーバ　(1)広場.(2)雪崩.〔大場・大羽・大庭（〜バ)〕

Obasute　オバステ　(1)老婆を捨てた昔話にちなむ地名.(2)オバセ（小波瀬）の転化の説.〔姨捨・姨捨山〕

根・二子根〕(2)《ヤ》山（台地）麓.〔山根・根岸・根来〕(3)《リ》村の中心.〔仲宗根・根差部・根瀬部〕

Neba ネバ (1)粘土. (2)茸のよく出る所，魚の集るところ.〔根羽・根羽川・ネバ尾・子（ネ）バガ江〕

Negata ネガタ 山麓，ふもとの村.〔根形・根堅〕

Negi ネギ 神主. 仙台～下ノ関のあいだに，主として表日本に分布.〔禰宜・禰宜屋・禰宜谷・禰宜屋敷・蒜（ネギ）屋敷〕

Negisi ネギシ 山麓. 関東～奥羽にのみ分布.〔根岸・根岸坂〕

Negoya ネゴヤ 山城時代の城下の村. 南奥～関東に分布.〔根子屋・根小屋・根古屋・根古谷・根木屋・城下（ネゴヤ）・似虎谷（ネコヤ）〕

Neki ネキ 山の手，側（ソバ).〔根木・根木内・禰疑野・禰（ネ）キ・子キ浦・根木尻〕

Ni ニ 《ア》木，森.〔新冠（ニイカップ）(ニカプコタンより)：ニ（木の）カプ（皮）コタン（場所)，以前は衣服の原料として採集した. 根室（ニムオロより)：ニ（木の）ム（塞がる）オロ（所)〕

Nibu ニブ ※Nyû.〔丹生（ブ)・二部・壬部（ニブ)・鈍（ニブ）川・人歩（ニブ）坂〕

Nigoe ニゴエ ニ（嶺，棟）ゴエ（越）から峠のこと.〔荷越坂，(荷坂峠)〕

Niinomi ニイノミ 台地の傾斜面（方言ニイノメ).〔新帯（ニイノミ)・新泉（ニイノミ)・新家（ニイノミ)・新居（～ノミ)〕

Nio ニオ (1)※Mio. (2)奥山. (3)「稲積（ニオ)」の象形語. 瀬戸内に分布.〔仁尾・仁保・二保・仁保島・二保津・新穂（ニオ)・鳰（ニオ)〕

Nita ニタ 《ア》《ヤ》湿地（※Yatiとよく似た意味). ※Nutaとともに近畿中心の周圏分布をなす.〔仁立内（ニタナイ)・二田・仁田・仁井田・二井田・新井田・似田・似内・似首・荷駄・大荷駄・新田（ニタ)・新飯田・仁田野・仁反野・大尼田・任田〕

Nito ニト ※Nita.〔二戸・児渡（ニト)・仁斗田・入戸（ニット）野・二藤袋（ニトーブクロ)・新戸・新渡辺・二戸平（ニトヘ）越〕

Nitta ニッタ (1)※Nita. (2)新井田（ニイダ）(※Sinden）より.〔新田（ニッタ)・日田（ニッタ)・新田（ニヌタ)，(新井田・新飯田（ニイダ)・新田（ニーダ))〕

Noda ノダ 湿地（※Nuta). 北海道以外の全国に分布.〔野田・野田尻・小野田・野駄・野多〕

Nogata ノガタ (1)高地を開墾した所，高台地方. (2)村.〔野方〕

Noge ノゲ 崖（※Nuke).〔野毛・野芥・芒（ノゲ)・能解（ノケ)〕

Noguti ノグチ 山地から平地への出口に設けた枝郷.〔野口〕

Noma ノマ 沼地，ヌマ（沼）の転. 西南日本に多い.〔野間・野馬水・縄（ノー）間・宇納間・乃万・苗羽（ノーマ)〕

地」.〔祖納（〜ナイ）・鬚川（ヒナイ）〕(3)内側.〔庄内・院内・陣内・府内〕

Naka　ナカ　(1)中間（チューカン）. (2)※Na〔那賀・名賀・奈何・那可・那珂〕(〜naka〜を除く)

Nakama　ナカマ　狭間（ハザマ）. 岡山以西に多い地名.〔仲間・中間・中万（ナカマ）・中馬（〜マ）・中澗〕

Nakanome　ナカノメ　低湿地中の小島状の畑，あるいは集落（※Meは狭い土地）. 奥州にのみ分布.〔中ノ目・中野目〕

Name　ナメ　(1)「滑らかな」(※Nabe) 所. (2)岩の上を水の流れる所.〔滑川・滑津・行（ナメ）沢・行（ナメ）方・奈女沢〕

Nanba　ナンバ　(1)※Nahaの宛字「難波」の音読. (2)ナギワ＞ナニワ＞ナンバとも考えられる.〔難波・南波山・難場山・綱南葉山・南保（ナンバ)〕

Nara　ナラ　(1)朝鮮の楽浪郡の楽浪（ナラ）＞奈良の説. (2)国土（※Na）. (3)緩斜地（《モ》Nura（湾）より）. この(3)の地名例が多い.〔奈良・那羅（ナラ）山・平（ナラ）山・寧楽（ナラ）・平城（ナラ）京・楢戸（ナラド）・成岩（ナラワ）・楢葉（ナラハ）・奈良田〕(4)楢.〔楢ノ木・奈良林〕×

Narai　ナライ　(1)山陰（〜カゲ）. (2)西〜北〜東の風（地方によってことなる）.〔奈良井・北風原（ナライハラ）・楢井〕

Naro　ナロ　※Naru.〔奈路・柿奈呂・南室（〜ナロ）・中成（〜ナロ）・石神成（〜ナロ）・奈良津（ナローズ）・成老（ナロー)〕

Naru　ナル　(1)緩斜地，平地.〔均（ナル）・成（ナル）・成沢・成毛〕(2)「鳴る」意.〔鳴沢・成瀬・鳴門〕

Narukami　ナルカミ　雷.〔鳴神・鳴神山・鳴雷（ナルカミ）山・奈留神鼻〕

Nata　ナタ　「川岸の土地」にみる地名. 近畿〜中部に分布.〔名田・那田・那谷（ナタ)〕

Nati　ナチ　(1)谷壁，山麓にみられる地名. (2)熊野神社と併存する場合がある.〔那智・那智滝・奈智滝・那知・那知合・那知梛（〜ナギ）・大那地〕

Natumaki　ナツマキ　焼畑（夏樹木を焼いて播種する）. 陸奥〜陸中に分布.〔夏間木・夏真木〕

Natume　ナツメ　丘陵上の浅い谷にみる地名. 長野，山梨に多い.〔夏目・棗・菜摘（〜ツメ）・夏女・夏梅（ナツメ)〕

Natuyaki　ナツヤキ　夏焼いて作る焼畑. 山腹や丘陵斜面にみるが，平地にはない. 中央日本に多い地名.〔夏焼・夏秋・夏明・夏弥喜〕

Nawate　ナワテ　(1)畔道. (2)集落間の空間，また距離.〔畷・縄手・苗手・沖田畷〕

Naya　ナヤ　納屋. 九十九里浜，下北半島などに多い.〔真亀納屋・牛込納屋・白幡納屋〕

Nazima　ナジマ　小島，礁などの名，および川畔にある地名（ナは「波」または「水」). 西南日本に分布.〔名島・波島（ナジマ）・奈島〕

Ne　ネ　(1)《ヤ》岩礁.〔鯛根・蛸

Myôzin ミョージン 延喜式の名神（ミョージン）(「特に有名な神」の意）から起った名で，中世末に盛んに建てられた社名にちなむ地名．広島～青森に分布．〔明神〕

N

Na ナ (1)《ヤ》《チ》土地．関東以西に分布．〔山名・川名・那津・浜名・桑名〕(2)《リ》土地．〔恩納・嘉手納（カデナ）〕(3)《ア》水．〔目名．ただし次の地名は除く：ナコ（名古），ナカ（中），ヤナ（簗），ナヤ（納屋），ナギ（薙），サナグ（佐那具），ナダ（灘），ナガラ（長良），タナ（棚），ヒナタ（日向）など〕

Nabe ナベ (1)「滑らかな」．〔常滑（～ナベ）・鍋田〕(2)鍋形．〔鍋山・鍋島・鍋冠山〕

Nada ナダ (1)《ヤ》海岸に近い海面，沖．(《モ》Nura（湾）＞Nara＞Nadaの説もある)．〔鹿島灘・水島灘〕(2)《ヤ》2つの土地の間．〔那田・名田・大灘〕

Nagano ナガノ (1)ナガ（※Nago）ノ（野）．(2)ナガ（長）ノ（野）．北海道と中国をのぞく全国に分布．〔長野・永野〕

Nagara ナガラ (1)細長い地形（自然堤防・河谷・段丘など），この例が多い．(2)「流れる」．関東以西に分布．〔長良・長柄・長楽（ナガラ・ナガアラ）・長等（ナガラ）山・名柄・永良，(流留（ナガル）・流（ナガレ))〕

Nagasaki ナガサキ 「長崎」の意で，海岸にも内陸にもある．〔長崎・長崎鼻〕

Nagi ナギ (1)山崩れの所，崖．〔鎌崩（カマナギ）・赤薙山・薙ノ谷・黒薙川・那岐山（～セン)〕(2)切替畑，焼畑，遠方の田畑．〔薙畑・薙藪・名木・泙（ナギ）野〕

Nagiri ナギリ ナギレル（「あふれる」方言）より，「岬」や「海岸に近く海波の侵しやすい所」．西日本に多い地名．〔波切・奈切・名切・名喜里・菜切〕

Nago (Nako) ナゴ（ナコ） (1)小平地．(2)砂地．(3)波の静かな入海．全国に分布．〔名古・名来・名越・名号・那古・奈古・奈胡・川女子・川中子〕(4)名子制度．東北地方に分布．〔名子割〕

Nagoya ナゴヤ 平坦地（台地，山地平坦面など)．〔名古屋・名護屋・名古谷・奈古屋・名越（ナゴ）屋・長尾谷〕

Nagu ナグ 《リ》礫．〔名護（ナグ）岳・名護（ナグ)・津名久・日奈久〕

Nagura ナグラ ゆるい起伏のうねる地形（ナグラは「波のうねり」の方言)．〔名倉・那倉・南倉沢〕×

Naha ナハ (1)《ヤ》《リ》漁場．(2)《ヤ》《チ》土地，国．関東以西の西南日本に分布．〔那覇・与那覇・瀬名波・難波（ナハ）・南白亀（ナハキ)，(縄瀬・名和・那波・名波谷)〕

—nai ～ナイ (1)《ア》川，谷，沢．〔幌内：ホロ（大きい）ナイ（川)〕(2)《リ》八重山地方では「土地」，《ヤ》古語ナイも「土

本に多い.〔大門・山門・古門・本門・惣門〕

Monomi　モノミ　展望のきく山.〔物見・物見山・物見岡・物見峠・物見塚・物見岩・物見ヶ岳・斥候（モノミ）峠〕

Monzen　モンゼン　主として「寺院の前」. 四国に少いが全国にひろく分布.〔門前・門前垣内〕

—**mori**　～モリ　《ヤ》《リ》山.〔雨ヶ森・運玉森・高森……どれも山の名〕

Moro　モロ　(1)※Muro. (2)Muraの転.〔毛呂・茂呂・両（モロ）神・諸桑・師（モロ）崎・小諸（コモロ）(信州の大村郷が後世大室（～モロ）と小諸に，小村郷が小室となった)〕

Mosiru　モシル　《ア》島，国土.〔幌筵：パラ（広い）モシル（島)〕

Moti　モチ　(1)鏡餅形の土地. (2)小さい盆地，谷. (3)傾斜地. (4)平坦地.〔餅・最知・毛（モー）知・孟地・望地・守道（モチ）・茂地・持地・剣持・餅田・用（モチ）ヶ瀬・牡丹餅・用（モチ）丸〕×　(5)《リ》モー（原，山野）より「平地」の意.〔持永・大持（～モチ)〕北海道以外の全国に分布.

Mu　ム　《ア》「ふさがる」.〔鵡川（ムカベツ)：ム（ふさがる）ベツ（川)〕

Mugi　ムギ　崖錐，段丘，砂丘などのムキ出しになってよく見える地形.〔田麦・麦生野・野麦・コムギノ越〕

Munakata　ムナカタ　(1)ム（沼沢）ネカタ（接所). (2)宗像神社による伝播地名.〔宗方・胸形〕

Murayama　ムラヤマ　入会地として利用された村有の山.〔村山・村山峰・村山木戸〕

Mure　ムレ　《チ》Maru（山）より. 九州に多い.〔牟礼・武例・群（ムレ)・群（ムレ）山・花簇（～ムレ)・花ノ群（ムレ)・六連・大武連・高無礼・大無礼・牟礼浜・騎群（キムレ）峠・鼻牟礼峠〕

Muro　ムロ　(1)《チ》Maru（山）より. 山で囲まれた所で，小さい入江や河谷の小盆地をいう.〔室生（ムロー)・牟婁（ムロ)〕(2)神社またはその森（ブロ・ムロ).〔御室・三室山〕(3)古墳の石室，竪穴住居.〔室町・氷室・日室・室野・室原・無路原〕×　北海道以外の全国に多い.

Musasi　ムサシ　(1)ボサ（笹・茅などの茂み）より. (2)いくつかの支谷をもつ本沢（方言ムサ).〔牟佐・武蔵・武蔵谷・ムサノ前〕

Musi　ムシ　(1)虫送り（害虫駆除).〔虫送・虫送場・虫送山・虫祭・虫神・虫屋田（～オダ)〕(2)昆虫.〔虫掛：虫のいる崖地・虫喰田・虫喰岩〕

Muta　ムタ　湿地，泥田.〔牟田・六田（ムタ)・無田・務田〕

—**myô**　～ミョー　平安以後の名田.〔公文名・徳富名・国光名〕

Myôga　ミョーガ　※Mioより，「河谷中の水溜り」.〔名荷・茗荷谷・茗荷峠（～ダワ)〕

Myôken　ミョーケン　妙見寺（星信仰）による.〔妙見・妙見山・妙見堂・明見・明剣〕

とで，また「水路」や「淀」.〔三尾・三尾川・三尾浜・三尾里（～サト）・弥乎（ミオ）・水尾・三緒（ミオ）郷・御麻生園（ミオーソノ・ミョーゾノ）〕

Mita ミタ (1)本田（苗代田に対し）.(2)御田（オンダ）の転（※Kanda．神田の世話をある集落内ですることに決った場合の田植をする田）.〔三田・美田・御田・箕田〕

Mitani ミタニ 3つの谷の合流点．中国・四国・近畿に分布．〔三谷・三渓（～タニ）・三谿（～タニ）・美歎（ミタニ）・実谷〕

Mito ミト (1)狭小な谷中，谷口，水口．〔水戸・味藤・水土野（ミドノ）・三戸・水門〕(2)田神を祀る田．〔水渡田（ミトダ）〕(3)港．〔三津（ミト）・水戸辺〕

Mitosiro ミトシロ 神田（※Kanda）の古語．〔三斗代・美土代・見戸代，（見代・身代島）×〕

Miwa ミワ 三輪神社（出雲族）にちなむ．〔三輪・三和・美和・箕輪・神（ミワ）・神部（ミワ）・大神（ミワ）・見和〕

Miya— ミヤ～ (1)《ヤ》神社．〔宮崎・宮前・大宮・宮川〕(2)《ヤ》《リ》原野．〔宮城（ミヤグスク）・宮里・宮ノ尾・宮塚山・宮ノ入〕

—miya ～ミヤ 国司着任のとき巡拝する順序を立てたことによる地名．〔一ノ宮・二ノ宮・三ノ宮・三野宮・四野宮〕

Miyagi ミヤギ ※Miyake．〔宮城・宮木・三養基〕

Miyairi ミヤイリ 小さい谷が平地から山地に入りこんだ所．〔宮入・宮入山〕

Miyake ミヤケ (1)大化以前の天皇の直轄地．(2)高床式家屋．近畿に集中的に分布．〔三宅・御宅（ミヤケ）・見（ミ）宅・味明（ミヤケ）・見明・三明〕

Miyako ミヤコ (1)首都．(2)行宮の趾．(3)文化の中心地．(4)氏子，神主の支配下の神役（宮子）．（肥前では長崎をミヤコという）〔京都（ミヤコ）・宮古・宮子・宮郷・宮処（ミヤコ）野・都（ミヤコ）島・都城（ミヤコノジョー）・都井・都田〕

Miyata ミヤタ ※Kanda．〔宮田〕

Miyawaki ミヤワキ (1)神社のとなりの土地．(2)ある「平地」（ミヤ）で本流に対して「支流の部分」（ワキ）．本流の部分を「正ヶ脇」という（美濃の山林），また一般には山麓や谷壁の場所で，平野の脇の意．〔宮脇・宮脇垣内・宮脇岸〕

Miyo ミヨ (1)※Mio．(2)火山湖．〔三代・三夜沢，（明生（ミョーエ））×〕

Mizuho ミズホ わが国土の美称．小さい地名としては，後世になったものが多く，町村名となっている．〔瑞穂〕

Mo モ (1)《ア》静かな，子（親に対して）．〔紋別：モン（支）ベツ（川）・茂別：モ（静かな）ベツ（川）〕(2)《ヤ》藻．〔母沢・藻崎・藻曾根〕

Moi モイ 《ア》入江．〔※Tanne参照〕

—mon ～モン 寺の門前．西南日

ら北奥に多い.〔目名・目名川・目名市・目那・女那川〕

Mera　メラ　傾斜地，山腹（※Hera).〔妻良（メラ)・女良・女良木・米良・布良（メラ)〕

Meziro　メジロ　※—me，※Siroから，「小さい谷頭」,「小さい川畔」の「台地」にみられる地名.〔目白・目白岩・目代〕，目白（不動）は別.

Mi—　ミ〜「御」(敬語).〔三崎・三沢・実川・箕川〕×

Midori　ミドリ　(1)縁（ミミ）取り，盆地や丘を縁どりして存在する集落，また「縁を通る」意.(2)耳取り行事説.(3)収穫の少い田畑(方言ミドリバ).〔見取・見通沢・耳取・耳取峠・見鳥・実鳥・味取・味鳥・尾翠・水取・水鳥（ミドリ)・水鳥谷・海（ミ）鳥・緑・緑岡・中緑・緑野・緑川・緑井・緑僧都（〜ソーズ)・美土里〕

Midoro　ミドロ　湿地にみられる地名.〔真（ミ）泥・見土呂・箕土路・美土路・海（ミ）土路・三戸呂・見登呂・見土路谷・水ヶ瀞〕

Miho　ミホ　(1)※Mio.(2)ミ・ホともに敬語とする説.〔三保・三穂・美保関・御穂ノ前〕

Mikata　ミカタ「御潟」の説.但馬〜若狭に多い.〔三方・美方・実方・箕形・味方〕

Mikawa　ミカワ「御川（ミカワ)」の意か.〔三川・実川・目（ミ）川・味川尻・見川田〕×

Miko　ミコ　巫女.〔神子・若神子・神子（ミコ）ノ浦・神子（ミコ）ノ尾・神子田・神子（ミコ）元島・神子沢・神子清水・市神子・神子納・ミコノ峠・社神子(シャミコ)〕

Mima　ミマ　(1)水路ある狭間.〔水間（ミマ)・水間（ミズマ)・三間・三万田・御畳瀬（ミマセ)・光（ミツ）満・美馬（ミマ)・味馬・味間・実間，(味鋺（アジマ):(ミマの転))×〕(2)※Ma(1).〔水（ミ）ノ潤（マ)〕

Mimitori　ミミトリ　(1)※Midori.(2)下部を切取られた台地など.〔耳取・耳取峠・耳鳥〕

Mimuro　ミムロ　※Miwa.〔三室・御室〕

Minakuti　ミナクチ　(1)谷の狭まった所.(2)水田への水取入口.〔水口・皆口〕

Mino　ミノ　(1)丘陵地.(2)※Minô.〔美濃・美野・三濃・三野・御野・身野・見野・簑（ミノ）島・箕（ミノ）山〕

Minô　ミノー　嶺線，尾根.西南日本に分布.〔耳納・箕尾・箕生（ミノー)・箕面（ミノオ)・身延・三納代（ミノーシロ)・鈴ノ三納（山名)〕×

Minoti　ミノチ「水の内」の意，小河谷や小盆地などの湿地または低地を呼ぶ名.〔水ノ内・海（ミ）内・見内・三内・御内〕

Minowa　ミノワ　曲流部や曲った海岸・台地などの半円形の土地(水（ミ）の輪（ワ）の意か).東北日本に分布.〔箕輪・蓑輪・美濃輪・美ノ輪・峰輪・三野輪・三之輪・三濃輪・身乃輪山・箕曲（ミノワ)・箕和田〕

Mio　ミオ　澪（ミオ)，水尾のこ

集落間の広い無住地．以上のような所にみられる地名．〔間野・間野谷・馬野原・真野〕

Manzai マンザイ シュク（※Syuku）に由来する万才を演ずる集落にちなむ．〔萬歳・徳萬歳・萬歳光内・万歳田・万才池・萬財〕

Mariko（Maruko） マリコ（マルコ） (1)椀を造るを業とした部民（鞠部）の居住地，おもに東国に栄えた．関東～東海に分布し，川道と街道の交点にみられる地名．〔鞠子・毬子・麻利子・丸（マリ）子・丸小〕(2)丸い（方言マルッコイ）．〔丸子山・丸子頭（山名）〕

Maruo マルオ 円みをもつ尾根．西南日本に多い．〔丸尾・丸尾原・丸尾崎・丸尾滝・丸尾山〕（富士山の北麓では熔岩を丸尾（マルビ））．

Mase（Maze） マセ（マゼ） (1)「狭い谷」．(2)「狭い尾根上」にみる地名．北海道以外の全国に分布．〔間瀬・真瀬・畳瀬・馬瀬・馬馳・馬勢・馬背・馬背野・馬洗・馬責・萬瀬〕

Masu マス (1)四角形．〔升（マス）形山・升潟〕(2)鱒．〔鱒沢〕(3)佳字．〔益田・増田・益富〕

Mati マチ (1)田，一かこいの田地．〔町田・柳町・待田・町畑〕(2)市場．〔十日町・町屋〕

Matô（Matto） マトー（マット） (1)狭間，小平地（※Madokoro）．(2)※Matutiの転．〔真人（マット・マトー）・松戸・松尾（マトー）・松渡・麻当・廻戸（マット・マワット・マワト）・末戸台・馬（マ）登・馬渡・馬戸・間戸・間戸峠・間戸山・真戸原（マトンバル）〕

Matoba マトバ (1)広場（喜界島でマトー）．(2)弓神事に射手を出す家．〔的場・馬ト場・間戸場下〕

Matuba マツバ ※Matoba(2)．〔松場・松葉〕

Mattatu（Matate） マッタツ（マタテ） (1)町立（マチダチ）すなわち「市場」．〔馬立（マダテ）・馬館・廻館〕(2)「まっすぐに立つ」意．〔馬立山・馬立場・芦毛馬立山・廻館山・真立島〕(3)河川の曲流部．〔廻立（マッタチ）・廻館（マワタツ）・回立（マッタツ）〕(4)谷壁，山腹，谷頭．〔馬立・馬立場〕関東～奥羽，九州に分布．

Matuti マツチ 粘土．〔真土・真土山・亦打（マツチ）山・待乳（マツチ）山〕

—me ～メ (1)流れを横切る所．〔川目・沢目〕(2)狭い場所．〔甚目・猿目・目田・夏目・中ノ目・野々目・佐目・赤目・杉ノ妻〕×(3)—be >—me．〔余目・滑（ナメ）川・常滑（～ナメ）〕全国に多いが北海道と近畿に少い．

Meguro メグロ ※Kurome．×〔目黒〕，目黒（不動）は別．

—men ～メン (1)《チ》フレ（村）>メン（字（アザ））．長崎県では字（アザ），朝鮮では「道（ドー）」の下に「面」．(2)貢租を免ぜられた土地．〔薬師免・灯明免・天神免〕

Mena メナ 小川を横切る所（※—me，※Na）．渡島半島西岸か

の家.〔間所・政所（マドコロ）・真所〕

Magoe　マゴエ　「狭間（ハザマ）を越える」意．マゴエ＞マゴメ（※Magome）．西南日本に分布．〔馬越・馬越浜〕

Magome　マゴメ　峡隘，※Magoe．〔馬籠・馬込・間米〕

Mai—　マイ〜　民戸を舞い歩いた旅芸人の集落．〔舞々・舞谷・無ノ森・舞戸・舞子〕×

Mak—　マッ〜　《ア》うしろ，奥．〔マッカリ岳：マッ（うしろ）カリ（廻る）〕

Makado　マカド　《ア》マカ（開ける）ト（沼）の説．〔間門・馬門・馬門岩・真門〕×

Maki　マキ　（〜マキ〜の語形を除く）(1)方言マキには多くの意があるが，地名例には「小平坦地」にあるものが多い．〔牧・間木・真木・槙・槙木・馬木・馬城（マキ）・馬騎・万騎峠〕(2)渦巻（河流の）．〔牧・大牧〕

—maki　〜マキ　(1)中世，田畑に蒔く種籾の量で，耕地の面積を表した．一段はおよそ5〜6升蒔いたといわれる．富山・新潟〜福島・茨城に多い地名．〔〜石蒔・〜斗蒔・〜升蒔，〜合畑（田）〕(2)牧畜のため柵垣で囲んだ所．〔花牧・荒野牧〕(3)一家一族のもの．〔石巻・花巻・牧野・牧山・小牧〕×　(4)※Maki(2)．〔牧・大牧〕(5)丘や山麓を取巻いたり川沿いに半円状に連なる集落の名．〔内巻・牛巻・腰巻〕

Makihara　マキハラ　※Maki，※Makino．西南日本に多い．〔牧ノ原・槙原〕

Makino　マキノ　(1)山で取囲まれた土地．(2)牧場．(3)その他．〔牧野・間木野・真木野・巻野・槙野・槙ノ尾〕

Mako　マコ　岩，崖．〔孫埼・孫沢・孫左古・孫瀬・馬子背・間子〕

Maku　マク　(1)屛風状の大断崖．〔千丈幕・幕岩（「屛風岩」とともにこの例が多い）〕(2)※Makunouti．

Makunouti　マクノウチ　(1)「背後に山をめぐらす地形」にみられる地名．(2)※Maki．※—maki．〔幕ノ内，（槙（マキ）ノ内）〕

Mama　ママ　崖，土手，石垣．関東に多い．〔間々・間々田・儘（ママ）ノ下・堋（ママ）ノ上・欠真間・真々部・万々・萬々（ママ）金〕

Mami　マミ　(1)山のかげ，窪地．〔間見・間明（マミ）野・真見・馬見原〕(2)穴熊，狸．〔狸穴（マミアナ）坂・馬見塚（山名）〕

Mamyô　マミョー　谷，窪地（※Mami）．〔間明・真明田〕

Mana　マナ　(1)※Manago．(2)岩場（方言マナイタグラ）．〔真名・真名板・真名ヶ岳・真那井・万能（マナ）倉〕

Manago　マナゴ　小石，砂利．〔真名子・真名子山・麻那古〕

Manba　マンバ　崖（※Banba＞Manba）．〔万場・満場越・万波・万波峠〕

Mandokoro　マンドコロ　(1)※Madokoro．(2)庄園事務所．〔政所・満所・マンドコロ田〕

Mano　マノ　(1)狭間，谷盆地．(2)

Kuwa クワ (1)側（ワキ），際（キワ）（この例が多い）．(2)尾根のくぼんだ所．(3)桑．〔桑名・桑山・桑島・桑原・神水（クワミズ）（川沿いの土地）・鍬迫（クワザコ）〕

Kuwabara クワバラ 桑畑．〔桑原・桑原川・桑原坂・桑原菅迫（〜スガサコ）〕

Kuzira クジラ ※Kusi．〔鯨・小鯨・鯨山・鯨峠・久地楽・久白（ジラ）・久知良・久次良・串良・楠白（クジラ）〕

Kuzu クズ (1)※Kusu．〔葛（クズ）・葛貫〕(2)砂地の浜．〔葛浜・葛谷（ヤ）〕(3)亀，鼈．〔葛島・葛塚〕(4)葛（植物）．〔葛生〕(5)「林野の住人」（吉野の）の説．〔玖珠・国樔・国栖〕

Kuzyû クジュー ※Kusu．〔九重・九重山・久住・久住山〕

Kyôda キョーダ ※Kyôden．〔経田・京田・鏡田（〜ダ），（行田（ギョーダ））〕

Kyôden（Kyôde） キョーデン（キョーデ） (1)「私有田，私墾田が錯綜して，不明瞭な田地」を競田（キョーデン）といった．郡司がこれを裁定した．(2)「京往きの夫役を世襲的に勤めていた者の屋敷給田の地」ゆえに給田＞京田か．(3)「読経料として寺へ寄付された田」すなわち経田か．〔京田・京殿・鏡（キョー）田・行（ギョー）田・経田・京手・京出〕

Kyôzuka キョーズカ＜〜ヅカ 経本を埋めた塚．〔経塚・京塚・経塚山〕

Kyûbu キューブ 狭い所（方言キブイ：窮屈），狭い自然堤防，海崖のある小平地，狭い河岸段丘，砂丘と河に挟まれた土地などの名．〔給部・給父・給分・久部・久分（キューブ）・旧部，（岐部・岐阜・大給・九久平（クギューダイラ）・本久（ホンキュー）・助木生（〜ギュー）・牛生（ギュー））〕

M

Ma マ (1)《ア》湖沼．（その他語源未詳の小湾・袋状湿地・岩礁などの名として存在）北海道〜北陸に分布．〔猿澗湖・外ノ澗・穴澗・法華澗〕(2)《ヤ》狭間，中央．〔岩間・藤間・間内など200種以上もある〕ただし「崖」の間々（ママ），「湿地」の野間，「牧場」の間木，アズマと同根の浅間を除く．(3)《ヤ》船着場．〔澗泊・掛澗〕(4)《リ》場所，集落．〔当間・儀間・慶良間〕

Mabase（Mabasi） マバセ（マバシ） ※マセを馬馳とかき，マバセとよんだもの．〔馬馳・馬橋・馬走（マバセ）〕

Mabuti マブチ (1)《ア》マ（沼※Tôma(4)）ブチ（ベッ：川）．(2)《ヤ》崖地，山端．〔馬淵（マベチ）・馬淵（マブチ）・馬ノ淵，（間伏・馬伏）〕

Mado マド (1)上の耕地と下の耕地の間．(2)峠，山稜のくぼんだところ．〔窓岩・窓坂・窓ノ峠（トーゲ）・窓貫峠・窓峠（マドノトー）〕(3)山の間の水道．〔牛窓・牛窓瀬戸〕

Madokoro マドコロ (1)狭間（ハザマ）の所（トコロ）．(2)地役人原・石榑・暮田〕(3)「暗い」の転.〔日ヶ暮（クレ）・日ヶ隠（～クレ）・呉地・暮瀬（北西～北向の土地)〕西南日本に多い.

Kuri　クリ　(1)岩礁.〔兎礁（トドグリ）・鯖礁（～グリ)〕(2)※Kure.〔久利・栗原〕(3)栗の木.〔栗林・栗山〕

Kurobe　クロベ　黒い土.〔黒部〕×

Kuroki　クロキ　松，樅，栂などの総称.〔黒木・黒木山・黒木谷〕

Kurome　クロメ　砂丘の間の谷地のように,「黒く見える小地域」の名.〔黒目・黒目田・黒見田〕

Kuruma　クルマ　(1)水車（小屋).〔車・車川〕(2)車.〔車返（～ガエリ）峠・車返・車峠・車道〕(3)車輪状.〔車田・車地・車塚〕(4)織布の部民（呉人の説).〔栗真（クルマ）・久留間〕×　(5)黒馬の転.〔群馬（クルマ）・来馬（クルマ)〕×

Kurume (Kurumi)　クルメ（クルミ）(1)小平地（高原，尾根上，山腹上，小盆地，小さい谷底の）にみられる地名.(2)※Kurumeki.〔久留米・久留美・来（クル）見・河来見・野久留米・野来見・久留味川・国見（クルミ）峠〕

Kurumeki　クルメキ「河谷や山腹のぐるぐる曲った所」.〔来女木（クルメキ）・久留米木,（車木（クルマキ）・宮（グー）目木)〕

Kurusu　クルス　尾根（クレ）上の砂地（ス),岩礫のあるところ(※Kuri).〔栗栖・栗須・栗栖田・栗野（クルスノ）・来栖・クルスノ峠〕

Kusaba　クサバ　採草地（共有地のことが多い).〔草場・草場ヶ谷・草場礦泉〕

Kusakabe　クサカベ「草（クサ）のある所（カ）を開墾した部民（ベ)」の説.〔草壁・草部（クサカベ）・草加部・日下（クサカ）部〕

Kusi (Kuzi)　クシ（クジ）(1)《ヤ》「越す」意味の古語から，砂丘や小丘などの「長く連なった高まり」の地形語となる.(2)《ア》《リ》「通過する」「こえる」.〔久慈・狗子・久師・櫛浜・串本・具志堅（クシケン)：ケンは《リ》ケヌ（原野)〕

Kusu　クス　(1)楠.〔楠・楠木・楠ノ木山〕(2)越える.〔楠原嶺（クスバルトーゲ)〕(3)「崩れる」意.〔山薬師（～クズシ）・楠田・楠窪〕(4)上代の医療に因むもの.〔薬利（クスリ）・薬水・薬種畑〕

Kuta　クタ　※Kota.近畿～南奥に分布.〔久田・久多・久田美・久田子（クダシ）・来民（クタミ)〕

Kute　クテ　※Kuta.〔久手・久出・久田（～デ）・三久田（サンクデン）・九手・長湫（～クテ)〕

Kuttyaru　クッチャル《ア》沼から水が流れ出る口.〔屈斜路，この集落から同名の湖名ができた〕

Kutukake　クツカケ　(1)沓掛明神の信仰（峠の山口などでワラジをはきかえ，古いのを松枝にかけると疲れないとする).(2)クツ形に彎曲した崖.〔沓掛・沓掛場・沓掛道上（～ミチウエ),（クツカ迫・沓形・沓神・九ツ神)〕

役人に給せられた田のこと〕北海道以外に分布は密であるが，裏日本と中央の日本には疎である．

Kudara クダラ　百済に因む地名．〔百済・百済寺・百済部（クタナベ）・百済来（〜キ）・久多良木〕

Kue クエ　崩．〔久江・久枝・久恵・九会・崩（クエ）野峠・崩平（クエヒラ）山・崩渡（クエワタリ）・崩（クエ）尻・崩（クエ）原・崩道（クエド）・谷（クエ）場〕

Kuga クガ　※Koga．〔久賀・久我・玖珂〕

Kugi クギ　※Kuki．〔釘島・釘崎・釘ノ花・釘ノ元・釘ヶ浦〕

Kuki クキ　(1)山中の細道．(2)峰．峠．(3)小高い所（自然堤防など）．〔久木野・茎永・岫（クキ）崎・九鬼・久喜・九木崎〕

Kuma クマ　(1)《ア》横山．〔熊石：クマ（横山）ウシ（ある所）〕(2)曲った谷間．(3)※Koma（Koba）＞Kuma．(4)※Kume＞Kuma．(5)山のふもとから峰につづく稜線．(6)動物の熊．〔久万・隈・球磨・苦麻・熊本・熊野・熊取沢・熊沢〕

Kumano クマノ　(1)山間の曲った河谷．(2)※Koba（この地名例多し）．(3)熊野神社に因む．〔熊野・熊野堂・熊野田・熊野沢，（熊野にはほかに，ユヤ・ユーヤ・ユーノ・ヨキノのよみ方がある）〕

Kume クメ　(1)米．(2)軍事を司る久米部．(3)狭間．〔久米・久米田・久米地・佐久米・久目・供（ク）米田〕

Kumi クミ　(1)※Kume．(2)狭間．(3)共同開墾．(4)土地区画の名（東北日本）．(5)「低み」「温み」の〜クミへの宛字．〔久見・久未（クミ）・久美浜・久美谷・谷汲・子産（クミ）坂・上組・東組・甚五郎組・比久見（ヒクミ）・奴久見（ヌクミ）〕

Kuna クナ　水田．〔久那・久那土・久那瀬〕×

Kune クネ　(1)猪垣，土手．(2)山の根．〔久根・久根銅山・九禰（〜ネ）ケ坪・九禰田〕

Kunigami クニガミ　《リ》※Simaziriに対して，主として北方側をいう．琉球では移住先の北方をカミ（上）というによる．〔国頭・国頭崎・国頭郡〕

Kunimi クニミ　政治的，または遊覧的目的で，山に登って国を見おろすこと．〔国見・国見山・国見峠・国観峠〕

Kunne クンネ　《ア》黒い，暗い．〔国後島（クンネシリより）：クンネ（上記）シリ（土地）〕

Kura クラ　(1)岩，断崖，谷，岩場・座（クラ）．山名に多く，川名や集落名にもある．〔高峅（タカクラ）・岩倉沢・土倉川・天狗嵓（〜グラ）〕(2)鞍．〔乗鞍山・鞍馬山〕(3)倉庫．〔倉敷・蔵升・倉ノ町〕

Kurahasi クラハシ　崖，石段（クラは「※Kura」ハシは「端」）．〔倉梯（〜ハシ）・倉橋・倉橋山・倉椅（〜ハシ）山〕

Kure クレ　(1)棟形の尾根．(2)呉人の帰化地．〔呉・久礼・久連（〜クレ）子・黒（クレ）羽・呉

甲良・高甲良山，（京良城）〕

Kori（Kôri）　コリ（コーリ）《チ》大村．《ヤ》郡．〔古保利・郡家（コーゲ）・郡山・小折・桑折・甲里（コーリ）・郷里（ゴーリ）・猪古里（イノシゴリ），（凝（コグリ）山）〕

Kôro　コーロ　※Gôro．〔紅鑪・香呂・香路・甲路・高呂・神路（コーロ）谷・後呂山・光路・高路〕

Kose　コセ　山蔭の路ある所．〔古瀬・巨勢・小瀬〕

Koseyama　コセヤマ　発育のわるい山林．〔巨勢山，（小ゼリ山）×〕

Kosi　コシ　(1)ふもと，側．〔山腰・腰巻〕(2)崖．〔腰越・腰浜〕(3)越．〔船越・山越・越戸・幸次ヶ峠〕

Kosiki　コシキ　(1)湯気を立てる甑（比喩語）．〔甑岳・甑山・越敷（コシキ）山〕(2)甑（コシキ）（せいろう）の象形語．〔甑岩・甑島〕(3)石垣（※Gusuku）．〔子敷・内甑（ウチコシキ）〕×

Kôsin　コーシン　60年あるいは60日ごとにめぐりくる庚申のとき特殊なタブーを行った庚申信仰にちなむ．室町末以後，庚申堂（塔）の建設が流行した．猿田彦神への連想から道祖神をかねるようになった．〔庚申・庚申岡・庚神田・庚申堂・更申土場〕

Kota（Kôta）　コタ（コータ）　湿地（※Gota）．田の字を用いてもその意でない．〔古田・古多・幸田・神田（コーダ）・胡田・香田・鼓田・高田（コダ）・小田・甲田・川田（コタ）・河田（コーダ）・籠田（コタ）・小青田（コーダ）・小生田〕

Kotan　コタン　《ア》集落，村．〔温根古丹島：オンネ（大きい）コタン（村）〕

Koti（Kôti）　コチ（コーチ）　河谷．奥羽と北海道にほとんどない．〔高知・高地・高内・高路（〜チ）・河内・東河地（〜ゴーチ）・川内・宇都川路（ウトンコチ）・古内・古知野・東耕地・清合地・伊勢居地・中好地・殿垣内（〜ゴーチ）・老郷地・後地・幸知・幸地・高府地〕

Kotohira　コトヒラ　※Konpira．〔琴平・琴平山・琴平町・金刀比羅・金刀比羅鼻〕

Kôya　コーヤ　開墾地．東北地方に多い分村地名．〔興野・紺屋・高谷・幸谷・幸屋・耕谷・郷谷・高野・神野・木（コー）屋〕

Koza　コザ　コサ（日蔭地），不毛地．〔古座・御座・高座（コザ）石，（小佐・五才鬼（ゴサイキ）・五才天・五才田）×〕

Kôzu　コーズ　河（海）岸の石地（※Gôtu）．〔高津・神津・興津・上（コー）津・郡戸（コーズ）〕

Kuba　クバ　《リ》蒲葵（ビロー）．〔久場・久場川・久場島〕

—kubi　〜クビ　(1)岬．九州と瀬戸内にある．〔牛ノ首・琵琶ノ首・鳥ノ頭〕(2)入口．〔宮ノ首・相首・タキノ首〕(3)頸（※Usi-kubi）．

Kubo　クボ　(1)窪地．〔久保・久保田・水窪・久望〕(2)m＞b〔久保田（クボデン）：公文（クモン）田，すなわち国郡の役所や荘園の

〔高家・高下・高原・高花・高毛・郡家（コーゲ）・荒下・荒毛・神毛・河毛・香下・芝（コーゲ）〕

Kohu（Kô） コフ（コー） ※Kokuhu.〔国府（コー）・古府・古布〕

Koide コイデ 近くへの出村（※Ôdeに対する）.〔小出〕

Kôkan コーカン 空閑地. 北九州に多い.〔後閑・空閑・後貫・工貫・小貫・香貫・香貫山,（五閑・五官野）〕

—koku ～コク 収穫量で地積を示す地名.〔二升石・八石・七十石・五百石・千石・仙石・千国・千石原・二千石原・五千石・万石〕

Kokubo コクボ (1)小さい窪地.〔小久保・小窪〕(2)国分（寺）より.〔国分（コクボ）・国母（コクモ）・国保（コクボ）〕×

Kokubu コクブ 国分寺より.〔国分・国府（～ブ）・国分寺・国分山〕

Kokuhu コクフ 国府.〔国府・国府台・国府塚〕

Kokunô コクノー 石代納（コクダイノー）（江戸時代に米の代りに貨幣で納めること）.〔石納・国納〕

Kokura コクラ (1)※Ogura. ※Takakuraよりは低い所. (2)岩山に囲まれた小さい谷. 北海道以外の全国に分布.〔小倉・高倉（コクラ）・小蔵・子桉（コクラ）〕

Koma コマ (1)高麗の帰化人.〔高麗・巨摩・巨麻・狛〕(2)「河間」または入込んだ地形（※Goma）. (3)麓. 関東以西に分布.〔好間（コーマ）・河間（コーマ）・川間（コマ）・木間・光間・古間・貢間・好摩〕

Komaba コマバ (1)※Komagome. (2)馬の牧場.〔駒場〕

Komagata コマガタ 駒の形. 東日本に分布.〔駒形山（岳・嶺）〕

Komagome コマゴメ 狭い谷（※Magome）. 関東～奥羽に分布.〔駒込・駒籠・駒米〕

Komaki コマキ (1)狭い平地.〔小間城（コマキ）〕(2)小間木の柵（関所に設けられた）. (3)駒繋場.〔小牧・駒木・駒木野・小真木・古間木〕

Komi コミ (1)※Kume. (2)※Gomi. (3)狭間.〔小見・古見・弘見・木見（コーミ）・恒見・古海・巨海（コミ）・小海・神海（コーミ）・古味・古美〕

Komori コモリ (1)沼地.〔小森・小森江・大郷守（ゴモリ）・籠谷（コモリヤ）〕(2)干拓地（湿地の方言より）.〔大籠・三番籠・助兵衛籠〕(3)《リ》洞, 窪地.〔小森鼻〕×

Kona コナ (1)アザ（字）. (2)二毛作田.〔古名・古奈・小名・幸那畠〕×

Konda コンダ 低湿地（※Gonda, ※Kota）.〔根田・今田（コンダ）・誉（コン）田・金（コン）田〕

Konpira コンピラ 金比羅. 西日本では海岸に, 東日本では内陸に多い.〔金比羅・金毘羅・金比羅山〕

Kôra コーラ 川端, 谷, 石原（※Gôra）.〔高良・香良・高良内・

Kisi　キシ　(1)崖，山側．(2)山手，山奥．(3)海浜．(4)石垣，土手．〔岸・喜志・貴志・来住（キシ）・岸江・岸河・岸田・鬼神（キシ）野・岸和田・岸部・吉志部・岸見・吉志見・岸本・岸山〕

Kiso　キソ　(1)崖，傾斜地（キシ＞キソ）．(2)険阻（キッソ）．〔木曾・木曾ノ内・木曾畑・木祖・木倉・貴僧坊・吉蘇〕

Kita　キタ　(1)※Kida．〔木田・北・北方〕(2)北（方角）．〔北・北方・木田・北山〕

Kitano　キタノ　(1)北野天神に因むもの．(2)北方（方角）にある野．(3)※Kida．〔北野〕

Kitaura　キタウラ　(1)日陰地．〔北浦・北裏・喜多裏〕(2)北方の入江．〔北浦〕

Kiwada　キワダ　山際（～ギワ）にある田，また台地や高原の縁の所．〔木和田・黄和田・箕和田・木和田地・木和田原・木和田久保〕

Kiyomi　キヨミ　神聖な水（※Kiyomizu）．〔清水（キヨミ）・清見・浄（キヨミ）・浄見埼・清見潟〕

Kiyomizu　キヨミズ　※Simizu．〔清水〕

Kizi（Kiziya）　キジ（キジヤ）　(1)椀や盆の素地を作る轆轤師．〔木地・箕（キ）地・木地屋・喜時（キジ）雨・吉次越・喜次殿越・長尾越（キジドンゴエ）（後の3つはキジという集落へ越える峠の名）〕(2)雉子．〔雉子橋〕

—**kô**　～コー　山．〔一方高（ポンコー）・三方高・石ノ巷．×　二秀峯（フタットンゴー）・小猿合（～ゴ）・日本国×〕

Koba　コバ　(1)切替畑，焼畑．(2)山間の小平地．(3)山間の村．(4)側，縁．(5)檳榔，九州の西部と南部に非常に多い．〔木場・小場・古場・木庭（コバ）・小葉山・小羽山〕

Kobata　コバタ　(1)樹林の茂った所．(2)地力のつきた畑（古畑の意か）．〔木幡・小幡・川畑（コバタ）・河（コ）畑〕

Kobi　コビ　小さい，狭い土地（※Komi(3)）．〔子生（コビ）・古井（コビ）・巨備（コビ）・木尾（コビ）谷・鉱生（コビ）谷・奥小比内・中小比内・古檜（コビ）峠〕

Kobira　コビラ　山の背．〔小平（～ビラ）・小平尾〕

Kôbo　コーボ　暖かい所．〔孝房・弘法田・孝法谷〕×

Koda（Kôda）　コダ（コーダ）　※Kota（Kôta）．〔地名例は※Kotaの項に同じ〕

Kode　コデ　山畑．〔小手池・小出口（コデグチ）・光手（コテ）中・小手平〕×

Kôdo　コード　渓谷（※Gôdo）．〔河渡・神戸・河戸〕

Koga（Kôga）　コガ（コーガ）　(1)未墾地，空閑地．(2)「村内の小区画」の名．〔古賀・古河・古我・古家（～ガ）・古閑（～ガ）・甲賀・甲可・久我（コガ）・小賀口・高賀・許我（コガ）渡，（古閑（クガ）・空閑（クガ））〕

Kôge　コーゲ　芝草地．全国に多いが，東部中国にとくに多い．

山・毛無島・毛無原・毛無森・毛無峠〕

Kene ケネ 《ア》はんの木.〔ケネベツ：ケネ（はんの木のある）ベツ（川）〕

Kero ケロ (1)狭い平地（入谷，河盆，平らな山頂など），この地名例が多い.(2)薪などを採る共有地.〔毛呂・毛呂窪・計呂地・計呂地川・加計呂麻島・計露（ケロ）嶽・高家領（～ゲロ）〕

Kesyô ケショー ※Kasyô.〔化女（ケショー）沼・化粧坂・化粧殿ノ鼻・白粉原（ケショーバル）・ゲショ山・粧坂・外庄畑・花定野（ケジョーノ）・花勝山・毛勝山・仮生（ケジョー）・気勝山・毛鳥〕

Keta ケタ (1)峰，山の中腹以上.(2)波打ぎわ.〔気多・気多川・気田川・桁ノ宮・気多宮・桁谷，(下駄花・下駄山)〕

Keti ケチ 立ち入ると不祥事が起るといわれる所.〔雞知×・ケチ田・越地（ケチ）・慶知庵・花知・毛賃田，(結縁（ケッチェン）・結縁田（ケッチェンダ）・決天)〕

Ki キ (1)《ア》茅，昆虫，光.〔木古内：キオマナイより，キ（茅）オマ（にある）ナイ（谷)〕(2)《ヤ》土台.〔磯城（シキ）・佐紀（サキ）・志貴・茨城（ウバラキ)〕(3)樹木.（※Kuroki，※Kiziya，※Kido）

Kida キダ 自然堤防上の地.〔喜多・木田・吉多・岐刀（キタ）・気多・城田・黄田〕

Kido キド (1)水門，牧場の入口.(2)谷口，合流点，峡隘などの「狭い通路」.〔木戸・木頭（キトー）谷・城戸・城東・鬼頭・寄東〕

Kinpuzan キンプザン 黄金浄土として崇められる山.〔金峰山，(銀峰（ギンプ）山)〕

Kinu キヌ (1)草木のある野（Kenu）の転.(2)養蚕の神（絹笠様).× (3)「樹ノ笠」の説.〔鬼怒川・絹川・絹谷（～ヤ)・衣（キヌ）笠・衣（キヌ）川・繖（キヌガサ）山〕

Kira キラ 雲母.〔吉良・紀等・雲母（キララ）坂・雲母越・吉良川〕

Kireto キレト (1)切れ目（砂州や堤防の).〔切堤（キレト)・切戸〕(2)山と山との間の切れ目.〔大切戸〕

Kiretto キレット 高い山稜が深く切れおちて峠状をなす所.〔大キレット（槍ヶ岳・八ヶ岳)・キレット小屋（立山)〕

Kiriisi キリイシ 花崗岩.〔切石・切石古畑〕

Kirikiri キリキリ 《ア》「歩くときキリキリ音を立てる砂浜」の説.〔吉里吉里（釜石市の北にある)〕(《ヤ》でも，この町の中央の祠のある丘をツムジ（方言ギリギリ）とみて考えられる)

Kiriyama キリヤマ (1)開墾地，焼畑.(2)霧.〔霧山・桐山・逵（キリ）山・切畑山〕

Kisa キサ 階段，石段.〔喜佐（キサ）谷・吉舎（キサ)・吉佐美・喜三郎（キサブロ※Huro)〕

Kise キセ 崖（※Kisi > Kise).〔黄瀬・木瀬・木瀬川〕

葛（カツラ）・葛（カツ）原・勝浦（カツラ）・勝占（カツラ）・加須良〕

Katuura　カツウラ　カツ（※Katumi）は低湿地，あるいは「徒渉」，ウラは「末」（方言）から陸の末すなわち海岸．〔勝浦〕

Katuyama　カツヤマ　主として戦国時代の軍事に因む．中国～北九州と東海地方に多い．〔勝山〕

Kawado　カワド　(1)河谷（※Gôdo）．(2)河辺の物洗場．〔川戸・河戸〕(3)川の合流点．〔～川渡（カワド）〕

Kawai　カワイ　合流点．〔河合・川合・川会・神合（カアイ）・川井〕

Kawamata　カワマタ　合流点．〔川俣・川股・川跨・川又・川亦・河岐・河俣・河又〕

Kawame　カワメ　※Same．岩手，青森に多い．〔一川目・二川目・向川目・大川目〕

Kawana　カワナ　川畔の土地で，川を見おろす段丘，自然堤防などにある地名．〔川名・川奈・河奈・河名〕

Kawanari　カワナリ　洪水で耕地の荒廃した所（中世以後）．〔川成（～ナリ）・川成（～ナリ）島・河鳴（～ナリ）島〕

Kawane　カワネ　河岸．〔川根・川根谷〕

Kawara　カワラ　礫地，川床．〔河原・河原木・川原田・川原子・川原毛（～ケ）〕

Kawata　カワタ　川端の物洗場．〔川田・川端（カワタ）〕

Kawati　カワチ　(1)河谷の平地．〔河内・川内〕(2)宅地，村落．(3)物洗場．〔川地・川治・川路〕

Kawauti　カワウチ　※Kawati．〔河内〕

Kaya　カヤ　(1)入江．〔萱浜・可也海〕(2)すすき，熊笹．〔河陽（カヤ）・賀陽（カヤ）・鹿谷・萱野・蚊屋〕

Kayaba　カヤバ　屋根の材料としての茅苅場．〔茅場・萱場・茅原〕

Kayou　カヨウ　(1)交通にちなむ．海岸，川畔，峠下，渡し場にみる地名．(2)占有，独占（草刈場）．北奥に多い地名．〔通・夏通・秋通・宿ノ通・市之通・通生（カヨー）・通生峠・通岡（カヨオカ）峠・加生（カヨー）・加用・加養・賀陽・香酔峠，（明通（アキトオリ）・一通（イットオリ）・通（カイ）谷（後に変化したものか））〕

Kazi　カジ　鍛冶．奥州中部以南，とくに中国西部に多い．〔鍛冶・加治・加持・梶・賀地（カジ）・梶浦・金知屋（カジヤ）・鍛冶屋・鍛冶ヶ沢・梶屋・梶屋敷・楮（カジ）ヶ谷〕

Keba　ケバ　馬市場．〔下馬・毛馬内〕

Kekati　ケカチ　「飢渇」の訛．〔毛勝山・ケカチ谷〕

Kemi　ケミ　(1)日陰や湿地で耕作に向かぬところ．(2)水辺の樹木ある所．〔毛見・花（ケ）見・大花見（～ケミ）池・花見石・気見川・検見（ケミ）川〕

Kenasi　ケナシ　(1)《ア》川ばたの木原，湿原．〔ケナシ（十勝平野にある）〕(2)《ヤ》禿山．〔毛無防・砂丘などの傾斜地（首をカシゲルのカシ）にみる地名.〔加志・樫原・樫崎・樫吹・柏（カシ）山・江栢（～カシ）・賢児（カシコ）〕

Kasima カシマ 鹿島神社に因む. 中奥以南に分布.〔鹿島・神島（カシマ）・香島・加島・嘉島〕

Kasio カシオ 山稜の斜面.〔鹿塩・樫尾・柏尾〕

Kasira カシラ (1)※Siri（尻）の反語で起点，もののはじまり.〔井ノ頭・田ノ頭〕(2)山.〔田ノ頭（174mの尖った山）・山頭・風頭〕×

Kasiwa カシワ ※Kasi.〔柏（カシワ）・柏井・柏当（カシワテ）・柏島・柏江・神集（カシワ）〕

Kasuga カスガ カ（神）ス（住）カ（所）としての大和の「春日」に因む名が伝播した. よって近畿を離れるほど，しだいに少くなって分布する.〔春日・春日野・春日田（～井・～山・～原・～越・～江・～部・～居・～岬）〕

Kasumi カスミ (1)領分，縄張. (2)霞.〔香住・加住・霞・霞山〕(3)※Katumi. 菰，湖.〔神住（カスミ）・霞ケ浦〕×

Kasyô カショー ※Kasio.〔加性・加葉（～ショー）山・加生・加生分・迦葉（～ショー）・加庄口・宝賀勝・嘉勝〕

Kata カタ (1)領土（カタは「分ける」）.〔地頭方・緒方・小県・大県・県県（カタガタ）〕(2)潟湖.〔静潟・干潟・潟田・諏訪形〕(3)方角.〔山形・北方・野方〕(4)片側.〔片山・形原・帷子（カタビラ）・片倉・堅田〕(5)山頂近くの平坦地.〔槍ノ肩・乗鞍ノ肩・肩ノ小屋〕

Katabira カタビラ 一方が傾斜地（※Hira）.〔帷子（カタビラ）・片平〕

Katasu カタス 一方が州.〔片巣・片子沢・方須・堅子〕

Kate カテ ※Kase.〔嘉手納〕

Kati カチ (1)河谷（※Katti）. (2)薪.〔可知・加地・加知山・勝山・勝（カチ）・勝川・勝島〕(3)《ア》種々の宛字.〔十勝：ツカップ（幽霊）・狩勝峠：カリ（まわる）カツ（形，姿）×〕

Kato（Katô） カト（カトー） (1)川畔の洗場.〔河東・加戸・加藤・加藤洲・香登・家藤〕(2)加賀国の藤原氏.〔加藤〕

Katti カッチ ※Kawati. 北奥に集団分布.〔甲地（カッチ）・甲子（カッチ，多くは甲子（カッシ））・合（カツ）地・陸地（カッチ）・下替地（シタノカチ）〕

Katuda カツダ ※Katumi. 川畔や沼地にみる地名. 東海地方と山陰地方に多い.〔勝田〕

Katuma カツマ ※Katumi. 奥羽以外に分布.〔勝間・勝馬〕

Katumata カツマタ 卑湿な土地（※Katuma）. 静岡・岡山にみられる.〔勝間田・勝俣〕

Katumi カツミ 《チ》カツは薦（マコモ），《ヤ》カツミは薦，湖. 低湿地の地名，裏日本に分布.〔勝見・賀積・勝海・堅（カツ）海，（勝目・勝命）〕

Katura カツラ (1)桂（植物）. (2)※Katuura.〔桂・桂畑・桂浜・

小石，土混りの石（※Gara）. (3)「枯れる」「干上った」.〔唐沢・唐戸・唐風呂・唐川・唐木田〕

Karako　カラコ　韓人の帰化地.〔韓人池（カラコイケ）・鹿城（カラコ）・唐子（カラコ）・唐古・唐比（カラコ）・小唐川（〜カラコ）(集落名)〕

Karame　カラメ　干拓地（方言で「乾かす」意）.〔搦田・搦目・大搦・牛屋搦〕

Karasu　カラス　(1)小石の土地（方言ガラス）. (2)干（カレ）枯より. (3)烏.〔烏洲・烏川・唐州・烏江・烏田・烏森・鴉山・芥子ノ峠×〕

Karato　カラト　「唐櫃（ビツ）」の象形語.〔唐櫃（カラト）・櫃（カラト）・大唐櫃山・唐戸・唐樋・唐戸島・加羅土〕

Kare　カレ　(1)崖，山の崩れた所.〔干飯崎・加礼崎〕(2)干（カレ）(枯).〔鰈（カレ）沼・干余魚（カレイ）沢・唐沢〕

Kari　カリ　(1)山裾の草地，山畑，焼畑. (2)狩猟.〔刈谷・苅野・苅安賀・狩野〕

Kariba　カリバ　草刈場，柴山.〔狩場沢・刈羽（〜ハ）・狩場野〕

—**karida**　〜カリダ　稲束の数で地積をいう地名.〔千刈田・三百刈田・八万刈〕

Karihata　カリハタ　焼畑.〔苅幡・刈畑〕

Karo　カロ　洞.〔家老（カロー）・賀露・鹿老渡（カロード）・神籠（カロー）岳・霞露山（カロザン）・鹿狼（カロー）山〕

Karô　カロー　(1)背負う（山を負う土地）.〔加露〕(2)空洞（方言ガロ）.〔霞露岳・神籠岳〕×

Karu　カル　(1)《チ》コル（谷）＞カル.〔軽ノ曲峡〕(2)《ア》「凹凸のある」. (3)《ヤ》崖. (4)《ヤ》涸（カル）. (5)《ヤ》※Karubeの居住地. 那須火山帯に多い.〔軽野・遠軽・餉（カルイ）沢・軽（カル）・軽市・軽部・軽米（〜マイ）・軽海（〜ミ）〕

Karube　カルベ　宮廷に仕えた海人部（アマベ）のもの.〔軽部〕

Karuizawa　カルイザワ　(1)荷を負う職人をカルイというから，「高原の入口の嶮しい地形」とする説. (2)※Karu. 信濃中部〜奥州に分布.〔軽井沢・餉（カルイ）沢，(軽井沢（カレンジャ))〕

Kasa　カサ　(1)上の方，東の方. (2)笠. 笠神（※Kasagami).〔笠（カサ）・笠島・笠山・加佐・訶沙・笠石・笠懸野・笠置・傘木（カサギ）山・鹿鷺（カサギ）・笠田・笠松・笠戸・笠原・笠間（カサマ）・風間（カザマ）〕(3)※Kata(5).〔笠ヶ嶽（別名，肩ヶ嶽)〕

Kasagami　カサガミ　笠形の陽石（皮膚病の神).〔笠神・笠神山・笠上・笠神原〕

Kasama　カサマ　上流（カミテ）（カサ）の狭門（マ）あるいは湿地（マ).〔風間・笠間〕

Kase　カセ　(1)岸. (2)土木用の杭. (3)痩地（カセルは「やせる」).〔加世・加勢・柏（カセ)・加瀬・加西（カセ）・嘉瀬・合戦谷（カセガヤ）・鹿脊（カセ）山〕

Kasi　カシ　谷壁・山麓・自然堤

〔神立（カンダツ）・神立本郷・神立原〕

Kando カンド (1)火口（方言カンド）. (2)鋸（方言ガンド）形の山など.〔神戸（カンド）山・神門・神土・肝等（ト）・神道山・神登山〕

Kaneko カネコ 「金屋子さんを祭る鑪師」にちなむ.〔金子（カネコ）・金古沢・金古町・金子（カナゴ）〕

Kaneku カネク デルタの低湿地にみられる地名.〔兼久・金久〕

Kaneuti カネウチ ※Hatiya. 東日本に多い.〔鉦打塚・鉦打町・鉦打橋・鉦打坂・鐘打山〕

Kangawara カンガワラ 岩石の重畳して険しい所（方言ガンガラ）.〔神原（カンガワラ）・雁柄（ガンガラ）〕

Kani カニ (1)蟹. (2)金（カネ）. (3)曲った形.〔蟹沢・蟹江・蟹田・可児川・和（カニ）坂〕

Kaniku カニク《リ》海浜.〔兼久・大金久〕

Kankake カンカケ 崩崖（※Gankake).〔鍵掛（カンカケ）・鍵掛峠・鐘掛岩・鉤掛森・寒霞渓・雁（ガン）掛・上（カン）掛〕

Kanki カンキ 断崖，石段，防波堤，川岸.（ガケ>ガッケ>ガンゲ>ガンキ>カンキ）〔神吉・寒木・上吉・神去（カンキ）・勘吉林〕

Kankyo カンキョ 岩山（方言ガンキョ）.〔閑居山〕×

Kanna カンナ 鉄穴（カンナ）（砂鉄の採集地）.〔神名・神名川・神奈山・神流（カンナ）・神流川・神和（カンナ）・神納（カンナ）・鉋（カンナ）川〕

Kannabi カンナビ 大己貴命（出雲族）系の神社に因む地名.〔神奈備・神名樋・神南・甘南（カンナビ）・甘南備（カンナビ），（神辺（カンナベ）・神鍋山）〕

Kannami カンナミ ※Kannabi.〔神陽（～ナミ）・神波〕

Kannari カンナリ ※Kandati.〔神成・金成，（神奈良・神有・鳴神（逆語））〕

Kanno（Kan・o） カンノ（カンオ） 焼畑.〔寒野・勧納・勧農・干野・神野・神生・神縄・神尾・神納・神呪（カンノー）〕

Kannon カンノン 北海道以外全国にある.〔観音堂・観音崎・～滝・～塚・～田・～畑・～道・～屋敷〕

Ka・no カノ 切替畑や焼畑. 語源は「刈野（カリノ）」. 北海道以外のほとんど全国に分布.〔鹿野・狩野（カノ）・神野（カノ）・加野・賀野・蚊野・軽野（カノ）〕

Ka・nô カノー (1)追加開墾地. (2)焼畑（※Kano). ×〔加納・嘉納・金生・（賀名生（アノー））・歌野尾・叶（カノー）津〕

Kantori カントリ (1)坂（方言ガンド）. × (2)庭，平地.（方言カンド）. ×〔神取・神取鼻・神取山・梶取（カントリ）崎，（香取）×〕

Kara カラ (1)カラは南朝鮮の旧名で，マライ語のKarang（岩礁……朝鮮多島海）に由来.〔辛韓良（カラカラ）・可良（カラ）浦・可楽（カラ）崎・唐津・唐古（カラコ）・唐泊・唐比（カラコ）〕(2)

(カコ)・水主(カコ)町〕

Kakuma　カクマ　カグマル(囲まれる，秋田方言)から「谷頭」「河谷」などの囲まれた地形名．北信地方にとくに多い．〔角間・隔間・学間・鹿熊〕

Kakumi　カクミ　※Kakuma．〔加久弥・加久見・神代(カクミ)〕

Kakura　カクラ　(1)小集落．(2)狩場．(3)石垣．〔加倉・鹿倉・狩倉〕

Kama　カマ　(1)滝，滝壺，淵，洞穴，小湾．〔七ツ釜・釜谷・釜ヶ淵〕(2)かまど(製陶や製塩の)．〔釜戸・塩釜・酢釜・釜ノ台〕(3)釜や鎌の象形語．〔釜島・鎌ヶ岳・嘉麻峠〕

Kamakura　カマクラ　カマ(洞穴，河底のくぼみ)クラ(岩)．〔鎌倉・鎌蔵・可麻久良山〕

Kamata　カマタ　泥深い田(※Kama，淵)．〔蒲田・鎌田・烟(カマ)田・釜田(カマタ)浦〕

Kamati　カマチ　(1)端．(2)川上．(3)堀川．〔蒲地・蒲智・鹿待・加町田〕

Kame　カメ　(1)「神」の転．(2)川目(カメ)(※Kawame)．(3)谷の墓地．〔甕転(カメコロバシ)〕(4)動物名(亀)．〔亀ノ湯〕(5)象形語(亀の)．〔亀山・亀岡・亀塚・亀石・亀淵〕

Kamiya　カミヤ　紙すき屋．〔紙屋・紙谷・紙屋谷・紙屋塚・神谷(～ヤ)・神谷沢，(紙漉)〕

Kamo　カモ　(1)神．広島～名古屋と東海道に分布．〔鴨・加茂・賀茂・加毛〕(2)蒲のある水辺(※Gamô)．〔蒲田・鴨野・鴨田〕(3)鴨．〔鴨ヶ池・鴨脊島〕

Kamui　カムイ　《ア》神．〔カムイコタン：神の住所〕

Kamuro　カムロ　(1)カム(神)ロ(接尾)．(2)猪の伏所．〔神室・家室・学文路(カムロ)・加室・神室岳(山)〕

Kanakuso　カナクソ　製鉄の行われた跡．〔金糞・金屎(～クソ)・金草，(楠金(クズガネ)・金床)×〕

Kanaya　カナヤ　※Kaneko(金屋子)．〔金屋・金屋本江・金屋坊・金谷・金谷内・金谷迫・金野(カナヤ)・金矢〕

Kanayama　カナヤマ　製鉄場．〔金山・鉄(カナ)山・銀(カネ)山・鉛山・金山沢・金山平，(鉄嶺(クロガネ)峠・黒鉄山・金山(カンヤマ))〕

Kanazawa　カナザワ　鉄分で赤味をおびた川．〔金(カナ)沢(カネザワもある)・金ヶ沢・叶沢〕

Kanba　カンバ　(1)白樺，山桜．(2)禿山(方言カンパ)．〔神場・神庭(カンバ)・神馬(カンバ)・神葉沢・寒波(カンバ)坂・勘場〕

Kanbe　カンベ　社務に従う特定の職．近畿に多く，瀬戸内と中部がそれにつぐ．〔神戸・神部・鴨部(カンベ)・勘部・神米(カンベ)〕

Kanbô　カンボー　(1)禿地，禿山．(2)草深い所．〔神峰山・神房(カンボー)・榎神房〕×

Kanda　カンダ　(1)「田の神」を祀る田(水口などに設ける)．(2)神社の費用を弁ずるために設けられた田．〔神田・金田(カンダ)・苅(カン)田〕

Kandati　カンダチ　雷，雷神．

楽城（カブラキ）・加布羅・蕪坂〕⑵「蕪」の象形語.〔雄（雌）株羅岩・カブ山・カブラ石〕

Kaburo　カブロ　乱髪，白頭翁.〔禿（カブロ）岳〕

Kado　カド　⑴※Kato⑴.⑵泉.⑶隅（スミ），曲り角（カド）.⑷門，表庭.〔門（カド）田〕⑸納屋.〔門屋（カドヤ）・門谷（〜ヤ）〕〔加斗（カト）・加殿（カドノ）・加土計・門（カド）・門江・門川・門外（ゲ）・門部・門真・門井・門岡・門毛・葛（カド）野・神戸（カド）ノ土・角川〕

Kadogami　カドガミ　里の境に祀る神.〔門神・門神岩〕

Kaga　カガ　⑴草地になった平坦地.全国に分布.〔鹿我・鹿賀・神（カ）ヶ原・加賀原・鏡（カガ）島・香美（カガミ）〕⑵「摺鉢」地形.〔加賀地・加賀須野・加々須〕⑶露出した岩.〔加加良沢〕⑷加賀（国）の伝播地名.

Kagami　カガミ　⑴芝草地.〔香々美・香美・加賀美・鏡・各務（カガミ）〕⑵鏡形.〔鏡池・鏡野・鏡山（平頂の山）〕⑶鏡.〔鏡石・鏡石山・鏡山・鏡宮〕

Kage　カゲ　日蔭の土地.〔蔭・蔭平・蔭行（カゲギ）・日影・日隠（〜カゲ）・日陰・日掛（〜カゲ）・山影・影野・大影・小川下（コカゲ），（日陰（〜ゾエ）：日向と対地名をなして存在）〕

Kagi　カギ　⑴※Kani.〔鍵沢・鉤（カギ）取・限（カギリ）山〕⑵※Kankake.〔鉤掛森・鎰（カギ）掛・鍵掛山〕

Kagura　カグラ　⑴断崖.〔角良・大角蔵（カグラ）・神楽・神楽坂・御神楽・神楽岡・神楽島・神楽岩・神楽山〕⑵狩猟のための禁猟区（鎌倉以後）.〔狩倉（カグラ）山・御鹿倉山〕

Kai　カイ　⑴狭間.〔皆畑・皆田・開田・返（カイ）田・甲斐田・三海田・枠（カイ）田・片貝・貝瀬・貝原・栢（カイ）原（峡間がある）・椎谷（シューガイ）・箸垣（ハセガイ）・海上（カイショ）（水田ある谷頭）・海（カイ）谷・海田市・宍甘（シジカイ）・岩改・大峡（〜ガイ）・大開（〜ガイ）・子（コ）飼沢・垣内（〜ト）・大垣内（〜ガイチ）・貝津・貝戸（カイト），（蚕飼（コガイ）：「小貝川」畔に因む）〕⑵貝.〔貝洲・貝塚・貝沼・貝柄・貝殻山〕北海道以外の全国に分布.

Kaiti　カイチ　※Kaito.中国地方に分布.〔会地・海地・海知・開地・旗涯地・垣内（〜チ）・垣吉〕

Kaito　カイト　⑴峡戸（カイト）の意で，⑵後に平地の字（アザ）の名にも転用.近畿〜関東に分布.〔垣戸・<u>垣内</u>・垣外・界戸・<u>界外</u>・皆戸・皆外・谷（カイ）戸・<u>門内</u>（カイト）・海渡・<u>海戸</u>・海道・<u>海東</u>・海土・貝戸・改戸・<u>欠（カイ）戸</u>・替（カイ）戸・灰土・開土・開渡（――は単独に用いられることもあるが，他はほとんど語尾として使われる）〕

Kaitu　カイツ　谷間の平地（※Kaito）.中部地方西半部に分布.〔開津・垣内（カイツ）・谷内（カイツ）・海津・殿貝津〕

Kako　カコ　船頭，漁夫.〔加行

（イシ）ノ坂（サコ）・砂香・佐護・砂郷・長砂（～サコ））〕

Ise　イセ　(1)※Iso＞Ise. イソ（磯）やイシ（石）と同根. (2)伊勢信仰による伝播地名.〔伊勢・小伊勢・伊勢山〕

Isigami　イシガミ　石神信仰にちなむ. 裏日本にはほとんど分布しない.〔石神・石神野・石上,（石亀）×〕

Isigura　イシグラ　(1)塚穴. (2)石垣.〔石倉・石蔵・石倉田〕

Isiki　イシキ　(1)※Ii—Siki（少し高い川底), または※Siki（砂礫土). (2)一品種のみを貢納した中世の荘園説.〔一色・鯛一色・油一色・鍛冶ヶ一色・一敷・伊敷・居敷・印敷・印食（イジキ)〕

Iso　イソ　《ア》《ヤ》岩礁, 岩.〔伊蘇・伊曾島・伊子（ソ）志・磯津・大磯・磯谷（～ヤ, ヤは《ア》土地)・磯部・磯田・石上（イソノカミ)・椿世（ツバイソ)・馬寄（マイソ)〕

Isuzu　イスズ　(1)清浄. (2)泉.〔伊鈴川・五十鈴川〕

Itagura　イタグラ　木倉, 米倉.〔板倉・板倉沼・板倉川〕

Itaka　イタカ　※Idaka.

Itako　イタコ　巫女, 占女.〔潮来・巫子（イタコ）沼・神（イダ）子〕

Iti　イチ　市場.〔市・伊知・市庭（イチバ)・一場・今市・四日市〕（市場以外は略)

Ito (Itô)　イト（イトー）　(1)磯.〔伊東・糸崎・糸島郡〕(2)伊勢の藤原氏の住所.〔伊藤〕(3)川辺の物洗場, 井戸.〔伊藤窪・伊藤田（イトダ)・糸田・井戸田（イドタ)〕(4)《ア》※Iso.〔糸泊・白糸岬・糸付〕

Itoi　イトイ　(1)《ア》鮭を突いて捕る処.〔糸魚沢・小糸魚・小糸魚川〕(2)《ヤ》糸魚（イトイ）（融雪期に海から川に上る).〔糸魚川〕

Iwa　イワ　《ア》《ヤ》岩, 山.〔岩内：岩のある川〕

Iwaki　イワキ　上代防禦設備.〔石城・磐城・岩木〕

Iwata　イワタ　岩, 岩石.〔岩田・磐（イワ）田原・石田（イワタ)〕

Izari　イザリ　(1)一方にかたよること, 山ならば非対称の断面（プロフィル）をもつもの.〔猪去・漁（イザリ）農地・漁（イザリ）岳・漁（イザリ）山〕(2)イザリガミ（行人に飢餓を感じさす悪霊).〔膝行神（イザリガミ)〕

Izu　イズ　(1)イ（霊）ズ（主）で, 神聖な土地とする説.〔伊豆・伊豆野・和泉（イズミ)・出雲（イズモ),（伊甚（イジミ))〕×(2)泉.〔泉（イズ）ヶ峠・泉本（イズモト)・伊津・伊豆田（伊豆沼・～根沢)・伊洲子（イズシ)・檮（イズ）原・厳美（イズミ)〕

K

Kabe　カベ　(1)絶壁. (2)粘土.〔可部・加部・壁・砂壁・草壁・折壁・神谷（カベヤ)・鴨部（カベ)・人首（～カベ)・鬼越（～カベ）沢〕

Kabura　カブラ　(1)田畑道路などの片側が山や堤防で押出している所.〔鏑（カブラ）木・蕪木・甲

⑵稲村，またはその象形語.〔稲子・稲子山・稲子沢・稲子原・稲狐（イナコ）・稲郷・伊奈胡山〕

Inari イナリ 関東を中心として東北日本に多い．稲荷にちなむ．〔稲荷・稲里・稲（イ）成・飯生（イナリ），（稲荷（トーカ））〕

Inbe インベ 神を祀り祭器を造った部民.〔忌部・伊部（インベ）・忌部郷・印部，（仁部・丹部・一部・二部・飯部）〕

Inden インデン「隠田（カクレダ）」の音読.〔印田・印天・陰田・院田・院殿〕

Innai インナイ ⑴寺院に因む集落.⑵インヨー（陰陽師）＞インナイ.⑶入谷や狭隘など，狭い場所をいい，「入内（インナイ）」の意.〔院内・犬内・印内，（井内・印南）〕

Ino（Inô） イノ（イノー） ⑴水路ある野.⑵砂礫地（※Ina）.⑶「小さい」（※Inu—⑵）.〔井野・井野川・飯野・印（イ）野・伊野・伊乃・伊納・伊能・伊農・稲生・稲尾・入（イ）野・猪ノ尾〕

Inu— イヌ～ ⑴「低い」.〔犬塚・犬島・犬山・犬ノ馬場・乾（イン）馬場・犬吠森・犬越，（猪（イ）ノ鼻：低い台地の端・猪ノ尾：低い尾根上）〕⑵「小さい」「狭い」.〔犬見・犬熊・犬迫（～ザコ）・犬間（小盆地）・伊野・犬吠（狭い尾根上）〕⑶犬.〔山犬谷・犬島・犬走島（犬の形の島）・犬戻鼻・犬ノ頭島〕

Inugami イヌガミ ⑴犬神信仰.⑵犬神人（社頭に仕えて警護攘穢に任じた人）.〔犬神平・犬上川〕

Inukai イヌカイ ⑴部民「犬養部」.〔犬飼〕⑵低い山で囲まれた谷で「低峡（イヌカヒ）」の意，また「井堰」.〔犬飼・犬貝〕⑶七夕星.〔犬飼（インカイ）〕

Iô イオー ⑴硫黄.〔硫黄島・医王山・医王寺・伊王寺・伊雄山・夷王山〕⑵魚.〔伊王鼻・伊王島〕

Ira イラ ⑴洞穴.⑵低湿地と傾斜地に多い地名.〔伊良・伊良湖岬・井良野・蚪道（イラド）・苛（イラ）島・五良（イラ）野・刺（イラ）窪山・飯良〕

Irazu イラズ ⑴谷頭や谷口にあって，そこより奥へ入って行けない所.〔不入〕⑵土地に関する禁忌の一種で，立入ると何か不幸があるといわれる所.〔不入山〕

Iri イリ ⑴谷の奥，山寄り.⑵入江．近畿と北奥以北を除く全国に分布.〔入谷・入沢・入山・殿入・沢入・野入・入江〕⑶西.〔西（イリ）表島〕

Iriyamazu イリヤマズ 入山瀬（イリヤマセ）の転で，渓口をいう．南関東～東海に多い.〔不入斗（イリヤマズ）・入山津，（不入読（イリヨマズ））〕

Isa イサ ※Iso＞Isa.⑴砂地.⑵暗礁.〔伊佐・伊讃・石原（イサ）・石和（イサワ）・石間戸（イサマド）・砂（イサ）部・諫（イサ）山・諫早・五十（イサ）沢・伊沢（イサ）黒・伊佐島（～野・～沼・～領・～沢・～津・～山・～部・～見・～美・～地）〕

Isago イサゴ 砂地.〔砂（イサゴ）・砂子（イサゴ）・砂子田・砂子沢・砂古瀬（イサゴゼ），（石

伊堤（イデ）・伊手〕

Iga　イガ　※Ika.〔伊賀・五十（イガ）沢・五十（イガ）島〕

Iguti　イグチ　堰.〔井口・堰口・伊口〕

Ii　イー　⑴上の方. ⑵山手の方. 自然堤防や段丘などの，小高い所にある田や土地. ⑶※Yui.〔伊井・飯田・飯野・飯高（イーダカ）・飯貝（イーガイ）〕

Iida　イーダ　⑴曲物師から変った桶屋. ⑵労働交換で助け合う田. ⑶上の方の田（※Ii）. 東海～関東に多い.〔飯田（イータ・イーダ）・伊（イ）田・伊太（イダ）・飯田（イダ）〕×

Iizuka　イーズカ＜イヒヅカ　飯塚の伝承は各地でことなる. むしろ飯盛山のように象形語か. 関東～南奥に多い.〔飯塚〕

Ik　イク　《ア》関節.〔幾春別川：イク（曲った）スム（水の）ベツ（川）〕

Ika　イカ　⑴谷頭，山麓など，うしろに山を負う土地.〔五十（イカ）谷・碇（イカ）地・伊香・伊香保・烏賊塚・烏賊坂〕⑵洪水の起り易い平地，堰のある所.〔五十（イカ）沢・五十（イカ）原・五十浦・五十畑〕

Ikari　イカリ　⑴河段丘，谷を上りつめた所の小平地，山間の小河盆にある地名.〔碇・錨・伊加里・井光（イカリ）・井刈・伊刈・井狩・碇尾・上一光（イカリ）〕⑵堰のある所，洪水の起りやすい所.〔碇・伊加利〕×　⑶錨.〔大碇礁・イカリ瀬〕×

Ikaruga　イカルガ　斑鳩（イカルガ）（嘴が大きく顔が黒いからいう）が棲む所.〔斑鳩・鵤・何鹿（イカルガ)〕

Ikazuti　イカヅチ　雷のこと. 分布は関東北部～東北地方.〔雷・雷土（イカヅチ）・五十土（イカヅチ）・雷野（イカヅチノ）・雷前・雷峠・雷山〕

Ikuti　イクチ　砂礫地にみられる地名.〔生口・生地（イクジ）・幾地・生路（イクジ)〕

Ima　イマ　新村を「今～」. 東北と北海道には少い.〔今村・今市・今庄・今井〕

Imai　イマイ　新しい用水路. 関東以西に分布.〔今井・井マイ・今井口〕

Imozi　イモジ　鍛冶屋.〔鋳物師・鋳物師釣・鋳物師戻峠・鋳物師屋・鋳物師原・鍛冶（イモジ）谷,（芋福)〕

—in　～イン　租稲を納める倉院，のちそこの地名を冠して～院となる. 九州に多い.〔伊集院・飫肥院・土持院〕

Ina　イナ　砂，籾（ミナ＞イナ，ニナ貝と籾が相似形であるところから，砂のこともイナといった). 南奥～三河に多い.〔稲・伊那・伊南・伊名・伊奈・猪名・為（イ）奈・為那野・飯名〕

Inaba　イナバ　⑴稲架の普及前に，稲干場とした所で，平素は芝草地になっていた. ⑵稲積の形の山.〔稲場・因幡・稲干場・稲葉・稲羽・伊奈波・伊南波・印旛（インバ）・印波（イナバ）・稲葉山（鈍頂)〕

Inago　イナゴ　⑴砂地（※Ina).

レピラ：赤い崖・振別：赤い川〕(2)《チ》火，村（Porより）．※Huru.〔小古江（オブレ）・東触・西触，(府領)〕

Huri フリ ※Huru. 関東以西に分布.〔敷梨（フリ）・布里・夫里・富里・～振・朳（エブリ）・樋野（イブリ）〕

Huro フロ (1)温泉，石風呂，浅瀬に水温む所.〔下風呂・湯風呂谷・石風呂〕(2)神を祀る場（神森をブロというに対して）.〔桑林（ブロ）・鷹志風呂山〕(3)※Hukuro.〔不老・不老倉・風呂・山風呂・風呂塔（山名）・金風呂・今風呂・解風呂・風呂ヶ迫・津風呂・大諸（～フロー）〕×

Huru フル (1)《チ》火，村.〔布留・布流〕(2)《ヤ》「古い」.〔古村・古川・古市・古江・古（フル）関〕(3)《ア》丘.〔富良野：フラノコタン（Hur・ano・kotan 丘のある村）〕

Husa フサ ムサ（笹，茅などの茂み）より.〔布佐・雄総（オブサ）・下総（シモツフサ・シモツサ＞シモーサ）〕

Huse フセ (1)傾斜地.〔布瀬・布施・伏久・伏部・馬伏・布施坂〕(2)上代の布施屋（旅人の宿泊休憩所）．(3)—huseは※Tabuseを参照.

Husiko フシコ 《ア》「古い」.〔フシココタン：古い村〕

Husimi フシミ 見下すことのできる傾斜地上の地名.〔伏見・俯見〕

Hutatuya フタツヤ ※Hitotuyaとともに東日本に多い.〔二ツ屋〕

—huti ～フチ (1)縁（フチ），崖.〔田淵・岩淵・馬淵〕(2)淵，澪（ミオ）.〔淵・布知〕

Huto (Hudo) フト（フド） ※Hoto.〔風戸・富士・富戸・布都・払戸・古渡・風道野・風戸峠・不動野・府殿〕

Hutyû フチュー 国府の所在地.〔府中〕

Huzi フジ＜フジ・フヂ・フチ (1)長い山裾，高い滑らかな崖面.〔富士山・藤原・藤川〕(2)富士型の山，富士信仰.〔富士塚・藤塚・富士森・～富士〕(3)植物（藤）.〔藤生〕× (4)《ア》崩崖（プシ）.〔富志戸・富士・藤岱・風不死岳〕(5)縁（フチ）.〔藤田・田淵〕

Huzimi フジミ そこから富士山が見える所. 駿河富士の可視圏内に分布.〔富士見・富士見台・富士見峠・富士見坂・藤見〕

Hyôgo ヒョーゴ (1)難波の港の「向う」にあるから「武庫（ムコ）」の説. (2)兵庫の伝播地名.〔兵庫〕

I

I イ (1)水路.〔新井・井ノ頭・井上・井関〕(2)転語.〔向井が向（ムカイ），酒井が境（サカイ）〕(3)高くそびえる山.〔伊島・伊崎〕

Ibe イベ 神域をイベ（斎辺）.〔伊部（イベ）〕

Ibi イビ (1)※Ebi. (2)灌漑用の樋，水門.〔揖斐・楢斐（イビ）・指・指中・伊尾川〕

Idaka イダカ (1)※Hidaka. (2)※Itako.〔井高〕

Ide イデ 用水路，井堰.〔井手・

土野峠・不動滝・布藤（フドー）〕

Hukakusa　フカクサ　草深い所.〔深草・深草山〕

Huke　フケ　(1)深田，低湿地．北奥や東瀬戸内に多い.〔富家・福家・布下・布計・不毛（フケ）・泓（フケ）・浮気・湫（フケ）田・更（フケ）ノ沢・深日（フケ）・富慶・草深（ソーフケ）・婦気・土深（ドブケ）・富下・古毛・吹（フケ）井・吹原（フケバル）・普賢堂・普現堂（この2つ寺に無関係）・古家畑〕

Huki　フキ　(1)※Huke.〔富貴・吹（フキ）・蕗原〕(2)「吹く」.〔吹上・吹上浜・吹越山〕(3)吹雪.〔吹越・吹越山〕(4)植物名（山吹・蕗）.〔山吹谷〕(5)炉師（鞴（フキ）より）.〔吹屋〕

Hukiage　フキアゲ　(1)風で砂が吹き上げられる所（海岸や川畔にみられる）．(2)卓越風をうけやすい地形にある所.〔吹上・吹上浜・吹上山〕

Hukuda　フクダ　(1)佳字を用いた農村．(2)炭火をフクに因んで鍛冶をいう．(3)ブク（忌）ダ（田）で，作ると祟りがある田．(4)仏供田（ブクデン）がフクダとなるもの．中部中国に多いのは(2)のもののため.〔福田・服田〕

Hukudomari (Hukudome)　フクドマリ（フクドメ）　炉吹師の住む所.〔福泊・福留・福富，(福住)〕×

Hukura　フクラ　(1)河，海の岸にある袋状の小地形の名．(2)ホコラ（祠）による．西南日本に多い.〔福良・福浦・福蔵（フクラ）・中服良・福来（フクラ）・吹浦（フクラ)〕

—**hukuro**　～フクロ　※Hukura.関東～奥羽に多いが，海岸には例が少い.〔袋・袋尾・大袋・袋井・池袋・沼袋・吹路（フクロ）・皮装（～フクロ)〕

Hukuroda　フクロダ　他人の田で囲まれている田.〔袋田〕

Hukuzi　フクジ　(1)川沿いの肥えた土地．(2)鍛冶屋.〔福地・福知・福治・福士・吹地〕

Humoto　フモト　(1)山のふもと．(2)郷士の集落.〔麓（南九州）・府下・富本・府本・埜（フモト)〕

Hunaba　フナバ　舟着場，渡船場.〔舟場・船場・船場ノ東〕

Hunado　フナド　(1)渡し場．(2)フナドの神.〔船渡・船戸・舟戸・福名湯（フナド)〕

Hunakata　フナカタ　(1)漁夫.〔船方〕(2)船の形.〔船形・船形山〕

Hunako　フナコ　(1)水主，水夫.〔舟子・船子〕(2)船形の※Dôsyo地形.〔船子〕

Hunakosi　フナコシ　(1)曳船.〔舟越〕(2)渡船．この例が最も多い.〔船越，(船引)〕(3)船形にくぼんだ山の鞍部.〔船越・鮒越・船越山・船越峠〕

Hunato　フナト　※Hunado.〔船渡・船戸〕

Hunazu　フナズ＜フナヅ　(1)漁師町．(2)船着場.〔船津・舟津〕

Hune (Huna)　フネ（フナ）　(1)船.〔舟津・舟場・舟橋・舟渡・船戸〕(2)舟形.〔岩船・船窪・湯船・船形〕

Hure　フレ　(1)《ア》「赤い」.〔フ

で奥詰りの谷（地方により若干意味がちがうが，谷であることは変らない）．濃飛山地と陸中に集団分布．〔神洞・長洞・三田洞〕(2)《チ》～洞をコル・トンなどよみ，初めは「谷」，のち「村」の意となる．北朝鮮と慶尚北道に多い．

Hôrai　ホーライ　中国での想像上の山名．日本では霊山の名．鏡餅形・亀甲状の山が多い．瀬戸内にみない地名．〔蓬萊・蓬来・鳳来〕

Horinouti　ホリノウチ　(1)「堀の内」すなわち豪族屋敷．(2)「墾（ホリ）の内」で開墾地．東北日本に多い．〔堀之内・堀ノ内〕

Horo　ホロ　(1)《ア》※Poro．〔札幌：サッ（乾いた）ポロ（大きい）ナイ（川）〕(2)《ヤ》※Hora．〔保呂（紀伊）・御母衣（ミボロ）（岐阜）・保呂羽・褸綿（ホロワタ）・幌月・本呂尾〕

Hôryô　ホーリョー　※Hôryû．〔法領・宝領・法量・坊領・ホーリョ谷〕

Hôryû　ホーリュー　東北～北部関東に分布する神（ホーリューサマ）で，丘のふもとに祀られる．〔宝柳・宝龍・宝竜・法柳・保柳〕

Hosi　ホシ　(1)星信仰．〔星ノ宮・星合・金星〕×　(2)小丘（供餅の上の小餅を方言でホシ），※Bôzi(3)．〔星山・星崎・星ヶ丘・三ツ星山・星ヶ尾山・法師・法師丸・保子野・星ヶ原・布施（ホシ）屋〕(3)帽子形．〔笠法師山・法師峠・稲星山・千頭星山・法子岩〕(4)境界標（※Bôzi(1)）．〔法師山〕(5)※Tôbosida．〔唐干田〕

Hôsi　ホーシ　※Bôzi．〔傍示・傍爾戸・放寺・放士ヶ瀬〕

Hota　ホタ　(1)《ア》※Ota．(2)《ヤ》湿地（※Hatta）．(3)《ヤ》斜面，中腹，土手（※Bota）．〔堀田・法田・保田・保多・穂田・富田（ホタ）〕

Hote　ホテ　※Hota(2)(3)．〔布袋・法手・保田（ホテ）見〕

Hoto（Hodo）　ホト（ホド）　女陰，噴火口の方言から地名となり，多くは河谷の名となる．〔保土・保戸・程・堀戸（ホット）・発戸（ホット）・法塔・法道・保（ホ）殿・程ヶ谷・程窪・百（ホド）塚・百部（ホド）岡・百連（ホンド）沢・放土ヶ瀬・布袋石（ホトシ）・仏生（ホドス）・仏木（ホトギ）・宝登山〕

Hotu　ホツ　山の峰，山背．〔保津・穂津〕×

Hôzi　ホージ　※Hosi，※Bôzi(3)．〔豊地・法地・大宝内（ダイホージ）山・祝地（ホージ）・鳳地峠・法事峠・北条（ホージ）峠・宝地・芳士・方司口〕

—hu　～フ　何々のある所．〔麻生（アサフ＞アソー）・埴生（ハニフ＞ハニュー）・羽生（ハニフ＞ハニュー）・丹生（ニフ＞ニュー）・蒲生（ガマフ＞ガモー）〕（その他の意味の国府，岐阜など略）

Huda　フダ　(1)※Ota＞※Uta（Oda）＞Huda．砂地，泥田．〔布太・布田・浮田・富多・畉田・札〕(2)昔の高札場．〔札場・高札場・札ノ辻・札立・札ノ前〕

Hudô　フドー　(1)※Uto．(2)滝に多い「不動ノ滝」．(3)不動明王に因むもの．〔不動山・不動野・不

浦・菱岳・天狗ビシ・小僧ビシ・観音ビシ〕(2)菱形.〔菱形山・菱形池〕

Hiso　ヒソ　(1)若い針葉樹の茂る地（方言ヒソ）.(2)北向の日当たりのわるい地（方言ヒゾエ）.中部〜東部の瀬戸内に多く分布.〔日曾・日祖・日草（〜ソー）・日曾裏・比曾・小比曾・比曾原・檜生（ヒソ）・大檜曾（〜ビソ）・檜曾谷・飛曾山・寧比曾岳〕

Hitotuya　ヒトツヤ　一軒屋.〔一ツ屋〕

Hiura　ヒウラ　※Hinataの古語.紀伊と四国に多い.〔日浦・日ノ浦・日野浦・日浦畑・日裏〕

Hiyakko　ヒヤッコ　「冷たい」.〔寒（ヒヤッコ）川・白狐川（上総）・白狐（ヒヤッコ）（美濃）（百＞白)〕

Hiwada　ヒワダ　日当たりのよい和田（※Wada).〔日和田・小日和田・檜和田・鴇田（ヒワダ）峠,（以上に対して,「日影和田」がある)〕

Hiyo　ヒヨ　(1)嶺.(2)山の鞍部の政治境界（標の音読).(3)ヒヨドリ.〔鵯ヶ坂・鵯越（ヒヨゴエ・ヒヨドリゴエ)・比与島〕

Hiyoriyama　ヒヨリヤマ　天気を見るのに都合のよい丘.〔日和山〕

Hizi　ヒジ　(1)曲り角.(2)泥地.〔肱川・肱内・比治・比治山・比地山・比地・小童（ヒジ)・比智島・非持（ヒジ)・日出（ヒジ)・土（ヒジ）形・土方（ヒジカタ)・土万（ヒジマ)・泥津（ヒジツ)〕

Hiziri　ヒジリ　平安中期以後の修行者にちなむ土地.〔聖・聖岩・聖塚・聖ヶ丘・聖山・聖峠・ヒジリ谷・樋尻壇〕

Hodo　ホド　女陰・噴火口の方言が地名となり,多くは河谷の名となる.〔※Hotoを参照〕

Hôe　ホーエ　※Hae(1).〔法枝・宝江〕

Hogi　ホギ　※Hoki.〔坂祝（〜ホギ)・宝木（〜ギ)〕

Hoke　ホケ　※Hoki.〔法花・甫家・法華・法京・宝慶・牧家（ホケヤ)・仏（ホッケ）沢・富掛田・大保下・牛保毛〕

Hoki　ホキ　崖.中国地方に多く,全国に及ぶ.〔伯耆・保木・法木・法吉・朴（ホギ)・宝亀・宝喜・宝来・宝木・豊来・発喜・甫木・歩岐・防己・十三墓岐〕

Hokke　ホッケ　※Hoke.〔法華・法華岳・法花津（ホッケツ)・法花田,（法経)〕

Hongô (Hongo)　ホンゴー（ホンゴ）(1)本村.(2)小丘.九州と北海道には少ないが,本州四国に多い.〔本郷・本江（ホンゴ)〕

Honpo　ホンポ　本荘（※Honzyo）が公田であるときの名.〔本保〕

Honzi　ホンジ　※Hôsi.〔本地〕

Honzyo (Honzyô)　ホンジョ（ホンジョー）　寄進型の荘園で上層貴族（皇族,大社寺,公卿など）を受寄者（保護者）とした場合の保護者を「本所」といい,その荘官の「本所職」の居住地が地名になったもの.〔本所・本庄・本荘・本城〕

—hora　〜ホラ　(1)水の少い短小

(ヘグリ)・平久里・標栗(ヘグリ)原〕

Hera ヘラ 山腹，傾斜地.〔平良・平良崎・平良堀(ヘラボイ)・平羅(ヘラ)島・幣羅坂・兵良〕

Heta ヘタ 海辺.〔戸田(ヘタ)・辺(ヘ)田〕

Hiate ヒアテ ※Hinata.〔日当〕

Hibi ヒビ 柴草の土地.〔日比野・日比田・日比沢〕

Hida ヒダ (1)辺鄙.〔斐太・飛騨国・美守(ヒダモリ)〕(2)渚(ヘタ＞ピダ＞ヒダ).〔飛騨(富山湾岸)〕

Hidaka ヒダカ ※Hida.〔日高・火高・檜高山〕

Hido ヒド 山腹または山麓のくぼんだ湿地.〔比土・肥土・仁谷(ヒトガヤ)・泥田(ヒドロダ)〕

Hie ヒエ (1)寒冷.〔比叡・比恵・比江・日枝(ヒエイ)・比衣・比延(～エ)・冷川・日吉(～エ)津・稗田・冷田・稗畑・稗地〕(2)稗.〔稗田・稗原・稗木場〕×

Higuti ヒグチ 泉.〔樋口・樋口谷・樋口垣内・火口(ヒグチ)〕×

Hikage ヒカゲ 日蔭.〔日影・日影町〕

Hikata ヒカタ (1)干潟.(2)風(西南風，東南風).〔日方・日形・日形井・干潟〕

Hiki ヒキ (1)※Hioki.〔日置(ヒキ)〕(2)低い.(3)ひきがえる(方言ヒキダ).〔日置江(ヒキエ)・引越(ヒキコエ)・疋田・引地・引野〕

Hiko ヒコ (1)田畑の出張った所.(2)ヒコ(甑)の象形語.〔彦島・彦山・彦名・彦根〕

Himuro ヒムロ (1)ヒモロギ(神籬).(2)日当たりのよい小窪地.〔日室・氷室・氷室岳・比室〕

Hina ヒナ (1)ひなた(日向).〔日向(ヒナ)・日名・日名畑・日名倉山・日南・日南川・日那・比奈・比奈窪・姫名(ヒナ)郷〕(2)※Hida.〔夷守(ヒナモリ)〕

Hinata ヒナタ 日当たりのよい所.〔日向・日当(～ナタ)・日宛(～ナタ)・日南田(～ダ)・陽目(ヒナタメ)・日名田・日陽(ヒナタ)・蕗陽平(ヒナタダイラ)・日奈田峠〕

Hinokuni ヒノクニ (1)ヒバ(霊場).(2)日本の古名.(3)ヒナ＞ヒ(夷).〔妣ノ国・火ノ国・日ノ国・肥ノ国〕

Hioki ヒオキ 部民(ki族という低身の南方人の説).西南日本に分布.〔日置〕

Hiomo ヒオモ ※Hinata.〔日面(ヒオモ)・日面(ヒヨモ・ヒズラ)・日向(ヒオモ)・日向(ヒヨモ)〕

Hira ヒラ (1)《ヤ》《リ》傾斜地(《ア》※Pira).〔比良山・山ノヒラ・儀保阪(ギーポヒラ)(首里市)〕(2)《ヤ》平地.〔平野・平沢・平山・平田・岡平(～ヒラ)・百合平(～ヒラ)〕

Hiraki ヒラキ 新開地.〔開・平喜〕

Hirako ヒラコ 崖，坂(※Hira).〔平子・平光・平合〕

Hiromi ヒロミ (1)広場.(2)都会.〔広見・弘見・広目〕

Hisi ヒシ (1)岩壁，崖.〔菱・菱

ニ)・羽仁・丹土（ハニ)・埴田・埴生（ハニュー)・土（ハニ）田〕

Hanta　ハンタ　「半分」を方言でハンタ.〔半田（ハンタ）山（外輪山の一峰で，半分欠けた山)〕

Hantara　ハンタラ　※Hanta〔半俵山・上半俵・下半俵・ハンタラ尾〕

Hanyû　ハニュー　粘土地.〔埴生・羽生・羽入・半入・羽二生・波入（ハニュー)〕

―hari　～ハリ　⑴墾（ハ）り．⑵原.〔高針・今治・尾張・萩原（ハリハラ)・榛（ハリ）原〕

Harita　ハリタ　泥田，年中水が張っていて，麦作不能の田.〔治田・針田〕

―haru　～ハル　※―hari.〔三春・伊原（～ハル)〕

Haruta　ハルタ　⑴沼田（※Harita)．⑵※―hari.〔春田・治田〕

Hase　ハセ　⑴埴輪・土器作りの部民.〔土師（ハゼ)・吐師（ハセ)〕⑵大和の長谷寺から伝播した地名.〔長谷・波瀬・羽瀬石〕×⑶駈使（ハセツカイ).〔丈部（ハセツカベ)・杖部（ハセツカベ)・丈部（ハセツカイベ)〕

Hata　ハタ　⑴《モ》山ノ峰から「村」の意に転.〔波太・幡（ハタ)・博多〕⑵秦氏の居住地.〔秦野・波多野・秦原〕⑶耕地.〔畑田・畠中〕×

Hatikubo　ハチクボ　鉢形の窪地.〔鉢久保・八久保・蜂久保〕

Hatiman　ハチマン　もとは※Yahata.〔八幡・八幡館・八幡林・八幡平（～タイ)・八幡岳〕

Hatiya　ハチヤ　鉦（ハチ）をたたいて巡行した僧徒，西日本に多い地名.〔鉢屋敷・鉢屋谷・蜂屋敷〕

Hato　ハト　⑴波止場.〔波戸埼・波渡埼〕⑵鳩.〔鳩山・鳩峰〕×

Hatori　ハトリ　⑴織布に従った部民.〔服部・服織（ハトリ)〕⑵石垣，関東と南奥に多い.〔羽鳥・八鳥（ハトリ)・有鳥（アットリ)・法戸（ハット)〕×

Hatta　ハッタ　※Yadaを八田とかき，ハッタとよんだもの．湿地.〔八田・治（ハツ）田・八斗（ハッタ）島〕

Hattara　ハッタラ　《ア》淀み，淵（Hattaru).〔ハッタラ（根室・留萌・上川にある)〕

Hayama　ハヤマ　⑴端（ハ）山．⑵駅馬（ハヤマ)（上代駅制の).〔葉山・葉山平（～タイ)・端山・羽山・半（ハ）山・駛馬（ハヤマ)・早麻（ハヤマ）山〕

Hazama　ハザマ　狭い通路．表日本分布型.〔峡間・桶狭間・廻間（ハザマ)・迫（ハザマ)・硲（ハザマ)・迫間（ハザマ)・間（ハザマ)〕

Hazi　ハジ　陶業の部民．西南日本に分布.〔土師（ハジ)・埴師・間人（ハシウト）郷・初（ハジ）神・橋（ハシ）殿〕

Hebo　ヘボ　小さい窪地（方言ヘボム).〔辺保・戸房（ヘボ)・戸（ヘ）保ノ木・平保原・遍保野・方（ヘ）保田・蜻（ヘボ）浦〕

Heda　ヘダ　山麓.〔戸田（ヘダ)・辺田（ヘダ)〕

Heguri　ヘグリ　⑴ヘ（辺）クニ（国）の説．⑵大和平野の上代豪族名とその伝播した地名.〔平群

Hai ハイ ⑴灰.〔灰原（ハイバル)〕⑵小平地（※Hae).〔波居（ハイ）原・下川原（～コバイ)・苗生（ナンバイ）松・大杯（～バイ)・灰ヶ峰〕⑶開墾地（※Hari).〔萩（ハイ）原・榛（ハイ）原〕⑷岩礁.〔～岩（ハイ)・～碆（ハイ)〕

Hakata ハカタ ※Hakeda.〔伯太・伯多・波方・羽方・白方（ハカタ)・博多〕×

Hake ハケ 崖.〔波気・波介・八景・垰（ハケ)・羽下・波化・峡（ハケ）田・川端（～ハケ)・大帖（～ハケ)・川端下（～ハケ)・垪下（ハケシタ),（墓ノ木)〕

Hakeda ハケダ 崖地の田.〔峡（ハケ）田〕

Haki ハキ 合流点.〔小川吐・小又吐・吐野・流合（ハキ)・波帰〕

Hakke ハッケ 崖（※Hake).〔八卦・八圭・八景・八気（ハッケ)・八家（～ケ)・端気（ハッケ)・端家（ハッケ)・八茎・八（ハッ）ヶ田・羽下・百家（ハッケ)・八京・吐合（ハッケ)・白鶏（ハッケ)〕

Hakusan ハクサン 加賀の白山権現（桃山以前はシラヤマ）を中心として，全国にひろがった白山社による.〔白山・柏（ハク）山〕

Hama ハマ ⑴土堤，川岸. ⑵魚市場.〔幡麻・浜・播磨（ハマ，ハリマの旧名)〕

Hamana ハマナ ⑴ハマ（浜）ナ（土地：※Na). ⑵海苔. 北奥と駿河に7例.〔浜名〕

Hami ハミ ⑴山嶺近くの草地. ⑵まむし.〔波見・速見（ハミ)・貝喰（～バミ)（谷への山腹上)〕

—hana ～ハナ ⑴端（ハナ). ⑵岬.〔尾ノ花・猪ノ鼻・竹ヶ鼻・花園・花原・花咲〕⑶台地（※Hanawa).〔筒塙（～バナ)・市塙（～ハナ)・高花・花群（～ムレ)・立花〕⑷花.〔湯ノ花・花園〕⑸「穴」の転.〔汐穴（～ハナ)〕⑹《ア》パナ. 川下の方，海に近い方.〔パナワアンコトカ：海よりの出崎，花咲半島はアイヌ語でなく日本語「端（ハナ）崎」〕

—hanare ～ハナレ 《リ》島.〔平安座離・伊計離・浜比離〕(島をハナレというのは非常に珍しい琉球だけの特色)

Hanawa ハナワ 河岸段丘や一段高い土地. 関東地名にとくに多い.〔塙・花輪・花和,（花場)〕

Hanazono ハナゾノ ハナ（花）ソノ（※Sono). 全国に分布.〔花園・花薗〕

Hanba ハンバ ⑴開墾し残した大きい岡. ⑵山の平地.〔半場・飯場・判場〕

Handa ハンダ ⑴粘土地，泥地（※Hani). ⑵※Haruta.〔半田・吐（ハン）田・土（ハン）田・羽（ハン）田・判田・繁（ハン）田・飯（ハン）田〕

Hane ハネ 粘土地（※Hani).〔羽根・波根・葉根・羽子（ハネ)・万年（ハネ）山・刎（ハネ）田・赤羽（～バネ)・羽田・埴（ハネ）田・丹土（ハネ）坂〕

Haneda ハネダ ※Handa.〔羽田・羽根田・埴（ハネ）田〕

Hani ハニ 粘土，赤土.〔埴（ハ

「御領」，あるいはゴは「数」五のことか．〔御領・御陵・五領・五番領・五嶺・五嶺ヶ島〕×

Gosya　ゴシャ　五社明神（農業の神）による．〔五社・五社山・五社堂・五社壇〕

Gosyo　ゴショ　(1)五升（収量で，あるいは蒔く量で示す地積）．〔五所谷・御所野〕(2)高所（コーショ）．〔御所・御所台・御所山・御所内・五所山・黒木御所通・瞽女ヶ峠〕(3)草むら（ゴソ）．〔五所原・五荘〕×

Gota　ゴタ　泥．〔五田井・五ダイ島・ゴタイ田・五代（ゴダイ）道〕

Gôta　ゴータ　(1)村はずれの田．(2)平坦な場所の水田．〔郷田・河田〕

Goten　ゴテン　(1)立岩．〔御殿山・御殿岩・（槍ヶ岳の頂もゴテンと呼ばれる）〕(2)台地．〔御殿場・御殿庭・御殿峠・御殿辻〕

Gotô　ゴトー　石のごろごろしている所（※Gôdo）．〔後藤・厚東（コトー）〕×

Gôtu　ゴーツ　河岸の石地．〔郷津・河戸（ゴーズ）〕

Gozaisyo　ゴザイショ　※Sayado．〔御斎所山・御在所山・五在所山・五祭所，（御山所）〕

Goze (Gozen)　ゴゼ（ゴゼン）神前．〔御所・御前峰・御所（ゴセン）峠・御前崎 (a)・御前岳・四ノ御神（ゴゼ）・居世神（ゴゼカミ）(b)〕(a. 富士山に対して，b. 桜島火山に対して)

Gusi　グシ　棟状の地形（※Kusi）．〔具志堅・具志川〕

Gusuku　グスク　(1)《リ》城．(2)《リ》越える．(3)《リ》グシク（石垣）より，あるいはゴシキ（石域）より．〔城（グスク）・玉城・城原（クスバル）・豊見城〕

H

Haba　ハバ　崖（※Hama）．〔羽場・羽波・羽馬礼（ハバレ）・羽計（ハバカリ）・幅・幅野・葉場・端場・端（ハバ）山・掵（ハバ）〕

Habara　ハバラ　小石まじりの土地．〔羽原〕

Habu　ハブ　傾斜地．〔土生（ハブ）・埴生（ハブ）・土塩（ハブ）・半分（ハブ）・半生（ハブ）・羽生（ハブ）・八生（ハブ）・波浮・波布・波分（ハブ）・搏風（ハフ）山・祝園（ハフソノ＞ホーソノ）・埴（ハブ）田・飯（ハ）淵・葉太（ハブト）〕

Hada　ハダ　(1)水田．(2)川岸，海岸（方言バタ）．〔甚目・秦・秦野〕×

Hadaka　ハダカ　「端下（ハナカ）」の意で，砂丘や自然堤防上の地名．〔畑下・生子（ハダカ）宿〕

Hadati　ハダチ　新開地（始めるをハダツという）．〔派（ハダチ）・派地・羽（ハ）立・派地子・中派〕

Hae　ハエ　(1)小平地．南九州の山地に多い．〔八重・白這（～バエ）・黒生（～バイ）〕(2)岩礁．〔沖ノ砮（ハエ）・イカトリ砮〕

Hagi　ハギ　(1)※Hari，※Hai．〔萩・萩原・萩野・萩間〕(2)萩．〔萩生〕(3)※Hoki．〔萩・萩坂・萩倉〕×

山・ガンド沢・巌道峠,(雁唐(ガラ)山(ガンド>ガンガラか))〕

Gangi ガンギ クラ(岩)の重なっている所.〔巌鬼(ガンギ)山・雁木峠〕

Gankake ガンカケ 崩れた断崖.〔雁掛峠,(※Kankakeの用例を参照)〕

Gara ガラ (1)小石,土と石との混じったもの.〔辛崎×.唐内(ガラチ)〕(2)貧鉱石をすてた小山.〔柄(ガラ)山〕

Garameki ガラメキ 水音.〔柄目木・唐目木・迦羅鳴木,(岳滅鬼(ガクメキ))〕

—gata ～ガタ (1)潟湖.〔鎧潟・八郎潟〕(2)石地.(3)方向を示す.〔山形・北方〕

Ginza ギンザ 16世紀末から金銀の両替・吹替・秤量を営業とするものが現われた.領主の特許をえて座を結成した.〔銀座〕

Gion ギオン インドの長者(仏徒)の名に因む京都の祇園社にはじまって,各地に伝播した.四国以外の西南日本に多い.〔祇園・祇王・義園〕

Gobô ゴボー (1)短小な谷,小台地(※Bô).〔牛房野・牛蒡作(サクは※Sako),牛蒡・根方(ゴンボー)・小坊・小房・ゴンボ坂〕(2)寺院.〔御坊〕

Gôdo(Gôto) ゴード(ゴート) 渓谷.紀伊～北関東に分布.〔河戸・河渡・河内(ゴード)・神戸・神門・顔戸(ゴード)・郷土・郷戸・郷渡・郷堂・牛頭(ゴート)・合戸(ゴート)・高戸・強戸〕

Goka ゴカ 郷の連合体の地名.例えば伊賀国北杣は玉滝,鞆田,湯船,内保,槇山の5荘からなり,南杣である黒田荘に対立していた.〔五箇・五荷・五加・五ヶ荘・五箇村・五箇庄・五家荘,(公(グ)庄)×〕

Goma ゴマ 狭い土地(小谷盆地・平頂の峰).関東以西に分布.〔胡摩・胡摩草峠・胡麻・護摩・五間・河間(ゴマ),(五葉(ゴバ))〕

Gomi ゴミ 泥地.表日本に多い.〔五味・吾味・五海(ミ)・郷見・垙(ゴミ)渡・米(ゴミ)倉〕

Gomyô ゴミョー ※Gomi.瀬戸内～中部に多い.〔五明・後明・五名〕

Gonda ゴンダ ※Gota,※Konda.低湿地.タは元来田でない.〔権田・五駄(ゴンダ)・五田(ゴンダ),(雁田)〕

Gongen ゴンゲン 仏教の「権現」思想が神号となったもの.西南日本と北奥に多い.〔権現〕

Gôra ゴーラ (1)石地,磧,砂地.(2)洞穴.〔強羅・川原(ゴーラ)・河原(ゴラ)・石原(イシゴラ)・合良(ゴーラ)ヶ岳〕

Gôro(Gorô) ゴーロ(ゴロー) ※Gôra.〔五郎・四郎五郎・郷露・郷呂・郷路岳・五老岳・高路(ゴーロ)部・降路(ゴウロ)坂・虎小路(コゴロ)・河呂・岳路・豆五郎山〕

Gorômaru ゴローマル ※—rômaru.〔五郎丸〕

Goryô ゴリョー 庄園にちなむ

ーシ))〕

E

E-　エ　《ア》頭.〔恵庭岳：エ(頭)エン(尖った)イワ(山)〕

Eba　エバ　入江.〔江場・江波〕

Ebata　エバタ　海岸.〔江端〕

Ebi　エビ　(1)海老形の台地や丘陵.〔海老・海老ヶ島・海老江・鰕池〕(2)階段状地形.〔海老坂〕(3)動物名(海老).〔海老沢・海老島・海老取川〕(4)山葡萄(方言エビソ).〔海老山×.蝦尾僧(エビソ)越〕

Ebisu　エビス　エゾの住地.〔夷・北狄(エビス)・俘囚(エビス)・戎(エビス)崎・夷塚・鰕夷森・蛭子(エビス)島・恵比須・恵美子・恵比寿・江弁須(エビス)〕

Edo　エド　(1)淀(ヨド＞エド).(2)川による山地への入口.〔江戸・江戸沢・江戸袋〕

Egawa　エガワ　溝,小川.〔江川〕

Egi　エギ　縁.〔江木・江儀,(会下(エゲ))〕

Ego　エゴ　(1)淀,悪水路.(2)岩穴.(3)窪地.(4)小さい谷(以上はどれも湧水ある湿地).〔江湖・江古(～ゴ)田〕

Eki　エキ　小支谷,谷状の湿地.〔溢(エキ)・塔(エキ)〕

Emi　エミ　やや広いまとまった平地に見られる地名.〔以見・江見川〕

En-　エン～　《ア》突出た,尖った.〔※E-〕

Ena　エナ　※Ina.〔恵那・江奈・衣奈・江名〕

Enrumu　エンルム　《ア》岬(ルムは「頭」).〔絵鞆(エトモ)岬：エンルムエトー(エトーは岬)・襟裳(エリモ)岬(エンルムより)〕

Era　エラ　※Ira.北九州を中心とし,また琉球にもある.〔江良・恵良・姶良(エラ)・永良部〕

Eri　エリ　山奥(※Iri).〔エリ・エリ迫・エリ谷〕

Esan　エサン　《ア》(1)岬.(2)浜への降口.〔恵山岬〕

Esasi　エサシ　《ア》岬(エは頭,サは前(サは脱落),ウシは所).〔江差・枝幸(エサシ)〕

Esikari　エシカリ　《ア》水が溜って流れない沼,エ(そこに)シカリ(ぐるぐる廻っている).〔石狩〕

Eta(Eda)　エタ(エダ)　(1)湿田.(2)※Agataを英多とかき,のちエタと誤読したもの.〔江田・荏(エ)田・枝野・英多(エタ)〕

G

Gama　ガマ　(1)穴,水中の岩穴.(2)沼.(3)泉.〔河間(ガマ)・蒲生・蒲郡〕

Gamô　ガモー　蒲のある水辺.〔蒲生・釜生(カモー)・蒲原(ガモーラ)〕

—gan(-da)　～ガン(ダ)　納入される税額で地積を示す地名(鎌倉以後).〔十五貫・三貫地・五十貫分・一貫田・千岩(センガン)田〕

Gando　ガンド　(1)溶岩.(2)空洞.〔雁戸山・神止(カント)山・神渡鼻・金戸山・岩戸(ガンド)・神戸(カンド)山・金洞

出・……〕また「移住元の地名」＋deは近畿に多い. (2)山深く移った集落.〔大出・小出〕※Ôde, ※Koide.

Deai デアイ (1)川の合流点. (2)道の辻. 前者の例が多い.〔出合〕

Dendai デンダイ (1)頂上. 自然堤防上にある地名. (2)一面の田圃.〔田代（デンダイ）・殿（デン）台〕

Deto デト (1)山地の方から呼ぶ「出口」. (2)山の端.〔出戸・出戸浜〕

Dô ドー (1)穹窿地形.〔堂地・堂場・唐地〕(2)合流点, 水門.〔寄合渡（〜ド）・沢ン渡（〜ド）〕(3)※Tawaの転.〔堂野窪〕

Doai ドアイ (1)山間の低地.〔土合・泥這〕(2)川の合流点.〔土合・渡合（ドアイ）〕

Doba ドバ (1)平地. (2)※Toba. (3)※Deaiの木材積場. (4)村への入口.〔土場・道場〕

Doi ドイ 土手(中世豪族屋敷の). 中国・四国に多い.〔豊内（ドイ）・土居・土居内・土井・土井畑・土井迫・土井ノ池・土井ノ坪・塩土井〕

Dôke ドーケ 緩傾斜地.〔道家・道化〕×

Dôma ドーマ 駄馬.〔道満・道満峠〕

—domari 〜ドマリ 港. 和語「泊り」はアイヌ語にも入った. 海岸が主であるが内陸にもみられ, 全国に分布.〔大泊・赤泊・熊泊・政泊〕

Dômeki ドーメキ 河谷や海岸の水音. 東北地方に多い.〔道目木・泥目木・百目木・銅目木・動目記・百目鬼・道目記・百目貫（〜メキ）・百目金（〜キ）・堂目木・土目木・百笑（ドメキ）・泥泪（〜メキ）・藤貫（ドメキ）沢,（道命・道面・百海（ドーミ）・百成（ドーミキ）・百目（ドーメ）・百亀喜（ドーミキ）・道目・留目（トドメ）・百々目木（ドドメキ）・棒目木・棒目貫（〜メキ）・坊目木)〕

Dongo ドンゴ 泥地.〔土庫（ドンゴ）・道後（ドンゴ)〕

Donta ドンタ 泥地 (※Dongo).〔堂（ド）ン田,（頓田・土田（ドタ）・富田（トンダ))〕

Doro ドロ 水の滞るところ, 泥土.〔土呂（ドロ）・土羅（ドロ）・泥湯（ドロ）・泥浮・泥田・泥部（〜ブ）・干（ヒ）泥・真泥（ミドロ）・海土路（ミドロ）・長兎路（ナガドロ）・土泥（トドロ）・米俵（トメドーロ)〕

Dôrokusin ドーロクシン 道祖神にちなむ地名.〔道祖神（ドーロク）・道陸神峠・道六神・堂六神山〕

Dôsyo ドーショ ※Dôzi.〔堂所・道所・道城〕

Dôuti ドーウチ (1)※Terauti(1).〔堂内〕(2)「※Dô(1)の意の範囲内」.〔堂ヶ内〕

Doya (Dôya) ドヤ（ドーヤ） 鋳掛屋, 鋳物師. 東北地方にみる地名.〔銅屋・銅谷（ドーヤ）・銅屋場・銅屋沢・板銅屋,（銅谷（ヅーヤ))〕

Dôzi ドージ ※Dô.〔堂地・童子・同地・道地・道知,（冬師（ト

Bota　ボタ　土手，堤.〔保田（ボタ）・甫田（ボタ）・牡丹餅・牡丹向（〜ムキ）〕

Bôtyû　ボーチュー　崖下にみられる地名.〔房中・坊中〕

Bôzi　ボージ　(1)境界標.(2)集落.〔坊寺・傍寺・傍士・傍示戸・傍示野・傍示峠（〜タワ）〕×　(3)小平地（Bae).〔坊地・防地峠・防路峠，（祝地（ホージ)・法事峠)〕

—bu　〜ブ　坪数で示す地名.〔上壱歩・二歩・五歩田・六歩・廿（ニジュー）歩・八十歩・一歩二歩〕

Budô　ブドー　(1)連嶺，鈍頂の山や丘.〔武道・武道坂・葡萄森・葡萄山・葡萄峠・葡萄平・葡萄ノ峰〕(2)低くて小さい谷.〔武道・武道窪・蒲道沢・葡萄・葡萄沢・葡萄大谷〕(3)崖.〔葡萄沢・歩渡（ブド）島〕

—buiti　〜ブイチ　三〜六分，または十分した耕地の名と思われる.〔三分一・四分一・五分一（市)・六分一・十分一〕

Bunô　ブノー　ブナのはい茂る所.〔布野・武能岳〕×

Busi　ブシ　小平地（河段丘，谷頭，山麓面，鈍頂の山）にみられる地名．近畿以東に多い傾向がある.〔仏師ヶ沢・仏師ヶ野・毒（ブシ）ノ久保・武士・古武士・武士平・武士峰・武士山・武士池〕

Butai　ブタイ　小台状地形.〔舞台・豊（ブ）体・舞台峠〕

—byô　〜ビョー　収穫量で反別をいう地名.〔上千俵・一斗俵〕

D

Daba　ダバ　※Taba.〔駄馬・源氏ヶ駄馬（高原の名)〕

Dai　ダイ　(1)段丘，台地，丘，平頂の山.〔台畑・台原・台方・九久平〕(2)土地区画の名（シロの音よみ).〔東代・西代〕(3)※—tai.〔仙台・富士見台・駿河台〕（大きい意味のダイは除く）

Daigo　ダイゴ　台状の所.〔大子・醍醐〕

Dainiti　ダイニチ　大日堂にちなむ.〔大日・大日山・大日堂・大日岩・大日嶽〕

Dairo　ダイロ　※Tarô.〔太郎（ダイロ）原・大路（ダイロ)・大領（ダイロ)〕

Daisyôgun　ダイショーグン　陰陽師が祀る武運支配の星神．近江にとくに多い.〔大将軍・大上軍・大将宮，(大将星・大正権・大正言)〕

Dan　ダン　(1)台地.〔壇・段・城之壇・寺ノ段・段平尾・学壇・旦付（ダンツク)・旦保〕(2)平頂の山.〔鶯段・五社壇・又兵衛壇〕

—dan　〜ダン　地積（反別）による地名．北海道以外の全国に分布.〔二反野・仁反田・三反畑・五反田・七反地・八反地・八反（ハッタ）畑・大反田〕

—dantai　〜ダンタイ　北海道に多い開拓村.〔宮城団体・福井団体・三十戸団体〕

Dasi　ダシ　岩石土砂を押出した地形.〔出谷・ダシ平・大ダシ・多枝（ダシ）原〕

—de　〜デ　(1)分村.〔東出・西

く，湖や川畔にもある).〔弁天・弁天前・弁天島・弁天鼻・弁天崎・弁天森・弁天山〕

Benzai ベンザイ ※Benten. 弁天とともに海岸に多い.〔弁財・弁財天・弁財天川〕

Beppo ベッポ 本保（※Honpo）に対する追加開墾地.〔別保・大別保・中別保〕

Beppu ベップ (1)「追加開墾地」の説. 南九州に多い. (2)「別符をもって指定された保で，社寺の封米を担当したもの」の説.〔別府・別符，(弁分（ベンブ))〕(別府は岡〜，本〜，今〜，横〜，鍛冶〜，番匠〜，〜田野，〜原などの例があり，発音にはベフ，ビュ，ビュー，ビヨ，ビョー，ビウなどがある)

Bessyo ベッショ エゾの捕虜を移住開墾させた所. 広島〜東京に多い.〔別所・別所谷・別所垣内・奥別所，(別惣)〕

Beta ベタ 泥.〔部（べ）田〕

Bettô ベットー (1)僧官，官庁の役人（荘園の管理と収租）の住所. (2)「神主」「ひきがえる」. (3)東北風・北西風.〔別当・畦別当・田別当・得ノ別当・造別当・安別当・別当峠〕

—betu 〜ベツ 《ア》※Petuに同じ.

Betumyô ベツミョー 本保（※Honpo）に対する追加開墾地.〔別名〕

Bingo ビンゴ (1)備後三郎（児島高徳）の伝説ある所. (2)国名の伝播地名.〔備後・備後元・備後崎〕

Birô ビロー (1)檳榔. 九州の沿岸の小島名〔枇榔島・美郎島・蒲葵島〕(2)「平（ヒラ)」の訛.〔名平（ナビロー)〕

Biroo ビロオ 《ア》ピリ（蔭）オロ（場所).〔広尾〕

Bisyago ビシャゴ 湖海の畔にすむ鷹の一種の鶚（ミサゴ). 礁や岬の名となって，西南日本に少なくない.〔ビシャゴ岩・毘沙子島・鵰（ビシャゴ）鼻〕

Biwa ビワ (1)崖をもつ谷川（方言ヒワレ).〔琵琶沢・琵琶滝〕(2)人里から遠い所.（方言ヘヤ：「はなれ」「離れ座敷」)〔(米屋（ベヤ）島)〕(3)ビワ（楽器）の形.〔琵琶池・琵琶島・琵琶ノ甲鼻〕(4)円形〜楕円形の土地（島・岬・河岸・海岸などの),「枇杷の実」形をいうか. この地名例が最も多い.〔枇杷・琵琶瀬・琵琶ノ郷・琵琶窪・枇杷谷・琵琶ノ首・枇杷島・美谷（ビヤ)・ビヤノ岬〕

Bizyo ビジョ 泥濘.〔美女峠・美女浦・飛定（ビジョー）地山，(未丈ヶ岳)〕

Bô ボー (1)小平地（※Hae).〔犬吠：イヌ（低い）ボー（平地)・大宝地（〜ボーチ)・山房（ヤマノボー)〕(2)堂宇.〔坊ノ辻・坊ノ木場〕

Boke (Bokke) ボケ（ボッケ） 崖.〔大歩危（〜ボケ)・北方（ボッケ)・ボケ田・ボケ原・赤法花・大物掛・苧桶（オボケ）沢・木葉下（アボッケ)・大保家（〜ボケ)・粗毛（ホボケ)・牛保毛（牛はフチの訛)，(赤場暁（〜バッキョー)・三仏（〜ボッ）木・上防己)〕

崖」.〔小豆坂・小豆沢（アズサワ)〕

Azuma　アズマ　(1)アヅミ族にちなむ.〔吾妻・東吾嬬・四阿〕(2)「入野」(東に入りこんだ）地形，ごくまれな例.〔東間（アズマ)〕

Azumi　アズミ　(1)《ア》アツイ（海）よりアズミ族の名となる説．(2)※Azuma.〔安曇・安角・安積〕

B

Baba　ババ　(1)崖（ハマ，ハバ，ママと同様)．(2)馬の調練所．(3)広場（琉球で樹下の市場).〔馬場・馬場野・馬場目・犬ノ馬場・宮ノ馬場〕(4)山上の平坦地.〔竜ケ馬場・祖母（ババ）平・猿ヶ馬場〕

—**bakke**　～バッケ　崖（※Hake, ※Hakke).〔赤バッケ・女化（オナバケ)，(番慶)〕

Ban　バン　(1)見張する所.〔番岳・番ヶ森山・番神山・高番・峠番・奥番・山番・番ノ目（峠上にある)・番田・番原・伴野〕(2)「順番」(相互労働扶助の)．小字名に多い.〔上番・中番・下番・西ノ番・大番・土居番〕関東から中国・四国に多いが，「番岳」は北西九州に集団分布する．(番所・番匠・馬場などは別項参照)

Banba　バンバ　※Baba.〔幡場・馬（バン）場〕

Bandokoro (Bando)　バンドコロ（バンド）　番をする所（※Bansyo (1)).〔番所・番戸・番頭名（～塚・～島・～屋)・番堂野・バンドー山〕

Bansyo (Bansyô)　バンショ（バンショー）　(1)番所（昔交通，外国船，収穫物などを見張った所)．(2)大工.〔番所（～原・～崎・～谷・～山・～鼻・～垣内・～ノ辻)・旧番所・御番所山・蕃昌・番条・番城・番上〕

Banya　バンヤ　番をする所（※Bansyo)．山地に多いが，海岸にも例がある.〔番屋・～山・～峠・～ヶ峰・～岳〕

Bara　バラ　方言で「笊（ザル)」(目の荒いことのアラと関連)，地名では「荒地」.〔茨田・茨島・茨木山・荊島・蕀原・茨城（バラキ)・原木（バラキ)・茨戸・井原（イバラ)・庵（イ）原・荊（イバラ）木〕

—**bari**　～バリ　(1)※—baru．(2)開墾地.〔増原（～バリ)・高針・名張・今治〕

—**baru**　～バル　《ヤ》《リ》原野.〔仲原（～バル)・有津原（～バル)・島原（バル)〕

—**be**　～ベ　(1)部民.〔服部・長谷部・忌部・刑部〕近畿中心に多い．(2)地割（名（ミョー))．岩手～青森に多い.〔一ノ戸・二ノ戸・八ノ戸〕(ただしこれらは「～へ」と清音)

Benkei　ベンケイ　(1)《ア》ペレケ（割れた，破れた）イ（所)．(2)《ア》ベンケ（上（カミ))．(3)《ヤ》僧の弁慶.〔辺（ベン）毛山・弁華（～ケ）別・弁慶川・弁慶岬・弁慶山・弁慶島（前の4つは北海道)〕

Benten　ベンテン　神社にちなむ地名（弁天島は全国の海岸に多

谷.〔蘆谷・足谷・芦倉・芦見山〕⑶《ヤ》墓場.〔足堀・足山〕×⑷足.〔足洗滝〕⑸葦.〔芦原・葦原〕

Aso アソ 水の浅い所，湿地.〔阿蘇・阿曾・阿宗・阿草・阿相島（集落名）・閼宗岳・安宗・安素川・麻生（アソ）・麻布・莇生（アサフ）・朝生・朝来（アッソ）・吾桑（アソー）〕

Asuha アスハ アスハの神（東国に多い）.〔阿須波・足羽・足次（アスハ）・阿諏訪〕

Asuka アスカ ⑴※Aso（水の浅い所）.⑵「住所」の説.〔飛鳥・明日香・安宿（アスカ）〕

Atago アタゴ 愛宕社（軍神）にちなむ．北海道，および出雲地方と北奥以外に広く分布.〔愛宕・愛宕山〕

—atama 〜アタマ 山.〔三ツ頭・丸子頭・幕ノ頭〕

Atami アタミ ※Atumi.〔熱海・阿多美・直（アタ）美・阿潭（アタミ）・敵（アタ）見・朝（アタ）見〕

Ate アテ ⑴荒地.⑵日蔭.⑶高地.〔人当（〜アテ）・当楽（アテラク）山・向（アテ）鞍山（全山荒地）・アテロ（グチ）（荒地の入口）〕

Atera アテラ ※Ate.〔阿寺・安寺・左（アテラ）沢・当楽（アテラク）沢〕

Ato アト ⑴ア（※A-，湿地）ト（所）.× ⑵水口.〔阿斗・阿戸・阿刀・安堵・跡・阿戸野〕⑶※Ado.〔跡部（アトベ）・跡目〕×

Atu アツ 《ア》オヒョーニレの樹皮，群在する.〔アツチコタン：オヒョーのある村（コタン）・厚岸（アッケシ）：アツ（楡）ケシ（末端）トー（沼）より〕

Atumi アツミ ※Azuma.〔渥美・厚見・熱見・安津見〕

Atusa アツサ 《ア》裸の.〔アツサヌプリ（ヌプリは山）〕

Atuta アツタ ⑴※Ada.⑵傾斜地．関東〜瀬戸内中部に分布.〔厚田・熱田・熱田坂〕

Awa アワ ⑴池沼のある所.〔阿波・安和・粟野・粟田・粟津・粟沢〕⑵粟を作る所.〔粟島・粟山・安房山・淡島・粟生〕

Awara アワラ 湿地，深泥の田.〔芦原（アワラ）温泉・阿原峠〕

Ayabe アヤベ 武器を作った漢氏（アヤウジ）の部民，漢（アヤ）織に従った秦氏の部民の両説.〔漢部・綾部・文部（アヤベ）〕

Aze アゼ ⑴曲った川岸（方言アゼ）.⑵浅い川の畔（※Aso).〔阿瀬・阿瀬津・安瀬部・阿施部・安是湖・畦倉・畦田〕

Aziki アジキ ⑴シキは※Isiki.×自然堤防上にみる.〔安食・阿式・蘆城（アシキ）〕⑵帰化人の名「阿自岐」の説.〔阿自岐〕⑶安んじて食う意の佳字説.〔安食〕

Aziro アジロ 網場，漁場．関東以西に散在分布.〔網代・網代浜・網代鼻・真網代・先網代・安代・阿代河内・栗代・西足代〕

Azo アゾ ⑴岩石原.⑵山や畑の境界.〔阿蔵・阿曾（〜ゾ）原・阿造谷・莇生（アゾ）野・阿造平・赤蔵（アゾ）ヶ池・粟蔵〕

Azuki アズキ アズ（埒）は「崩

しない.〔青田・粟生（アオ）田・青宇（アオウ）田〕

Aoyagi　アオヤギ　(1)※Aoki(1), ※Ao.〔青柳山・青柳（アオヤ）〕(2)青い柳．この例は多い.〔青柳〕この地名は関東が中心で，近畿・中奥に及ぶ．

Aoyama　アオヤマ　(1)青い山．(2)大山の訛.〔青山・阿生山〕関東〜北越と尾張以西の西日本に分布．

Apa　アパ　《ア》戸口，入口.〔網走：アパ（入口）シリ（土地)〕

Aradoko　アラドコ　(1)焼畑．(2)開墾地．秋田県に多いが，北九州・濃尾にもある.〔荒所・荒処・新所・新処〕

Arai　アライ　新しい用水路．中部，関東にとくに多い.〔新井・荒井・新居〕

Araki　アラキ　開墾地.〔荒木・荒城・安楽城・荒木田・梳代〕

Arako　アラコ　※Araki.〔荒子〕

Araku　アラク　※Araki.〔荒久田・荒耕（アラク)・阿ラク原・阿良久・塊（アラク)〕

Aramaki　アラマキ　焼畑.〔荒蒔・荒巻・荒牧〕

Arasi　アラシ　(1)休閑地（作物を作らずアラしておく)．(2)伐材の所．中部地方に多い.〔大嵐・坂本アラシ・荒自（アラシ)・嵐山〕(3)風.〔吹嵐・風嵐・風嵐谷〕

Arata　アラタ　開墾地．中国・四国にやや少ないが全国（北海道を除く）に多い.〔荒田・荒田原・荒田野・荒田目・荒尾田・安楽田（アラタ)・改田（アラタ)〕

Arato　アラト　(1)里（サト）から離れた原野．(2)山や村の入口.〔荒砥・荒戸・安楽土（〜ラト)〕

Arima　アリマ　(1)※Harima．(2)合間．西南日本に分布.〔有馬・有間・有磨,（合間（オーマ)）〕

Asa　アサ　(1)浅い水（※Aso).〔厚狭（アサ)・麻・麻田・浅田・阿佐ケ谷・浅川〕(2)朝.〔朝比奈・朝倉・朝日岳〕

Asabu　アサブ　(1)※Aso．(2)麻畑.〔麻生・麻布（〜ブ)・浅府・浅布〕

Asahina　アサヒナ　(1)早朝から日のよく当たる所．(2)「旭野」の説.〔朝比奈・朝比奈平・朝夷（〜ヒナ)〕

Asaka　アサカ　※Asuka．近畿に多い.〔浅香・浅嘉・安積・朝香・朝坂（アサカ)〕

Asakura　アサクラ　※Asahinaと逆で，山かげにあって朝のうち日蔭になる所.〔浅倉・朝倉〕

Asakusa　アサクサ　※Hukakusa（深草）の反語で，砂礫地で芝草の少ない地.〔浅草・浅草山・朝草山〕

Asama　アサマ　※Azuma.〔浅間・麻間・浅甘（アサマ)〕

Asamu　アサム　《ア》湾，入江，沼などの奥，底.〔アサムサクト：アサム（底）サク（なし）トー（沼)〕

Ase　アセ　水の浅い所（※Aso).〔阿瀬・阿瀬津・安瀬部・阿施部・阿世潟・汗見・汗入場（アセリバ)〕

Asi　アシ　(1)《ア》立つ，群集する.〔蘆別：アシ（合流する）ベツ（川)〕(2)《ヤ》交通の困難な

岸〕

Ako（Akô） アコ（アコー）《マ》頸飾（アコヤ貝のアコ），故にアコは「真珠」.〔阿古・阿漕・阿漕浦・阿子木・西阿古井・安子ケ島・安康・赤河（アコー）・赤穂・赤生木（アコギ）・赤生原（アコーバイ）・赤桶（アコー）・赤尾・赤王・赤田（アコダ）・赤（アコー）崎・袙（アコメ）〕

Akumi アクミ ※Azumi. 東部瀬戸内に多い.〔飽海・飽見・明見，（阿久比・飽波（アクナミ））〕

Akuta アクタ 低地，湿地.〔芥・阿久田・悪田・明田・安久田・垢田・挙（アグ）田〕

Akuti アクチ ※Akuta.〔悪地・大明地，（明（アケ）知・明智峠（アケチダワ））〕

Akuto アクト 川沿いの低地（※Akuta）. 関東北部〜奥羽に多い.〔阿久戸・阿久登・安久戸・開戸・飽戸・明戸・悪戸・悪土・肥土（アクト）〕

Akutu アクツ ※Akuta. 関東北部に多い.〔阿久津・明津・圷（アクツ）・肥土（アクツ）〕

Ama アマ ⑴高所.〔天野・天川（アマノガワ）・天城（〜ギ）山・天香久山・高天ヶ原・尼子山・尼ヶ辻・尼ヶ岳〕⑵※Amabe.〔安満（アマ）・阿万・尼崎〕⑶ア（※A-）マ（※Ma）.〔甘沼・甘木・甘付・安真木・尼田〕⑷雨.〔雨ヶ岳・雨乞山〕

Amabe アマベ ⑴安曇（アヅミ）氏にひきいられた漁猟部民.〔海部（アマベ）・海人部（アマベ）〕⑵50戸に満たず，里を編制できなかった戸（大宝令）.〔餘戸（アマベ）・餘部・天辺〕⑶神域をもつにはまだ早い，小さい新集落.〔神余（カムアマリ）〕

Amami アマミ ⑴アマ（海）ミ（水）. ⑵アマミ神にちなむもの.〔奄美・雨（アマ）見・海見・阿麻見・天（アマ）見・天美〕

Amari アマリ ※Amabe⑵.〔餘戸（アマリ）・甘利・余里〕

Amarube アマルベ ※Amari.〔餘戸（アマルベ）・余部・餘目（アマルメ）〕

Anai アナイ 湿った小さい谷（アは※A-，ナイは内）.〔穴内（アナイ）・穴井・阿内〕

Anasi アナシ ⑴鉱山業者. ⑵風神，北西風の強い所.〔穴師・穴無・痛足（アナシ）・安師（アナシ）・安志（アナシ）・阿那志〕×

Andô アンドー ⑴※Ado. ⑵網所.〔安藤・安道・安渡（アンド）・安堵〕

Ao アオ ⑴湿地（※Awa）.〔青・粟生（アオ）・阿保（〜オ）・明海（アオ）・相合（アオ）谷・安居（アオ）台・泥障作（アオヅクリ）・青野・青田〕⑵青緑色.〔アオバネ越（青粘土の峠）・青木ケ原・青塚・青葉山〕

Aoki アオキ ⑴青緑の樹.〔青木ケ原〕⑵大樹（オーキ）の訛.〔青木・青（オー）ノ木〕⑶※Ao⑴.〔青木〕⑷※Ogiへの宛字.〔青木・青鬼・青木（オーギ）・青去×〕⑶と⑷の例が多い. 分布は関東〜中部にいちじるしい.

Aota アオタ ※Ôta，※Odaなどに通ずる. 故に必ずしも田を意味

A

A-　ア〜　湿地.〔阿ノ浦・阿ノ津〕

Abe　アベ　低湿地（※A-).〔阿部・阿部田・安部・安倍・安倍城・猜（アベ）ヶ宇都（※Uto)〕

Abo　アボ　崖.〔阿保・安保・阿保峠・阿保坂・アボ鼻〕

Abu　アブ　(1)洞穴. (2)堤防.〔阿武・阿武戸・虻田〕

Abuki　アブキ　岩の崖（「仰ぎ」×).〔木曾殿アブキ（戸隠山)・仰木（アフギ)・扇山（オーギノセン)〕

Ada　アダ　(1)川岸，端. (2)日当たりのよい所.〔阿太・吾田（アタ)・熱田（アツタ)×〕

Adati　アダチ　※Ada.〔安達・足立〕

Ado　アド　(1)アヅミを安曇とかいて，「曇」を音読したもの.〔安曇・安道・阿都・阿刀〕(2)山と畑の境界の堤.〔アドノ辻・阿土西〕(3)網を張る所.〔網戸・網戸瀬・安戸〕×

Aeba　アエバ　道饗祭（免疫）の場所.〔饗庭（アエバ)・相場〕

Agata　アガタ　吾田（ワガタ)・上田（アガタ）の両説.〔県（アガタ)・英多・英田・阿形・阿方〕

Age　アゲ　(1)陸（海に対し). (2)高地の田. (3)溜池.〔揚田・阿気・阿下・阿下喜〕

Agesi　アゲシ　高地の水田.〔アゲシノ山〕

Ageta　アゲタ　(1)斎田. (2)浅田，また乾きのよい良田.〔揚田・上田・挙田（アゲタ)・明田〕

Ago　アゴ　※Ako.〔英虞湾・英虞崎・安越（アゴ）島沢・安居（アゴ)（〜山)（〜野)・岩阿久（イワアゴ)・蕎田（アゴータ)・騂牛（アゴージ)・鯆越（アゴコイ）崎・アゴ島・文鰩魚（アゴ）越・安倶崎（アゴゼ）峠〕

Agu (Aku)　アグ（アク）(1)※Ako. (2)低地.〔安宮（アグ)・安久山・飽海（〜ミ)・飽見・明見・安久比・阿蔵・阿宮（〜グ)・安倉・飽浦（アクラ)・飽波（〜ナミ)・鮎食（アクイ）川〕

Ai　アイ　(1)湧水.〔阿由知・吾湯市（〜チ)・愛智・鮎田〕(2)鮎.〔鮎川・鮎返ノ滝〕(3)村境のアイ（相）の神.〔相ノ島（長崎県，郡境で2分)・相原〕(4)旧河床の低地.〔相ノ田・飽田〕(5)ふたご.〔相生〕(6)風の名. (7)《ア》蕁麻（イラクサ).〔相内〕(8)《ヤ》蕁麻（アイコ).〔愛甲〕

Aizen　アイゼン　※Sôzen（相染）をアイゼンとよんだもの.〔愛染・愛染山〕

Aka　アカ　(1)《ア》尾根，山稜，崖，岬.〔アカツル：ツ（峰）ル（路)・阿寒：アカン（岬のある）トー（湖)〕(2)《ヤ》田畑，野良.〔赤・吾（アカ)・我鹿（アカ)・阿加内〕×

Akame　アカメ　アカ（赤）メ（川畔の狭い土地). 近畿〜東海西部に多い.〔赤目〕

Aki　アキ　アギ（陸）より.〔安芸・阿岐・秋島・秋田・秋野・秋畑・秋平〕×

Akitu　アキツ　(1)※Aki. (2)蜻蛉.〔秋津・秋津川・蜻蛉野〕

Akkesi　アッケシ　《ア》牡蠣.〔厚

ア a	イ i	ウ u	エ e	オ o			
カ ka	キ ki	ク ku	ケ ke	コ ko	キャ kya	キュ kyu	キョ kyo
サ sa	シ si	ス su	セ se	ソ so	シャ sya	シュ syu	ショ syo
タ ta	チ ti	ツ tu	テ te	ト to	チャ tya	チュ tyu	チョ tyo
ナ na	ニ ni	ヌ nu	ネ ne	ノ no	ニャ nya	ニュ nyu	ニョ nyo
ハ ha	ヒ hi	フ hu	ヘ he	ホ ho	ヒャ hya	ヒュ hyu	ヒョ hyo
マ ma	ミ mi	ム mu	メ me	モ mo	ミャ mya	ミュ myu	ミョ myo
ヤ ya		ユ yu		ヨ yo			
ラ ra	リ ri	ル ru	レ re	ロ ro	リャ rya	リュ ryu	リョ ryo
ワ wa							
ガ ga	ギ gi	グ gu	ゲ ge	ゴ go	ギャ gya	ギュ gyu	ギョ gyo
ザ za	ジ zi	ズ zu	ゼ ze	ゾ zo	ジャ zya	ジュ zyu	ジョ zyo
ダ da			デ de	ド do			
バ ba	ビ bi	ブ bu	ベ be	ボ bo	ビャ bya	ビュ byu	ビョ byo
パ pa	ピ pi	プ pu	ペ pe	ポ po	ピャ pya	ピュ pyu	ピョ pyo

凡　例

1　配列はすべてアルファベット順による.
2　次の符号を使用する.
　a）句読点は .，を用いる.
　b）〔　〕は地名例を示す.
　c）＞の記号は（たとえばm＞nはmからnの）変化があったことを表わす.
　d）※は，その語が別の項目の見出し語にあって，類語・転語などであることを示す.
　e）各項の名義についての記述は，各種の文献によるもの，著者の研究によるもの以外，推定で書いた分には×印をつける.
3　略字は次のようである.

《ヤ》ヤマト語（日本の方言を含む）	《ア》アイヌ語
《モ》蒙古語	《チ》朝鮮語
《マ》マライ語（その他の南方語を含む）	《リ》琉球方言

4　日本の地名の性質からやむを得ず，地名の要素と一個の地名全体の名との併記になっている.
5　各項目の名義は，地名に関係のあるもののみを掲げる.
6　地名例には，旧名や荒廃地名もとり入れる.
7　名義のまったく不明なものは，項目としてとらない.
8　意味の明確な周知の地名は除外する.
9　特殊の地名（同類のないもの）は項目としてとり上げない.
10　特殊な地名も，ほかを推測する基準になるものは掲げる.
11　名義のはっきりしない地名は，地名のある場所の環境事情のみを記す.
12　1つの地名に2つ以上の意味があって，どちらの意味に当たるか不明のとき，また2つ以上に関係しているときは，最後にまとめていくつかの引例を記す．現実の地名にはこれらを参照して考えられたい.
13　項目として掲げた地名と同じ語根で発音が少しことなる地名例は（　）内に記す.
14　地名やその要素の見出しは，訓令式ローマ字綴（次ページの表参照）普通字体で表記する.
15　カタカナは表音式に書く．例．アズマ（吾妻），コーヤ（高野）．ただし歴史的説明には歴史かなづかいを用いる．例．アヅマ＞アド.

日本地名小辞典

鏡味完二著

KODANSHA

本書の原本は、一九六四年に「角川新書」として刊行された『日本の地名』です。

編集部で、表記等を揃えたり、ルビ・改行を施したり、西暦、注などを追加（［　］で示す）しました。

鏡味完二（かがみ　かんじ）

1909-1963。名古屋市立工芸高等学校教諭，愛知学院大学講師を兼任。専門は「地名学」。主要著書に『日本地名学　科学篇』『日本地名学　地図篇』『地名学』などがある。

講談社学術文庫

定価はカバーに表示してあります。

日本《にほん》の地名《ちめい》

付《ふ》・日本《にほん》地《ち》名《めい》小《しょう》辞《じ》典《てん》

鏡《かが》味《み》完《かん》二《じ》

2021年５月11日　第１刷発行
2023年６月27日　第２刷発行

発行者　鈴木章一
発行所　株式会社講談社
東京都文京区音羽 2-12-21 〒112-8001
電話　編集（03）5395-3512
販売（03）5395-4415
業務（03）5395-3615
装　幀　蟹江征治
印　刷　株式会社広済堂ネクスト
製　本　株式会社国宝社
本文データ制作　講談社デジタル製作

ISBN978-4-06-523127-2

「講談社学術文庫」の刊行に当たって

これは、学術をポケットに入れることをモットーとして生まれた文庫である。学術は少年の心を養い、成年の心を満たす。その学術がポケットにはいる形で、万人のものになることは、生涯教育をうたう現代の理想である。

こうした考え方は、学術を巨大な城のように見る世間の常識に反するかもしれない。また、一部の人たちからは、学術の権威をおとすものと非難されるかもしれない。しかし、それはいずれも学術の新しい在り方を解しないものといわざるをえない。

学術は、まず魔術への挑戦から始まった。やがて、いわゆる常識をつぎつぎに改めていった。学術の権威は、幾百年、幾千年にわたる、苦しい戦いの成果である。こうしてきずきあげられた城が、一見して近づきがたいものにうつるのは、そのためである。しかし、学術の権威を、その形の上だけで判断してはならない。その生成のあとをかえりみれば、その根は常に人々の生活の中にあった。学術が大きな力たりうるのはそのためであって、生活をはなれた学術は、どこにもない。

開かれた社会といわれる現代にとって、これはまったく自明である。生活と学術との間に、もし距離があるとすれば、何をおいてもこれを埋めねばならない。もしこの距離が形の上の迷信からきているとすれば、その迷信をうち破らねばならぬ。

学術文庫は、内外の迷信を打破し、学術のために新しい天地をひらく意図をもって生まれた。文庫という小さい形と、学術という壮大な城とが、完全に両立するためには、なおいくらかの時を必要とするであろう。しかし、学術をポケットにした社会が、人間の生活にとってより豊かな社会であることは、たしかである。そうした社会の実現のために、文庫の世界に新しいジャンルを加えることができれば幸いである。

一九七六年六月

野間省一

日本人論・日本文化論

日本文化論
梅原　猛著

〈力〉を原理とする西欧文明のゆきづまりに代わる新しい原理はなにか？〈慈悲〉と〈和〉の仏教精神こそが未来の世界文明を創造していく原理となるとして、仏教の見なおしの要を説く独創的な文化論。

22

比較文化論の試み
山本七平著

日本文化の再生はどうすれば可能か。それには自己の文化を相対化して再把握するしかないとする著者が、さまざまな具体例を通して、日本人のものの見方と伝統の特性を解明したユニークな比較文化論。

48

日本人とは何か
加藤周一著

現代日本の代表的知性が、一九六〇年前後に執筆した日本人論八篇を収録。伝統と近代化・天皇制・知識人を論じて、日本人とは何かを問い、精神的開国の要を説いて将来の行くべき方向を示唆する必読の書。

51

日本文化史研究（上）（下）
内藤湖南《こなん》著（解説・桑原武夫）

日本文化は、中国文化圏の中にあって、中国文化の強い影響を受けながらも、日本独自の文化を形成してきた。著者はそれを深い学識と日中の歴史事実とを通して解明した。卓見あふれる日本文化論の名著。

76・77

日本人の人生観
山本七平著

日本人は依然として、画一化された生涯をめざす傾向からぬけ出せないでいる。本書は、我々を無意識の内に拘束している日本人の伝統的な人生観を再把握し、新しい生き方への出発点を教示した注目の書。

278

葉隠《はがくれ》　武士と「奉公」
小池喜明著

泰平の世における武士の存在を問い直した書。「葉隠」は武士の心得について、元佐賀鍋島藩士山本常朝の語りをまとめたもの。儒教思想を否定し、武士の奉公は主君への忠誠と献身の態度で尽くすことと主張した。

1386